정동情動하는 청춘들

동아시아 청년들의 정동과 문화실천

동아시아연구소 학술총서

정동(情動)하는 청춘들
동아시아 청년들의 정동과 문화실천

1판 1쇄 펴낸날 2017년 6월 1일

기획 성공회대학교 동아시아연구소
엮은이 윤영도

펴낸이 서채윤 펴낸곳 채륜
책만듦이 김승민 책꾸밈이 이현진

등록 2007년 6월 25일(제2009-11호)
주소 서울시 광진구 자양로 214, 2층(구의동)
대표전화 02-465-4650 팩스 02-6080-0707
E-mail book@chaeryun.com Homepage www.chaeryun.com

채륜서(인문), 앤길(사회), 피움(예술)은 채륜(학술)에 뿌리를 두고 자란 가지입니다.
물과 햇빛이 되어주시면 편하게 쉴 수 있는 그늘을 만들어 드리겠습니다.

이 저서는 2007년도 정부(교육과학기술부)의 재원으로 한국연구재단의 지원을 받아 수행한 연구결과물임(NRF-2007-361-AM0005)

동아시아
연구소
학술총서

정동情動하는 청춘들

동아시아
청년들의
정동과
문화실천

성공회대학교 동아시아연구소 기획 | 윤영도 편

채륜

일러두기

1. 본문에 나오는 고유명사 표기는 '국립국어원 외래어표기법'을 따랐다.
2. 본문에서 단행본 도서명 및 간행물은 『』, 단행본 내 장절 제목이나 논문명은 「」, 영화·드라마·노래 등은 〈〉으로 표기하였다.
3. 글쓴이가 작성한 주석은 본문 하단에 각주로 삽입하였고, 외국어 논문의 경우 국내 독자의 이해에 도움을 주기 위해 작성한 옮긴이주 가운데 짧은 것은 본문에 괄호로 삽입하고, 긴 것은 본문 하단에 각주로 삽입하였다.
4. 참고문헌은 각 장의 맨 뒷부분에 배치하되, 글쓴이의 의도와 사정에 따라 참고문헌 및 각주가 없는 장도 있음을 밝혀둔다.

이 책 을 읽 기 전 에

　　이 책은 최근 동아시아 지역에서 나타나고 있는 다양한 사회 문화적 현상들, 특히 그 가운데서도 각 지역 청년들의 정동affect과 관련된 여러 현상들에 대한 연구 성과들을 모아놓은 것이다. 주로 2014년 6월과 2015년 12월에 열린 '서울-상하이 청년학자 포럼'(이하 '포럼')에서 발표된 글들을 중심으로 구성되었다.

　　'포럼'은 2005년도부터 상하이대학교 중국당대문화연구센터와 성공회대학교 동아시아연구소가 주축이 되어 한국과 중국의 청년학자들이 양국에서 수행해온 문화연구 성과를 나누고 교류하기 위해 마련된 국제학술회의이다. 그동안 격년으로 양국을 오가며 총 5회에 걸쳐 포럼을 진행해오는 동안, 상하이는 물론 중국 대륙의 여타 지역과 타이완, 홍콩 등지에서 온 여러 중화권 문화연구자들과 함께 한·중을 포함한 동아시아 지역의 대중문화와 민족주의, 냉전문화, 경제위기와 문화정치학 등의 다양한 주제를 가지고 심도 있는 발표와 토론의 기회를 가질 수 있었다.

이 책을 기획하는 데 바탕이 되었던 2014년과 2015년 두 차례의 포럼은 동아시아, 도시, 청년, 정동이라는 네 개의 키워드를 중심으로 기획되었는데, 그러한 주제를 잡게 된 직접적인 배경에는 그 무렵 동아시아 각국에서 불거져 나오기 시작한 연쇄적인 시위와 집회가 자리 잡고 있다. 2014년 3~4월에 있었던 타이완의 해바라기 운동, 같은 해 9~12월에 있었던 홍콩의 우산혁명, 2015년 7~9월에 있었던 일본의 안보법안 반대 시위에 이르기까지, 최근 동아시아 각국에서는 연쇄적으로 시위의 물결이 휩쓸었고, 이는 정치·사회적으로 뿐만 아니라 문화적으로도 커다란 충격과 변화를 가져왔다는 점에서, 문화연구의 관점에서 이에 대해 주목할 필요성이 제기되었기 때문이다.

하지만 그보다도 더 근본적인 배경에는 최근 동아시아 지역은 물론 글로벌 차원에서 급속히 진행되고 있는 신자유주의적 변화들과 함께 갈수록 심각해지고 있는 청년들의 암울한 현실이 자리하고 있다. 각 지역과 사회별로 각기 다른 구체적인 사안과 이슈들이 위에서 언급한 시위를 일으키는 직접적인 계기로 작용하기는 하였지만, 사실 그 이면에는 그동안 점증해온 사회적 불만과 분노들, 그 가운데서도 특히 기성세대와 기득권 세력에 의해 사회적 희생양으로 내몰릴 수밖에 없는 불리한 위치에 처한 수많은 청년들의 절망감과 분노가 놓여있다.

애초에 포럼의 기획 과정에서 최근 각국에서의 정치적 내지는 사회적 운동이 직접적인 계기가 되기는 하였지만, 이러한 운동들과 직접적인 관련이 있는 주제의 글보다는 그 이면에서 작동하고 있는 청년들의 정동의 측면에 주목한 글이 더 많은 것은, 보다 근본적인 차원에서, 그리고 보다 일상적인 차원에서 진행되고 있는 변화에 대한 이해가 더 중요하다고 판단되었기 때문이다. 이로 인해 이 책에 실려 있는 글들의 대부분은 사회 초년생이자 약자로서, 신자유주의의 세계화가 가져오는 사회적 변동과 이로 인해 가중되는 사회적 불평등과 불이익을 고스란히 떠안을 수밖에 없는 청년들이 어떠한 정동을 느끼고 있는지, 그리고 어떠한 문화적 실천을 하며 그러한 변화에 맞서거나 순응하면서 살아가고 있으며, 또한 이는 어떠한 사회적 및 문화적 현상으로 나타나고 있는지 등에 관한 문제들을 다룬 글들로 구성되어있다.

그리고 앞서 언급한 정치적·사회적 운동들에 관한 글들 역시 함께 포함시켰는데, 이런 운동들 역시 청년들이 최근 사회 현실에서 느끼는 불만과 분노를 표출하는 중요한 형식이자, 그런 현실에 대응하고 저항하기 위한 하나의 문화적 실천이라는 점에서 이 책의 기획의도와 맞닿아있다 하겠다. 2015년 7~9월경 일본에서 있었던 안보법안 반대 시위에 관한 논문이나 2016년 10월부터 최근까지 지속되었던 박근혜 정권 퇴진을 위한 촛불집회에 관한 글은 애초에 '포럼'의 기획 과정 이후에 일어난 사건들이었기 때문에 '포럼'에서 발표되지 않았던 글들이다. 하지만 최근 동아시아 각국에서 진행되고 있는 청년들의 정동과 관련된 문화 정치적 실천으로서 일련의 시위 및 운동들의 연장선상에 있다는 점에서 이 책의 기획 취지상 이를 포함시키는 것이 좋겠다는 판단 하에 관련 글을 추가로 포함시키게 되었다.

그리고 글의 순서는 가급적이면 한국 필자와 중국 필자의 글을 교차하여 배치하였다. 이는 우선 신자유주의 질서의 글로벌화라는 측면에서 봤을 때 공유·공감되는 부분이 적지 않을 뿐만 아니라, 한국과 중국 사회에서 느껴지는 시간차가 갈수록 좁혀지고 있다는 점에서 서로 연결해서 보아도 큰 무리가 없게 되었기 때문이다. 하지만 다른 한편으로 서로가 가지고 있는 고민의 초점이나 사회적 이슈의 측면에서는 여전히 일정한 차이나 어그러짐이 불가피하다는 점에서 서로 대조해 볼 수 있도록 한·중 학자의 글 순서를 교차시켜 배치해 보았다.

이 책의 핵심 키워드라 할 수 있는 정동은 다소 낯선 개념이기는 하지만, 최근 소위 '정동적 전회affective turn'라 표현될 만큼 문화연구cultural studies를 비롯한 여러 분야의 학계에서 커다란 주목을 받고 있다. 질 들뢰즈나 브라이언 마수미 같은 학자들에 의해 부각되기 시작한 최근의 이런 관심들[1]에도 불구하고 그에 대한 정의나 이해의 정도는 사실 커다란 진척을 이루었다고 보기는 힘들다. 사실 여러 학자들이 각기 다른 식의 정의를 내리거나 기존에 사용되어왔던 정감, 감정,

---

[1] 최근 정동(affect)이라는 개념과 담론의 유행에 중요한 역할을 했던 대표적인 학자로 흔히 질 들뢰즈나 안토니오 네그리, 브라이언 마수미 등이 손꼽힌다. 애초에 스피노자가 사용한 라틴어 affectus의 영어 번역어로 사용되었던 affect는 기존에 '정념', '정서', '감정' 등으로 번역되기도 하였지만, affection, sentiment, feeling 등의 개념과 혼동되기 쉬워 최근 일부 학자들을 중심으로 '정동'이라 번역되고 있다. '정동'은 객관적 실재인 무언가를 재현하는 관념(idea)과는 달리 재현될 수 없는 사유양식, 즉 '비재현적인 모든 사유양식'을 정동이라 규정되는데, 이는 연속적인 변이(transition)로만 포착될 수 있는 일종의 내적 에너지(힘 pouvoir 혹은 행동능력 puissance)이다. 예를 들어 '슬픔은 힘의 감소에 상응하는 정동이고, 기쁨은 힘의 증대에 상응하는 정동'이라는 식으로 설명되곤 한다. 그리고 이 '정동'과 대립되는 것으로 스피노자가 사용하고 있는 affectio(영어 affection)라는 개념은 '정서'로 번역되곤 하는데, 이에 대해 들뢰즈는 '정동된 신체의 성질', 내지는 '나를 슬프게 만들고, 나에게 슬픔을 가져다주는 사물의 이미지'라 설명하고 있다.(스피노자(1976) ; 질 들뢰즈·안토니오 네그리 외(2005))

느낌, 정서와 같은 개념과 혼돈·혼용하거나 하는 경우가 많다. 그처럼 이들 철학적 담론의 추상성이나 난해성 때문이기도 하지만, 정동이라는 것을 이성적으로 자각 인지하고 학문적·개념적으로 실체화하는 것 자체가 매우 어려운 것일 뿐만 아니라, 그 번역에 있어서도 각기 다른 언어권 사이의 편차와 미끄러짐도 그러한 이론적 내지는 학문적 이해를 어렵게 만들기 때문일 것이다. 비록 최근의 인지과학이나 인공지능 분야, 그리고 IT 분야에서의 괄목할만한 성과들이 정동에 대한 접근과 이해를 넓혀주고 있는 측면이 있기는 하지만, 아직까지도 모호한 안개 속에 가려진 부분이 훨씬 더 많다.

때문에 이 책에 실린 글들도 사실상 정동이라는 매우 포괄적이면서도 모호한 개념에 대한 기본적인 동의 수준을 넘기 힘든 다양한 편차를 보여주고 있다. 일부 논자는 레이몬드 윌리엄즈Raymond Williams가 사용하였던 식의 감정feeling 개념을 주로 사용하는 경우나, 일반적인 정서emotion 정도의 개념을 가지고 접근하는 경우도 있고, 일부 논자는 아예 정동과 관련된 개념들을 직접 사용하지 않거나 그와는 다소 거리가 멀어 보이는 주제를 다룬 경우도 있다. 하지만 이 책의 여러 논문들이 공유하고 있는 지점은 현재 동아시아의 여러 지역들, 특히 대도시에서 살아가고 있는 청년들이 흔히 느끼고 있는 좌절, 슬픔, 우울, 즐거움 등과 같은 수많은 정동들, 그리고 이를 표현하거나 이에 저항하거나 하는 과정에서 나타나는 다양한 형태의 문화적 실천들을 이해하는 것을 목적으로 삼고 있다는 점이다. 합리적 이성이나 인식론적인 차원으로만 설명되기 힘든 우리 삶 속의 다양한 현상과 실천들에 대한 정동적 접근과 연구를 통해 동아시아 정동연구의 새로운 목록inventory을 추가할 수 있을 것으로 기대된다.

1부 도론, 백원담의 「새로운 정동의 정치화를 위하여」는 2015년 12월에 열렸던 포럼에서 키노트연설로 발표되었던 글로, '포럼' 및 이 책의 기획의도를 밝히고 그 사회 역사적 맥락과 배경을 짚어주고 있다. 도시화율이 91%로 이미 종착단계에 이른 한국과 56.1%로 아직 급속히 도시화가 진행 중인 중국에 있어서 그 시간차나 구체적 양상의 차이가 있기는 하지만, 이 글에서 지적하고 있듯이, '압축적 근대화'의 와중에 한국과 중국의 도시 하층민들이 공통적으로 겪어야했던 고통과 참상은 마르크스가 말했던 자본주의 수탈의 역사라는 맥락 속에 정위될 수 있을 것이다. 이 글은 "도시와 농촌이라는 경계의 해체와 재구성, 국민국가경계의 해체와 재구성과 같은 공간적 전환"이 이루어지고 있는 "전지구적 자본화 시대"에 이르러서는 동아시아 각국의 도시에서 수많은 청년들이 '비정규직 노동자'라는 명분하에 새로운 수탈 대상으로 호명되고 있음을 지적한다. 또한 '미생未生'으로 머물러 있을 수밖에 없는 청년들의 유예적 존재양식에서 기인하는 '다스려지지 않는 과잉의 정동'이라는 문제성에 대해 지적함과 동시에, 기성 정치의 통치성에 파열구를 만들어내는 미래적 희망과 가능성에 대한 기대감을 밝히고 있다.

2부 '슬픈疛 봄春들의 군상群像'은 한국과 중국 각 지역에서 살아가는 청춘들의 상처받은 삶과 현실들, 그리고 말 그대로 슬프고 우울한 blue 봄을 살아가고 있는 '수많은 젊은이들의 상처群像'와 정동을 다룬 글들을 위주로 엮었다.

우선 2장 정정훈의 「헬조선의 N포세대와 노력의 정의론」은 최근 한국 사회에서 회자되고 있는 '헬조선', 'N포세대', '노오력' 등의 유행어들을 통해서, 그 이면에서 작동하고 있는 신자유주의적 이데올로기를 내면화한 청년들의 '정의감'에 대해서 논하고 있다. 갈수록 심화되고 있는 경쟁과 양극화가 이른바 '수저론', '갑질 논란' 등으로 표현되는 "21세기 신자유주의 체제 하에서 도래한 새로운 형태의 신분제 사회의 징후"마저 보이게 만들고 있다고 지적하면서, "경쟁이야말로 사회적 효율성 제고를 위한 최선의 방법이고 경쟁에서 승리하기 위해서는 처절하게 노력해야 한다는 신자유주의적 권력의 정언명령을 내면화"한 '노력의 정의감', 내지는 '정의론'이야말로 최근 청년들의 보수화를 가져오는 주요한 정동이자 이데올로기라고 설명한다. "경쟁사회에서 살아남기 위해" "모든 사람이 평등하다는 민주주의의 믿음", 즉 "민주주의의 핵심 이데올로기, 민주주의의 정서적 토대 자체"마저 포기해버리게 된 "헬조선 N포세대"의 현실을 비판하고 있는 필자의 주장은 단지 한국사회에만 국한된 것은 아니라는 점에서 많은 시사점을 던져준다.

3장 뤄샤오밍羅小茗의 「도시 구조 속의 '개인의 비애'」는 팡팡方方의 소설 『투쯔창의 비애塗自強的個人悲傷』를 중심으로 당대 청년들이 겪고 있는 현실과 운명에 대해 논하고 있다. 중국 신사실파의 대표적인 작가 가운데 한 명인 팡팡이 2013년 써낸 『투쯔창의 비애』는 사회적 관심과 호평을 받았는데, 이는 대학입시를 통해 산골에서 나와 도시로 들어오게 되지만 결국 고통 감내와 근면 성실함에도 불구하고 생활이 조금도 나아지지 못했을 뿐만 아니라, 도시에 정착조차 못한 채 폐암으로 고단한 삶에 종지부를 찍게 되는 투쯔창이라는 청년에 관한 이야기이다. 투쯔창이라는 이름 그 자체가 애초에 중국어 발음상 '헛된 노력'이라는 함의를 지니고 있는 이 청년의 삶은 소위 '개미족蟻族'이라 불리는 당대 중국청년들의 비극적인 현실을 잘 보여주고 있는데, 필자는 당대 중국 사회의 서사와 '개인의 비극'을 이해하는 기본적인 방식을 다음과 같은 몇 가지 특징으로 정리하고 있다. 즉 '도시 진입'을 위해 노력하는 과정에서 도시의 배타적 구조로 인해 수많은 청년들이 겪게 되는 보편적인 비애는 현실적으로 해소하기 어렵다는 점, 국가와 사회가 부재하는 상황에서 비애를 경험하게 하는 유일한 배경은 도시라는 점, 그리고 1990년대 이래로 도시·개인·사회의 관계는 나날이 고착화되고 있지만 이에 대해 반성적 사고, 특히 문학 작품과 평단에서의 반성적 사고가 부족하다는 점 등이 그것이다. 필자는 최근 문화산업과 대중문화상품을 통해 끊임없이 비애가 재현되고 그로 인해 그 가치가 하락하고 있으며, 사람들이 이런 비애감을 무감각하게 받아들일수록 도시를 향한 여정에 대해 더욱 확신하게 되고 도시 말고는 다른 도리가 없다고 믿게 되는 메커니즘이 작동하고 있음을 지적하면서, 이런 중국 사회의 메커니즘과 점감구조에 대한 비판적 고민과 개입이라는 문학의 임무와 역할에 대해 강조하며 글을 마치고 있다.

4장 장봄의 「노동과 활동의 사이, 유예된 노동을 말하다: '청년혁신활동가'에 대해」는 2013년도부터 서울시에 의해 시행되어온 청년일자리허브 사업에 참여하였던 청년혁신활동가들에 대한 인터뷰를 통해 사업의 성과와 한계, 그리고 청년혁신활동가들의 노동과 활동 사이에 유예된 상태와 의미에 대해 되짚어보고 있다. 만18세 이상 39

세 이하의 서울시 거주 미취업 청년을 대상으로, 사회적 기업, 비영리 단체, 협동조합 등 사회문제를 해결하는 사업장에서 청년들이 약 11개월 동안 활동할 수 있는 기회를 제공하는 것을 주요 골자로 하는 이 사업은 다양한 일자리 창출, 도전과 새로운 영역의 발견, 파편화되어 있는 청년네트워크의 활성화 등 새로운 노동생태계 구축이라는 점에서 긍정적으로 평가될 수 있을 것이다. 하지만 다른 한편으로 청년의 취업과 창업에 필요한 일에 대한 경험을 쌓는 것을 주요 목표로 제시하면서 청년들을 단기 노동력에 위치지움으로써 청년혁신활동이 전체적 삶의 주기에서 유예된 시기로 자리하거나, 단기 프로젝트 혹은 또 다른 열정노동이 되도록 만들 위험성 또한 적지 않다. 필자는 인터뷰를 통해, 사회적 기업 및 단체들, 특히 지역 기반 단체들에서 친밀성과 신뢰가 중요한 요소임에도 불구하고, 단기간 동안만 활동할 수 있도록 제한하고 있는 점이나, 단체의 상황 상 고용승계가 어려운 점, 추가업무나 시간 외 활동에 대한 보상을 요구하기 힘든 점, 불분명한 위치상 임무와 책임이 애매하게 부여될 수밖에 없고 또한 단체 내 선배나 지역주민들과의 갈등을 겪을 수밖에 없는 점 등, 청년혁신활동가로서 겪게 되는 고충과 사업의 현실적 한계의 이면에는 청년들을 유예적 상태로 몰아넣는 근본적 문제점들이 놓여 있음을 지적한다. 이에 필자는 청년혁신활동가 사업과 같이 단순한 경험쌓기 차원의 뉴딜식 일자리 사업이 아니라, 보다 근본적으로 사회 각 영역에 포진해 있는 사회적 단체들에 대한 안전망을 구축하고 이에 대한 기반을 지원함으로써 중장기적 전망에서 활동으로서의 노동, 새로운 고용창출과 청년에 대한 사유가 가능하도록 해야 한다고 제안한다.

5장 정성쉰鄭聖勳은 「훼손된 정체성Spoiled Identity」에서 타이완 오타쿠들로부터 동성애자들에 이르기까지 다양한 사회적 약자들이 사회에 의해 '오명', 즉 오타쿠들의 구질구질함과 기괴함, 동성애자들의 음란함과 정결하지 못함 등과 같은 '오명'을 뒤집어쓰고 있으며, 이로 인해 그들은 자신들이 그렇지 않음을 밝혀야만 하는 '긍정'의 '강박' 내지는 '스트레스' 속에 살아갈 수밖에 없음을 지적한다. 필자는 중국 서남부 시골마을 소수민족 사회 내의 남성 동성애자들에 대한 현지조사를 통해, 현대 중국 대륙의 수사 구조 안에서 '강직'과 '질박'과 같은 남성성陽剛性의 담론 틀 속에 서술될 수밖에 없었던 이들의 '오명'과 '긍정'의 이중구조에 대한 초보적인 분석을 시도하고 있다. 필자는 '사회적 오명에 대한 비교연구의 목적이 사회적 아웃사이더 주체들의 연대정치에 새로운 토대를 제공해주는 데 있음'을 강조하면서, 사회적 약자 및 소수자 운동의 성취가 그들에 대한 잘못된 인상과 부정적인 이미지를 바로 잡는 데서 더 나아가, '긍정'이나 정당화할 필요조차 없도록 그런 이미지와 '오명'의 담론 자체를 없애는 데 있음을 역설한다.

6장 박자영의 「힐링하는 사회: 2010년대 초반 동아시아의 행복, 위로, 안녕 담론」은 2012년 중국중앙방송中國中央電視臺, CCTV의 한 길거리인터뷰 프로그램에서 '당신은 행복합니까?'라는 질문에 엉뚱한 답변을 하여 큰 화제를 모았던 한 농민공(농민 출신 노동자)의 인터뷰로부터 글을 시작한다. 행복을 가시화하고 계량하려던 국가와 관변 미디어의 시도가 지닌 무망함과 공허함을 드러낸 이 해프닝은 왜, 누가 '행복'이라는 감각에 강박되어 있으며 대중은 또 이에 어떻게 반응하

고 있는지를 곰씹게 만든다. 필자는 비단 중국에서만이 아니라 2010
년도에 발표된 서울대 교수 김난도의 산문집 『아프니까 청춘이다』나
하버드 대학 출신인 혜민스님의 『멈추면, 비로소 보이는 것들』(아래
『멈추면』), 그리고 이를 전후로 한 다양한 미디어에서 유행하였던 '위
로'와 '힐링' 담론 속에도 그러한 행복 강박의 허위성을 발견할 수 있
다고 설명한다. 신자유주의와 기술자본주의가 전 세계와 동아시아를
휩쓰는 동안 대중들의 삶은 더 피폐해졌고 승자독식의 시대에 탈락
의 위협과 공포는 도처에 존재하고 재기의 기회는 좀처럼 주어지지
않으며, 비정규직과 계약직은 해소되기는커녕 만연하며 고용의 질은
점점 나빠지고 있다. 이러한 악화일로의 현실과 정반대인 듯한 행복
과 위로와 치유에 대한 담론이 동아시아에 떠돌고 있다는 점은 의미
심장한데, 필자는 이처럼 행복에 대한 질문이 강림하고 위로와 힐링
을 행복과 절합시키고자 하는 사회야말로 역으로 행복이란 모호하고
상처가 편재遍在함을 보여주는 것이라고 설파한다.

7장 주산제朱善杰의 「도시 뒤에 가려진 그늘: 농촌에 남겨진 부녀
자의 일상생활」은 산둥성山東省 남부의 쑹좡未莊 지역에 대한 현지 조
사를 통해 이 마을에 남겨진 부녀자들 일상생활의 한 측면에 대한 미
시적인 분석을 시도하였다. 필자의 조사와 분석을 통해 우리는 현지
의 부녀자들이 생계에 쫓겨 육체적으로 뿐만 아니라 정신적으로도
일반인은 상상하기도 힘든 고생을 겪고 있으며, 또한 이들이 농촌의
'지킴이'이자 동시에 도시의 '선택' 뒤에 남겨진 '잉여물'의 처지에
놓여있음을 확인할 수 있다. 그녀들은 주체의식을 가지고 모든 힘든
육체노동, 가사노동, 노인 봉양, 아이 양육 등의 임무를 떠맡음으로

써 마을에서 가장 중요한 역할을 담당하고 있었지만, 주관적인 인식과 객관적인 조건의 제약 때문에 마을이나 사회라는 틀 속에서 자기 표현을 할 기회가 없었다. 동시에 그녀들의 모습은 지금의 주류매체와 대중매체 속에서 정상적으로 전달되질 못하고, 현대문학 속에서도 제대로 표현되어질 못한 채, 왜곡되거나 가려져 버렸음을 고발한다. 그동안 농민공 문제에 비해 상대적으로 관심 밖에 놓여있었던 농촌에 남겨진 젊은 부녀자의 문제를 다루고 있는 점에서 뿐만 아니라, 서구와 국내의 문화연구나 청년연구에 있어서 거의 사각지대와도 같았던 주제라는 점에서 여러모로 시사해주는 바가 적지 않다 하겠다.

3부 '청춘들의 일상 정동·실천'은 한국과 중국의 청년들이 일상 속에서 암울한 현실에 어떻게 적응해가고 또한 문화 실천을 통해 저항하고 즐기며 살아가고 있는지에 관한 글들을 위주로 묶어보았다.

8장 왕신란王欣然의 「'단사리斷舍離'에서 '쓰레기'의 생산을 보다」는 일본 야마시타 히데코山下英子의 연작 『단사리斷舍離』가 중국에 번역 소개되면서 일기 시작한 소위 '단사리' 현상을 현대 자본주의 사회에서 한 개인의 일상과 삶을 지배하고 관리하는 이데올로기라는 차원에서 그 배경과 함의를 파헤치고 있다. 유가수행철학瑜伽修行哲學 속의 '단행斷行', '사행舍行', '리행離行'에서 유래한 '단사리' 개념은 야마시타 히데코에 와서 "필요 없는 물건을 끊고, 집안 도처에 범람하는 폐품을 버리고, 물건에 대한 집착으로부터 벗어나는 것"을 의미하는 집안 정리술의 원칙이자 후後소비시대의 도시남녀가 추구하는 생활미학으로 변용되었다. 필자는 더 나아가 행복한 생활의 모델로까지 발전된 생활 준칙으로서의 '단사리'는 끊임없이 '자기', '이 순간', '주거 공간으로서의 집'을 강조함으로써 자본주의적 소비사회를 인증해줄 뿐, 정작 총체성과 역사성, 즉 역사 감각과 구체적 사회관계가 결핍된 삶으로 한정짓는다는 점에서 모종의 은폐적 이데올로기 작용을 발휘하고 있다고 지적한다. 다시 말해 '단사리' 담론의 배후에서 체현되는 것은 오히려 개인과 사회, 지금 현재와 역사의 분열이며, '주거환경'과 '사회환경'을 구분짓고, '개인생활'과 '사회책임'을 나누는 사회관이라는 것이다. 결국 우리로 하여금 부지불식간에 자본주의의 생산체계 속에서 하나의 공모共謀의 역할을 떠맡게 하고, 물질적 풍성함과 생활의 쾌적함의 유혹 하에서, 냉담하게 자기와 주위 환경을 단절시키게 한다는 점에서 '단사리' 담론의 이면에 깔린 후기 자본주의적 이데올로기에 주의할 것을 강조한다.

9장 윤영도의 「21세기 동아시아 루저, 혹은 '띠아오스屌絲'론」은 2009년 한국 사회에서의 '루저' 담론과 2012년 중국에서의 '띠아오스' 담론의 유행 현상을 중심으로, 이와 관련된 청년문화 현상의 시대적 맥락과 문화정치학적 함의에 대해 살펴본 글이다. 필자는 이른바 루저문화가 1990년대의 그런지 락Grunge Rock이나 할리우드식 루저 영화와 같은 미국식 대중문화, 그리고 ACGN(즉 Animation(아니메), Comic(망가), Game, light Novel) 등과 같은 대중문화나 오타쿠라는 독특한 문화소비 집단과 같은 일본식 문화현상 등에서 그 기원을 찾아볼 수 있다고 설명한다. 하지만 또한 한국의 루저문화나 중국의 띠아오스 유행은 2000년대 이후로 거의 동시대적으로 진행되고 있는 전 세계적 신자유주의 풍조와 그로 인한 '프레카리아트'의 대거 양산과 빈부 양극화와 같은 사회적·경제적 변화를 비롯해, 정동노동의 확산,

양성 관계의 전환, 뉴미디어 환경의 발전 등과 같은 다양한 요소들을 그 배경으로 하고 있다는 점에서 기존의 루저문화와는 다소 다른 맥락들을 보여주고 있음을 지적한다. 이와 같은 최근 한·중 양국에서 유행하고 있는 루저문화는 한편으로는 현실로부터 도피하여 가상 속에 안주하는 청년들의 자조적 절망을 반영하지만, 또한 다른 한편으로는 조소와 풍자를 통한 전복적 상상의 가능성을 담지하고 있다는 점에서 양가적 측면을 지닌 문화 현상으로 볼 수 있을 것이다.

10장 구리의 「광장댄스廣場舞를 추는 젊은이들」은 중국의 도심광장에서 흔히 볼 수 있는 광장댄스에 대한 현장 인터뷰 및 참여조사에 대한 보고서라 할 수 있는데, 이 글의 특이점은 기존에 광장댄스팀이라고 하면 중노년층, 특히 여성들의 전유물로 주로 인식되었던 데 반해, 청년층, 특히 남성 청년들이 주요 멤버로 참여하고 있는 광장댄스팀을 대상으로 한 연구라는 점에 있을 것이다. 이처럼 다소 낯선 형태의 청년문화라 할 수 있는 젊은 남성들 중심의 광장댄스에 대해 다루고 있는 이 글은 우선 광장댄스팀의 활동과 구성, 매커니즘 등에 대해 설명하고 있는데, 그 공간적 위치, 춤, 음악, 사운드, 팀의 현재 상황과 위기 등에 대해 상세히 기술하고 있다. 그리고 "그들은 왜 광장댄스를 추는가?", "광장댄스는 그들에게 어떤 의미를 갖는가?" 등의 문제를 중심으로 청년층 중에서도 특히 남성 팀원의 사회심리 매커니즘에 대한 분석을 시도하고 있다. 기존의 연구에서 '여성미'나 '여성성'과 같이 현대 여성의 이미지가 강조되었던 것에 반해, 필자는 연구 대상이 된 광장댄스팀에게 있어서 귀속감이 중요한 요소임을 강조한다. 이는 광장댄스팀의 리더와 멤버들이 강조하였던 '강력한 집단의식'에서도 확인할 수 있는데, 그들이 광장댄스팀에 참여한 주요한 목적 가운데 하나가 "자유로이 오갈 수 있는 항구이든 탄탄하게 결성된 집단이든 상관없이, 도시의 원자화原子化되는 개체 경험에 저항할 수 있는 길을 찾는 것"이었다고 설명한다. 이 연구는 비록 다소 예외적이고 흔치않은 사례이기는 하지만 끊임없이 부동하며 정처 없이 떠돌 수밖에 없는 중국 대도시의 삶 속에서 청년들의 현실과 그에 맞서 이루어지고 있는 그들의 광장댄스라는 문화적 실천을 세밀한 기술과 분석을 통해 보여주고 있다는 점에서 의미 있는 논문이라 하겠다.

4부 '동動하는 아시아의 청춘들'은 최근 한국과 일본에서 일어났던 사회 운동과 역동적 지형 변화, 그리고 그 속에 내재하는 복잡한 모순과 정동적·문화적 측면들에 관한 글들을 모았다.

11장 김연수의 「2008, 2016 촛불시위와 사회운동」은 최근 한국 사회에서 가장 큰 사건이자 이슈였던 2008년과 2016년의 촛불시위를 시민운동과 사회운동의 관계라는 차원에서 접근하고 있다. 필자는 "2008 촛불시위에는 시위를 주도하는 전문적인 꾼들이 있었고 시민들이 그것을 쫓았다면 2016 촛불시위는 일반 시민이 모여 있고 운동조직은 행사 진행의 조력자일 뿐"이었으며, 이로 인해 2016년의 촛불시위가 성공적일 수 있었다고 분석하는 기존의 미디어, 특히 〈그것이 알고 싶다〉의 시각에 대해 문제를 제기하면서, 흔히 '시민의 자율적 참여에 의한 촛불시위' 대 '사회운동조직에 의한 폭력시위', 혹은 '비폭력 시민' 대 '순수한 비폭력 시민'이라는 식의 대립구도가 상상적인 것일 뿐이며, 실제로 두 차례의 촛불시위에서 사회운동조직의 위치와 역할이 기존 미디어의 설명과는 달랐음을 분석하고 있다. 필자는 2008년도 촛불시위에서 운동조직에 의해 폭력시위로 전화하면서 촛불시위가 변질되고 그 동력이 감쇠하였다는 식의 일반적인 설명과 달리, 실제로는 사회운동조직이 주도적인 역할을 하지도 못하였을 뿐만 아니라, 오히려 인터넷 공론장을 통해 진행된 일반 시민 차원에서의 폭력 / 비폭력 논쟁 속에서 폭력시위에 대한 주장이 제기되었으며, 이 두 입장이 공존하고 있었다고 설명한다. 2016년 촛불시위의 경우 시민들의 자발적이고 독자적인 세력화보다는 '민중총궐기투쟁본부'라는 사회운동조직을 중심으로 한 조직적 대응이 중요한 역할을 하였으며, 이들의 주도하에 촛불시위가 2008년의 연장선상에서 비폭력의 방향으로 자리잡게 되었다고 분석한다. 이러한 분석을 기반으로 필자는 자발적 시민운동과 대중운동조직의 유기적 결합의 중요성을 강조하고 있는데, 이는 다른 측면에서 보자면 운동의 정동적 차원과 이성적 차원의 변증법적 절합으로 해석될 수 있을 것이다.

12장 조경희의 「'일국 평화주의'의 균열: SEALDs의 운동과 정동」은 일본사회에서 평화헌법을 둘러싼 갈등이 급속히 표면화되던 2015년 등장한 SEALDs(Students Emergency Action for Liberal Democracy-s, 자유와 민주주의를 위한 학생 긴급 행동)라는 이름의 청년 운동에 관한 논문이다. 이들은 아베정권에 의해 추진된 안보법안 통과에 맞선 대규모 시민운동의 중심 역할을 하였다는 점에서 뿐만 아니라, 기존의 운동조직이나 운동방식과는 다른 새로운 정치 문화적 실천으로 인해 커다란 주목을 받은 바 있다. 필자는 우선 전후 일본 사회의 정치 사회적 맥락을 정리하면서 그 속에서 SEALDs를 자리매김하고 있는데, 전후를 '공허한 주체'로 살아온 일본사회는 90년대 역사주체 논쟁을 거쳐 2000년대 현재 커다란 희생을 대가로 재난과 반핵, 일본의 재생이라는 '큰 이야기'를 손에 쥐게 되었으며, 그 속에서 SEALDs의 등장은 광범위한 리버럴 기성세대가 안고있었던 죄책감과 자존심에 어필할 수 있었다고 평가한다. 또한 일본의 '생활평화주의' 운동의 맥을 잇고 있을 뿐만 아니라, 2000년대 이후 글로벌 차원에서 진행되고 있는 축제적 시위문화나 점거운동과 같은 새로운 사회운동의 맥락 속에서 클라우드형 운동으로서의 특징들을 보여주고 있다고 설명한다. 마지막으로 필자는 SEALDs의 운동이 고조되는 과정에서 분출된 당파, 세대, 젠더, 국적 차이로 인한 다양한 갈등요소와 담론들을 검토하면서, 토론보다는 즉흥적인 공감대를 형성하는 정동적 반응의 가능성 및 한계를 함께 고찰하고 있으며 결론적으로 전후일본에 축적된 서로 다른 복수의 평화주의의 필요성에 대해 강조하며 글을 마치고 있다.

2015년 12월 '포럼'이 열린 이후 이 책을 기획하던 단계에 있던 2016년 3월 「훼손된 자아정체성」의 저자인 정성원 선생이 불의의 사고로 유명을 달리하였다. 독특한 주제와 심도 있는 문제의식을 보여주어 크게 기대되는 글이었을 뿐만 아니라, 짧은 '포럼' 기간 동안이기는 하지만 부드럽고 선한 심성을 느낄 수 있었던 연구자였기에 그의 급작스런 죽음에 관한 소식은 커다란 아쉬움과 안타까움을 남겨주었다. 어쩌면 그의 글 자체가 저자가 그동안 살아왔던 삶과 죽음을, 그리고 그가 느껴왔던 슬픔, 좌절, 분노의 심도를 보여주고 있는 것인지도 모르겠다. 그리고 그 자신만이 아니라 동아시아 청년의 현실과 정동을 상징적으로 대변하고 있는 것은 아닐까 하는 생각이 든다. 그의 글이 비록 미완의 발표문 원고임에도 불구하고 그 문제의식이나 상징적 의미라는 차원에서 이미 우리에게 계시해주는 부분이 적지 않다고 여겨져 여기에 함께 싣고자 한다. 이 책을 통해 그의 삶과 글이 기억될 수 있길 바라며, 이 자리를 빌려 그의 명복을 빈다.

마지막으로 그동안 이 책의 기획 및 출판에 필자와 역자로 참여해주신 여러 선생님들, 그리고 물심양면으로 많은 도움과 조언을 주신 동아시아연구소 소장 백원담 선생님을 비롯한 여러 동료 선생님들께 감사드린다. 더불어 촉박한 일정에도 성심으로 출판을 위해 애써주신 출판사 채륜의 관계자 여러분들께도 감사의 말씀 전한다.

2017년 6월 1일
항동골에서 윤영도

1부

도론

1장
새로운 정동의 정치화를 위하여

백원담_성공회대학교 동아시아연구소장

이 글은 『황해문화』86호(2015 봄호), 권두언으로 실렸던 「봄은 도시에서 오는가」를 일부 수정하여 게재한 글임을 밝혀둔다.

1. 자본과 도시, 그 경험의 소우주

가끔 꿈을 꾼다. 남산 밑 회현동 백수관, 한낮에도 동굴처럼 시커먼 그곳은 일제시대 서울 장안에서 가장 큰 기생집이었다고도 하고 방직공장이었다고도 하는데 정확히 아는 사람은 없다. 우리집은 큰 외삼촌이 일본상점에서 일하다 불하받았다는 적산가옥 외갓집의 뒷간을 헐어 지은 8평 짜리 이층집이었는데, 바로 그 백수관 앞 큰 길가에 있었다. 이층집 창을 열면 유엔센타가 보였고, 그곳엔 희거나 검은 미군들이 이른바 양공주들을 끼고 시도 때도 없이 드나들었다. 초등학교에 막 입학한 나는 학교가 파하자 가랑머리를 나풀거리며 동무들과 백수관 곳곳, 방마다 남의 집이고, 이층 삼층 켜켜이 남의 방을 통해 제집으로 올라가야 하는 미로의 미로 속을 헤집고 다니고, 배가 고프면 백수관 앞쪽 쪽방에 살았던 둘째 외삼촌 집에서 사촌언니가 돌아오길 기다렸다. 초등학교 6학년이었던 언니는 학교에서 배급으로 준 노란 옥수수빵과 탈지분유를 가방에서 꺼내 동갑내기 사촌과 우리 삼남매에게 나누어주었는데, 우리가 입을 오물거리며 아껴먹는 사이 언니는 어린 내 여동생을 업고 집도 치우고 빨래도 하고 밥도 지었다. 타원형의 그 노란 빵과 우유는 언니가 날마다 교실청소를 자처해서 하나 더 얻어온 것이었는데 언니가 점심 배급빵을 안 먹고 두 개를 들고 와 환호성을 치는 순간 백수관에 불이 났다. 속절없이 무너져내리는 겹겹의 천정들, 우리가 쌀을 구워먹던 연탄난로, 집으로 오르던 방속의 사다리들… 시커먼 연기 속에 솟아오르는 불구덩이들은 순식간에 덮쳐오고 도망을 치느라 안간힘을 써보지만 발이 떨어지지 않았다. 그 안엔 금발에 파란 눈의 혼혈아 미라도 할머니하고 살고 외삼촌처럼 몸이 성치 않은데도 서울역에서 짐을 나르는 지게꾼 아저씨도 살고, 가내수공업공장으로 와이셔츠를 만들어 팔던 백수관 최고 부자 현모네도 있고 외할머니가 늘 빨래를 하시던 샘물도 있는데…

내가 처음으로 맞닥뜨린 도시의 폐허는 그렇게 다양한 사람들과 그들의 다른 삶이 한순간에 잿빛으로 변해버린 거대한 쓰레기더미였고, 그리고 그 속에 노랗게 빛나던 고양이들의 눈이었다. 그리고 다시 새봄이 오자 그곳엔 회현아파트라는 현대식 건물이 높다랗게 들어섰다. 사촌언니네는 물론 셋방살이였으므로 그곳에 들어갈 수 있는 입주권 딱지를 받지 못했고, 구루마에 짐을 싣고 어디론가 떠났으며 나는 다시 그 노란 옥수수빵을 도란도란 아껴먹는 작은 행복을 누릴 수 없게 되었고, 우리집 또한 회현아파트 위 남산이 바라보이는 시범아파트로 이사를 갔다.

어떤 꿈에서 나는 나즈막한 언덕바지에서 잔잔히 흘러내리며 흐르는 시냇가에 서있기도 했다. 낡은 소쿠리를 가만히 대면 파르락 튀어

오르던 작은 새우들의 투명한 몸짓. 남가좌동으로 이름이 바뀐 모래내의 60년대 풍경 속에 나는 동갑내기 외사촌과 부지런히 냇가를 쏘다니다 하얀 새우더미를 안고 의기양양하게 허름한 하꼬방집으로 들어섰고 '피새우 끓어 넘치는 토방툇마루', 신경림선생의 시구처럼 둘째 외숙모는 뚝배기 가득 빨갛게 변신한 민물새우 수제비를 둥근 소반에 차려주셨다. 더 자라 수출역군 공순이가 되어 어느 공단에서 일한다는 사촌언니는 그날처럼 꿈속에서도 빨간 새우를 내 그릇에 듬뿍 얹어주었다.

또 다른 꿈에서 나는 이제 1970년 경기도 광주의 천막촌 한가운데서 있다. 사람들은 끊임없이 시멘트블록을 이고지고 천막 속으로 사라진다. 드문드문 이미 회색 담장을 쌓은 낮은 지붕들. 그 한 모퉁이에 나의 둘째 외삼촌과 외숙모, 외사촌들 또한 블록을 옮기고 있다. 모래내 민물새우가 팔딱이던 맑은 시냇가 판자촌이 철거되면서 그 동네 사람들은 딱지 하나씩 받아들고 그곳으로 쫓겨온 것이다. 비만 오면 진창이 되는 말죽거리에서 온 사람들도 있었다. 집도 절도 없는 허허벌판, 딱지 한 장에 20평씩 불하받은 사람들 중에서도, 투기꾼들의 꼬임에 딱지를 판 사람들은 그곳에도 바람벽을 세우고 몸을 뉘일 곳이 없었다. 빼딱삐딱 이어진 천막들 사이로 구멍 숭숭한 시멘트 블록을 나르고 세멘을 바르고 다닥다닥 게딱지 같은 집을 짓느라 부산한 사람들. 나도 눈치껏 그 회색벽돌을 한두장씩 날랐다. 천날 만날 쫓겨다니는 신세의 둘째 아들네가 어찌어찌 집장만을 했다는 소식에 나를 데리고 다니러 오신 외할머니는 신문지 얼기설기한 방 앞 한데 부엌에 커다란 솥을 거시고 사촌언니에게 물을 길어 오라 했다. 물지게 양쪽에 함석양동이를 매고 위태위태하게 돌아온 언니가 가마솥에 물을 붓자 아궁이 불길이 타오르고 솥에는 물이 펄펄 끓어 넘쳤다. 그런데 바로 그 순간 텀벙 누군가 허연 덩어리를 끓는 솥에 던져 넣었고, 고깃국을 끓이나보다 우리들이 환호하는 순간, 사람들이 몰려들었고 헝클어진 머리에 맨발을 벗은 아낙을 밀쳤다. "어떻게! 어떻게!" 사람들은 혀를 차고 악을 쓰며 어서 꺼내라고 성화인데 끓는 물속에 까무룩하게 가라앉는 건 다름 아닌 갓난아이였다. 익어가는 아이를 건질 생각은커녕 국자를 집어든 아낙. 그 핏발서린 젊은 아낙이 다름 아닌 사촌언니로 변해 내 얼굴을 화악 덮치는 순간, 아악 할머니! 나는 식은땀을 흘리며 버둥거리다 눈을 버쩍 떴다.

2. 도시화의 연대기

1971년 전태일열사가 청계천에서 분신했던 이듬해, 도시개발이라는 명분으로 서울 판자촌들을 철거하고 그곳 사람들을 강제로 이주시킨 경기도 광주, 지금 성남 중동지역에서는 굶주리다 못한 아낙이 자기 아이를 솥에 넣고 삶는 사건이 일어났다. 중학생이 된 나는 외할머니를 따라 회현동에서 모래내로, 모래내에서 다시 그곳으로 쫓겨간 둘째 외삼촌댁에 다니러 갔고 거기서 사람들이 웅성거리는 소리를 들었다. 수만 명의 사람들이 정부의 대책 없는 강제이주로 일거리를 잃고, 땅값의 일시 지불, 각종 세금납부 독촉에 시달리는데, 굶주림에 지친 아낙이 끓는 물에 자기 품안의 아이를 삶는 일까지 벌어지자 이에 격분, 중앙로를 점거하고 폭동을 일으켜 성남출장소에 불을 지른 것이다. 내무부와 서울시가 7~800명의 경찰 기동타격대를 투입했지만 성난 불길을 잠재우기에는 역부족이었고 일부 시위대는 이에 서울로 진격하여 집단시위까지 감행했다고 하였다. 정부부처는 결국 주민들에게 정식으로 사과하고 이주단지의 성남시 승격과 함께 주민 요구의 전격수용을 약속하면서 사태수습에 나섰고, 광주대단지 주민항거투쟁은 사흘만에 승리로 귀결되었다.

"자본은 머리에서 발끝까지 모든 털구멍에서 피와 오물을 흘리면서 이 세상에 나온다고 말해야 할 것이다."

마르크스는 자본론 1권 8편에 자본의 원시적 축적문제를 해명하면서 유럽에서 자본주의가 태동되는 시초 축적과정에서 생산자를 임금 노동자로 전환시키는 역사적 과정은 피와 불의 문자로 인류의 연대기에 기록된 수탈收奪, expropriation의 역사歷史라고 각인한다. 생산수단과 생활수단을 완전히 갖지 않은 자유 노동자의 탄생은 농노적 예속과 길드의 속박으로부터의 해방이자, 그들이 모든 생산수단生庫手段을 박탈당하고 또 종래의 봉건제도가 제공하던 일체의 생존보장生存保章을 박탈당한 뒤에야, 비로소 그들 자신을 판매할 수 있게 된다는 것이다. 이를 위해 절대왕권들이 수행하는 악랄한 법제화과정은 차마 복기하기 힘들 정도로 잔인하기 그지없는데 그중에서도 가장 압권은 영국의 헨리 8세에 의한 "거지면허a beggar's licence"가 아닌가 한다. 헨리8세는 1530년 늙고 노동능력 없는 거지에게 거지면허로 도시에서 살 권리를 주었던 것이다. "그러나 노동력이 있는 건장한 부랑자는 태형whipping과 감금을 당한다. 그들은 달구지 뒤에 결박되어 몸에서 피가 흐르도록 매를 맞고 그 다음에 그들의 출생지 또는 그들이 최근 3년간 거주한 곳으로 돌아가 '노동에 종사하겠다'는 맹세를 해야 했다. 얼마나 잔인한 이율배반인가? 헨리 8세 제27년의 법령은 이 법령을 반복했는데, 거기에 새로 더 보충해 한층 더 가혹하게 만들었다. 부랑죄로 두 번 체포되면 다시 태형에 처하고 귀를 절반 자르며, 세 번 체포되면 그는 중죄인重罪人으로 또 공동체의 적으로서 사형에 처해졌다."

그런데 농민들이 도시로 떠밀려나와 유랑화하고, 생산수단을 소유하지 못한 그들이 자본의 가공할 포섭에 속절없이 끌려들어가고 배제되는 끔찍한 원시축적과정의 폭력성을 어떤 인류학자의 민족지보다 핍진하게 정리해낸 마르크스의 기술, 피와 불의 문자로 쓴 수탈의 역사는 16세기의 일이 아니라 20세기 1960~70년대 이 나라의 근대화과정에서 고스란히, 최대한 압축적으로 재현되고 있다. 한국의 압축적 근대화과정에서 산업화와 도시화, 농업의 해체와 자유 노동자의 양산이라는 자본주의 축적체계의 형성과정에서 도시는 축적이 이루어지는 장소였고, 노동집약적인 포드주의 축적단계 속에서는 그 축적메카니즘에 따라 공간적으로 구획되고 재생산되었다. 생산기지로서의 공단의 양산과 소비도시의 창출이 그것이다.

위의 꿈속에서 재현해본 경험적 소우주의 광경들은 1960~70년대 포드주의적 축적체계의 음영이었다. 그리고 이후 기술과 매체발달에 따른 포스트 포드주의 축적체계 하에서 자본의 위기적 공간화실천은 자본의 바깥은 없는 신자유주의 시대를 전면화하였고 도시는 이제 자본의 금융화로 상징되는 의제적擬制的 포섭의 장소가 되었다. 자본주의 경제활동이 물질적 영역에서 비물질적(정신적) 영역으로 확장되면서 공단과 같은 신체를 억압하는 동일노동의 콘베어시스템의 장소가 아니라 도시의 모든 공간에서 가능하게 되었고, 이를 위해 국민국가의 모든 영토가 자본의 공간화실천의 장소가 되는 것이다. 그리고 국가와 시장과 개인에 의한 영토적 성장연합은 비물질 영역의 장소성 자체를 상품화하는 도시화의 수행주체들agencies이다. 그리하여 도시와 도시에서의 삶은 온전한가.

지난 1월20일은 용산참사 8주년이 되는 날이었다. 2009년 그날 용산 4구역 철거현장에서 점거농성을 벌이던 세입자와 전국철거민연합회는 헬기를 동원한 경찰의 특수진압에 원인모를 화재가 발생, 농성 중이던 사람들 중 6명의 사상자가 발생하였다. 그러나 참사를 무릅쓰며 자행한 국가의 가공할 진압폭력이 무색하게 용산개발은 원점으로 돌아갔고, 그 참사현장은 황량한 주차장으로 변해버렸다. 그리고 전국철거민연합회 소속으로 용산 세입자 농성을 지원하러 왔다 비명에 간 윤용현씨의 부인 유영숙씨는 2013년 자신의 주거지인 서대문구 순화지구의 철거가 재개됨에 따라 다시 농성을 시작했고 1년이 넘도록 지속한 바 있다. 또한 용산사태 당시 농성을 지원하러 갔는데 경찰의 강제진압으로 건물에 매달려 있다가 떨어져 불구의 몸이 된 지석준씨는 순화지구 철거반대 농성을 또 지원하러 왔다가 경찰의 무자비한 폭력에 다시 짓밟혔으며. 그가 탄 휠체어는 내팽개쳐졌고, 그의 몸은 한겨울 언 땅위에서 군홧발세례로 만신창이가 되었다.

3. 전지구화시대 삶의 공간으로서의 도시, 그리고 청년 정동의 전환

한국의 도시지역 인구비율(도시화율)은 2013년 현재, 91%에 달한다. 인구의 90% 이상이 도시에 사는 것이다. 이에 비해 2014년 현재 농업종사자는 임업 어업까지 포함하여 290만,[1] 국민총생산에서 농업이 차지하는 비율은 5.8%(2012),[2] 생산구조상 서비스업이 59%를 차지하는 데 비해 농업은 2.3%에 불과하다. 10년 전 2003년 353만에서 60만이상이 준 셈이니 그만큼 농촌인구가 도시로 유입된 것이고, 도시에서 어떤 방식이든 생업에 종사하고 있는 것이다. 그렇다면 인구의 95%가 도시인으로 살아가는 시대에 도시는 과연 거기서 발붙이고 살아가는 대다수 사람들에게 어떤 의미일까. 그리고 그 속에서 오늘을 살아가는 청년들에게 도시는 또 어떤 의미인가.

앞서 한국의 도시화 문제를 내 경험의 소우주를 통해 잠시 보였지만 그것은 압축적 근대화를 이루었거나 이루고 있는 대다수 아시아 동아시아의 도시들과 사람들의 경우와 별반 다르지 않을 것이다. 그렇다면 이 인구의 압도적인 도시적 삶에 초점을 맞추고, 자본과 도시의 관계를 문제 삼기로 한다면 무엇을 가장 중요하게 의제화할 수 있을까?

---

1   정확한 통계로는 농민 284만7천명, 어민 14만7천 명, 농림축산식품부, 『2014년 농림축산식품 주요통계』, 2014.9, 41쪽.
2   농림축산식품부, 앞의 책, 532쪽.

자본의 공간인 도시, 그리고 전지구적 자본화 시대의 도시화란 도시와 농촌이라는 경계의 해체와 재구성, 국민국가경계의 해체와 재구성과 같은 공간적 전환을 이루어냈다. 그리고 그런데 자본축적구조의 변화에 따라 노동의 종말, 혹은 노동의 문화화가 추동되고 그런 가운데 주체의 재구성이라는 문화적 전환 또한 이루어져왔다. 특히 동아시아의 경우 자본의 축적과정이 국가주도로 압축적으로 이루어진 '조국 근대화'라는 동아시아 발전모델로 정체화될 수 있는 바, 그 역사적 도시화란 자본과 권력의 압도적인 관철과정을 특징으로 한다. '개인들을 공동의 운명 속으로 옭아 넣는 사회적 위기', 이른바 비상사태의 연속되는 동아시아 도시들은 공단工團과 그 노동자 등의 관계형태로 나치 수용소를 방불할 만큼 '주권 / 벌거벗은 생명'이라는 푸코, 아감벤 등이 재범주화한 근대정치의 핵심구도를 그야말로 집약적으로 표현해내었다. 그런데 앞서 내 '경험의 소우주'에서 확인했듯이 그러한 자본의 압축적인 공간화실천과정은 그에 대응하는 저항, 곧 '잉여생산물의 배분과 활용을 둘러싸고 전개되는 계급갈등과 투쟁의 연속' 또한 첨예하게 제기되어 왔다. 동아시아 글로벌 도시들은 압도적인 자본의 공간이면서 다른 한편 이 도시를 신체의 노동으로 살아가는 대다수 도시주민들의 물질적 필요충족과 정신적 자아실현의 압축적 전개 '장소'이기도 했던 것이다.

　　여기서 노동계급이나 대다수 도시주민들이 아니라 '청년'의 호명은 어떤 의미를 가질까. 그것은 '청년'담론들이 근대적 주체의 구성맥락에서 근대성 논의와 범주를 같이하며 이루어져왔지만, 동아시아라는 장소에서 21세기 청년의 위상화는 청년이라는 '모라토리움(유예)

의 시기'로서 일반화된 표상과는 다른 의미를 가지고 있음을 전제한다. 그것은 자본의 전지구적 지역화과정에서 동아시아의 경제발전의 후과로서, 전쟁과 혁명을 겪지 않고 가족과 국가로부터의 공동체적 책무로부터 자유로와진 청년-학생, '기성의 공동체로부터 자유로워진 개별자 청년들'(소영현, 2012)의 등장과 깊은 연관이 있다. '문화적 외피를 강조하는 새로운 개별자 청년들의 등장이 이끌고자 했던 공동체의 미래'가 없다는 것이 아니라 '개별자 문화청년들의 새로운 지향과 그들이 선취한 공동체의 미래'가 가시화되기도 전에 '청년들은 자유로운 개별자가 아니라 자기-계발해야 하는 고립된 주체로 파편화되고 있다'는 점에서 이러한 파국을 문제화하는 방법으로 '개별자 청년'의 생존상태에 주목하고자 하는 것이 아닌가 한다.

최근 해바라기太陽花운동의 후과로서 대만 청년-대학생들이 '작고 확실한 행복小確幸'이라는 미래선택을 선호하고 그것이 주류담론화하기에 이르렀다는 논의를 접했다. 이것은 다른 파국을 의미하는 것으로 보이는데 그것은 생명정치에 대한 반자본주의적 생존정치로 의미화하는 측면이 있지만, 그러나 '다스려지지 않는 정동'으로서 시민사회의 경계에 놓여있던 청년의 유예적 존재양식에 새로운 통치성이 관철된 측면 또한 포착되기 때문이다.

이제 동아시아 도시라는 공간에서 청년이 도시를 문화적으로나 정치적으로 장소화할 가능성은 청년이 점차 '비정규직 노동자, 사회적 약자, 빈곤층'의 범주에 속해야 하는 존재, 억압되고 배제된 자들의 다른 이름이 된' 그 배제의 정동에서 다시 찾아질지 모르겠다. 아리스토텔레스의 폴리스정치론의 특징을 '정치적 동물로서의 인간'과 그 노동에서 찾아낸 한나 아렌트Hannah Arendt나 주권 / 벌거벗긴 생명을 근대정치의 범주로 통치성문제를 부각시킨 푸코Michel Foucault, 아감벤 Giorgio Agamben 등이 문제적인 것은 여전히 '정치화'의 문제가 중요하기 때문이다. 그리고 '청년'의 존재양식은 아직 그 시민사회의 구성원으로 '구성'되지 않은 주변에 있기 때문에 그 다스려지지 않는 '과잉의 정동'은 여전히 문제적이다.

하지만 그 '미생未生'으로서의 존재양식은 '다스려지지 않는 과잉의 정동'이라는 문제성과 동시에 언제나 기성 정치의 통치성에 파열구를 만들어내는 미래적 희망과 가능성을 함께 지니고 있다는 점에서 주목할 필요가 있다. 동아시아에서의 새로운 정동의 탈경계적 연쇄에 주목하고 그 상태와 가능성을 동시에 탐색하고자 한 이 책이 어쩌면 새로운 정동 정치화를 위한 하나의 작은 디딤돌이 될 수 있지 않을까 기대해본다.

2부

슬픈靑
봄春들의
군상群傷

2장

헬조선의 N포세대와 노력의 정의론

정정훈_중앙대학교 문화연구학과 박사 수료

1. '서연고서상한중경외시건동홍국숭세단명광한상'을 아시나요?

　홍어택배, 삼일한, 세월어묵, 좌좀, 종북게이, 시체팔이… 민주화운동, 불의한 권력의 희생자, 사회적 약자와 소수자에 대한 극명한 혐오의 언어로 인해 일간베스트(이하 일베)가 사회적 문제로 부상한지 이제 꽤 오래되었다. 무엇보다 이러한 극단적인 배타주의와 폭력적인 수사를 동원한 혐오표현이 이십대를 주축으로 한 청년들에 의해 자행된다는 것이 알려지면서 청년의 보수화를 넘어 청년의 극우화, 파시스트화가 진행되는 것이 아니냐는 우려도 깊어지고 있다. 그래서 일베에 대한 비판은 넘쳐나고 있으며, 일베를 규제해야한다는 목소리도 높아지고 있다. 일베가 어렵게 이루어낸 한국사회의 민주화를 위협하는 요소로 지목되고 있는 것이다.

　하지만 오늘날 한국사회의 민주화를 그 토대에서부터 위협하는 것은 일베와 같이 극단화된 차별과 혐오 조장 세력만이라고 할 수는 없을 것이다. 오히려 청년 대중 사이에 광범위하게 확산되고 있는 보수성이 일베의 극단적 언표가 발화될 수 있는 기본 토양이라 할 수 있다. 일베는 청년의 보수화, 우경화라는 대중적 현상이 극단적으로 드러난 증상인지도 모른다.

요즘 청년들은 비정규직 노동자들의 권리투쟁이나, 철거민의 생존권 싸움에 대해 비판적이다. 이들은 또한 평등을 주장하는 지식인들에 대한 냉소를 곧잘 표현한다. 이는 단지 일베와 같이 극단적으로 표출되는 경우만의 문제가 아니라 많은 청년들이 가지고 있는 일종의 세대 정서와 같은 것이기도 하다. 그래서 청년들의 보수성, 혹은 우경화라는 문제를 논의할 때 일베를 비롯한 극단적 주장을 하는 이들을 살펴보는 것보다 청년대중의 저변에 존재하는 이데올로기, 즉 그들이 세계를 체험하는 틀인 어떤 사고방식과 정서의 메커니즘을 포착할 필요가 있다. 다시 말해 보수적 청년대중들의 이데올로기에 대한 분석이 요청된다는 것이다.

그 이데올로기를 포착하기 위한 지표 가운데 하나가 수능성적에 따라 규정되는 대학순위에 대한 젊은이들의 엄격한 서열의식이다. 요즘 대학생들은 단지 SKY라 불리는 서울대, 연세대, 고려대와 그 외의 대학으로 대학서열을 나누지 않는다. 지금의 청년들과 청소년들은 '서연고,서상한,중경외시,건동홍,국숭세단,명광한상'이라는 조선왕조 왕의 시호 앞 글자와 같은 것을 외우고 있다. 이는 서울대(서), 연세대(연), 고려대(고), 서강대(서), 성균관대(성), 한양대(한), 중앙대(중), 경희대(경희), 외국어대(외), 서울시립대(시) 등등 각 대학을 서열에 따라 표시한 것이다. 각 대학이 속한 등급은 쉼표로 구분된다. 가령 서연고가 최고명문, 서성한이 그 다음, 중경외시는 그 아래 식이다.

이렇게 청년들이 대학서열을 매우 구체적으로 세분화하고 있는 것은 대학생이라고 같은 대학생이 아님을 명시하기 위해서이다. 이들에게 대학서열 상 자신이 어느 등급에 속해있는지는 매우 중요한 문제이다. 그리고 대학서열은 곧 인간의 서열이기도 하다. 대입시험 커트라인이 높은 학교 학생들은 그렇지 못한 학교 학생들을 멸시하며, 커트라인이 낮은 학교 학생들은 그 점수가 높은 학교 학생들에 대한 열등감을 강하게 가지고 있다.

K대학교 경영학과에 다니는 어느 학생은 같은 지하철을 이용하는 다른 대학교 학생들에 대해서 이렇게 평가한다.

> 제가 지하철 타고 학교 다니잖아요. 그러면 우리 학교 지나서 동덕여대, 서울산업대, 서울여대 막 이런 학교들 쭉 있단 말이죠. 이게요, 다 구분된다니까요. 아침에 지하철을 타면 대학생이 꽤 많잖아요. 그런데 딱 알 수 있어요. 침 흘리며 자거나, 특히 아이스커피 같은 거 마시면서 후루룩 소리 내고 얼음 와작와작 씹어먹는 사람 있단 말이예요. 또 무슨 저급한 잡지 보는 사람들하고 스마트폰으로 게임만 하는 사람들, 그 사람들은 우리 학교에서는 절대로 안 내려요.[1]

이 뿐만이 아니다. 같은 학교 내에서도 단과대학별로 입학점수가 다르기 때문에 높은 입학점수를 받은 단과대학생들은 낮은 점수를

---

[1] 오찬호, 『우리는 차별에 찬성합니다』, 개마고원, 2013. 123~133쪽.

받은 단과대 학생들을 무시한다. 연세대학교의 경우 학내 인터넷 커뮤니티 게시판에서는 '상공전'이라는 것이 종종 벌어지곤 한다. 상공전은 연세대 문과계열에서 높은 점수를 받은 학생들이 들어가는 상대 학생들과 이과계열 중에서 높은 점수를 받은 학생들이 들어가는 공대 학생들이 시쳇말로 서로를 '까는' 놀이를 말한다. 그러나 이 놀이는 상대생과 공대생이 타 단과대학생보다 더 우월한 능력을 가진 자들임을 서로를 '까는' 방식으로 통해 확인하는 행위이다. 실제로 연세대 학내 인터넷 게시판에는 "상대, 공대, 의대를 제외한 나머지 학과들은 구색 맞추기를 위해 있는 것이 아니냐", "인문학과는 사실상 성적 맞춰서 온 것"[2]과 같은 글들이 올라온다.

같은 캠퍼스의 다른 단과대 학생들을 자신들과 분명하게 위계적으로 구별 짓고자 하는 학생들의 태도는 같은 대학의 다른 캠퍼스 학생들에 대해서는 매우 적대적으로 나타난다. 연세대 신촌캠퍼스의 학생들은 원주 캠퍼스의 학생들을 절대로 동문으로 인정하지 않는다. 같은 인터넷 게시판에는 "원세대(연세대 원주 캠퍼스-인용자) 다니는 친구 놈이 나한테 '동문, 동문' 거리는데 원세대 놈들 중에 이렇게 신촌을 자기네하고 동급 취급하는 애들 있을까봐 심히 우려된다."는 글이 올라오기도 했다.

서울대에서는 학내 인터넷 커뮤니티 게시판에 타대출신의 대학원생과 편입생이 접근하지 못하도록 해야 한다는 의견이 제기되어 많은 학생들의 공감을 얻기도 했다. "타대 출신 대학원생이 아무리 노

---

2   『한겨레신문』, "감히 연세대 동문 동문 거리는 놈들…", 2014년 7월 1일자.

력해봤자 인식 자체는 수준 미달 '학력세탁충蟲'", "남을 내 집에 들이기 싫은데 이유가 있나?" "대학원생은 총학생회장 투표권이 없는 걸 보면 주인이 아니라는 뜻" 등[3] 타대출신의 대학원생에 대한 강력한 배타주의가 나타나고 있다. 이미 이와 유사한 논란을 경험했던 이화여대는 이화여대 학부생, 학부출신 대학원생 및 졸업생만이 사용할 수 있도록 학내 인터넷 커뮤니티의 가입 자격을 변경한바 있다.

이는 단지 소위 스카이라는 명문대의 학생들에게만 나타나는 태도가 아니다. 가령 중앙대 학생들 역시 학내 인터넷 커뮤니티에서는 타대 출신의 편입생, 안성 캠퍼스에 다니는 학생들에 대한 비난과 비하가 연일 올라오고 있으며, 이는 서울의 많은 대학에서 나타는 현상이다. 이들은 편입생을 '편입충'이라고 부르곤 한다.

오늘날 이렇게도 학벌, 정확히는 대학수학능력시험 점수에 따라 자기보다 낮은 점수를 받은 학과, 단대, 학교 학생들을 대학생들이 무시하고 비하하는 이유는 그들이 특권의식에 매몰되어 있는 기득권이기 때문일까? 이들이 타인을 무시하고 기득권을 지키는데 혈안이 된 후안무치한 자들이기 때문일까? 이들은 정의감이라고는 찾아볼 수도 없는 불의한 세력일까? 그러나 수능점수로 인간의 질과 등급을 매기는 젊은이들을 비난하기 이전에 이들이 그러한 행태를 보이는 사회적 조건과 정념의 동학을 우리는 먼저 살펴보아야 할 필요가 있을 것이다. 그러할 때 보수화된 청년 대중들의 이데올로기에 대한 우리의 이해도 진전될 수 있을 것이다. 여전히 우리에게는 '전진하고자 하는

---

3 『조선일보』, "너, 학부 서울대 아니지? 그럼 나가", 2015년 9월 3일.

선의보다 사물에 대한 정통한 이해'가 더욱 필요하다.

2. 이것이 헬조선이다

3포세대, 5포세대, 7포세대로 일컬어지던 오늘날의 청년세대들은 이제 너무나도 많은 것을 포기하여 'N포세대'라고까지 지칭되고 있다. 그리고 N포세대는 자신들이 사는 나라를 '헬조선'이라고 부른다. 이들이 말하는 헬조선에는 여러 가지 의미들이 담겨있지만 그 중심에는 무엇보다 먹고 살기 힘든 이십대의 상황이 놓여 있다. 이십대를 중심으로 한 청년층 관련 통계지표들은 현재 그 삶의 조건이 어떠한지를 잘 보여준다.

먼저 실업률을 살펴보자. 이십대 실업률의 경우 2014년 현재 9.7%로 이는 외환위기의 여파가 본격화된 1998년의 11.4%, 99년의 10.1% 이후 가장 높은 수치다. 2013년 현재 (15세에서 29세까지) 청년층의 고용률은 38.7%로 이는 1983년 이래 가장 낮은 수치이다.

또한 비정규직에서 이십대가 차지하는 비율 역시 높아지고 있다. 『서울경제』는 통계청자료를 바탕으로 2014년 현재 이십대 비정규직 상황에 대해서 다음과 같이 보도하고 있다. "지난해 이십대의 경우 아르바이트와 인턴, 비정규직 등이 (신규취업자-인용자) 증가세를 주도했다. 이십대 정규직이 232만명이고 비정규직이 109만명으로, 1년 전보다 정규직은 1.8% 늘어난 데 그친 반면 비정규직은 5.8%나 증가다."[4] 이는 한국노동연구원이 2015년 발간한 "비정규직노동통계보고서"에서도 나타나는 경향이다. 청년 임금노동자들 가운데 15세에서 24세 사이의 비정규직 비율은 40% 초반대, 25세에서 29세 사이의 비율은 20%초반대였다.

4년제 대학의 경우 2014년 1인당 평균등록금은 666만 7천원이었으며, 사립대는 733만 2천원이었고 국립대는 414만 2천원이었다.[5] 2012년 OECD 통계에 의하면 국가가 대학생들에게 장학금을 지원하는 규모는 OECD평균의 1/3수준인 반면, 대학생들의 학자금대출규모는 OECD 평균의 2배가량이었다.[6]

취업은 매우 어렵고, 비정규직 비율은 높은 실정이며, 대학생의 경우에는 높은 등록금을 학자금대출로 버티다 졸업하면 빚더미에 올라앉게 되는 상황에 현재 대한민국 청년들의 삶이 놓여있다. 이십대 사망원인의 1위가 자살인 것은 청년들이 처한 이러한 상황과 무관하지 않을 것이다. 외환위기를 기점으로 이십대의 자살 역시 지속적으로 늘어나고 있다. "1990년 903명이던 자살자 수가 꾸준히 증

---

4   『서울경제신문』, "작년 신규취업자 54만명 늘어…이십대 비정규직 비율↑", 2015년 1월 5일.

5   『연합뉴스』, "대학등록금 평균 666만7천원…1만7천원 '찔금' 인하", 2014년 4월 30일.

6   『한국대학신문』, "정부지원 대학생 장학금 OECD의 '3분의 1'", 2012년 9월11일.
     "특히 학생에 대한 재정지원에서는 장학금과 기타 가계지원(생활비)이 OECD 평균의 3분에 1에도 미치지 못했다. 교육기관에 직접 지출된 교육비는 전체의 78%에 달했으나 정작 학생에 대한 장학금·생활비 지원은 3.0%에 불과했다. 이는 OECD 평균 10.4%에 비해 턱 없이 부족한 수준이다. 반면 학자금 대출은 OECD 평균보다 2배 가까이 많았다. 우리나라는 교육기관에 투자된 교육비의 17.7%가 학자금 대출인 반면, OECD 평균은 9.3%에 불과했다. 대학생 장학금 지원에 대한 예산을 확충하지 못한 채 학자금 대출만 늘려온 셈이다."

가해 2003년에는 운수사고를 제치고 사망원인 1위를 기록했으며 2010년에는 1,728명에 달했다. 특히 20년 동안 약 100명이 증가한 이십대 초반에 비해 이십대 후반의 경우 1990년 447명에서 2011년 1,082명으로 두 배 이상 늘었다. 20년 동안 청년 인구의 숫자가 130만 명 이상 줄어든 데 비하면 이 같은 결과는 더욱 놀랍다. 그러나 이십대 초반과 후반의 자살자수 격차가 처음부터 벌어져 있었던 것은 아니다. 1990년 각각 456명과 447명이었던 수치는 95년부터 뒤집히기 시작해 외환위기가 닥친 98년 경 각각 616명과 900명으로 크게 벌어졌다."[7]

이러한 통계수치는 이십대를 중심으로 한 청년세대들이 겪는 고통을 보여준다. 경제적으로는 극도로 불안정하며 심리적으로는 매우 불안한 상태로 일상을 살아가는 청년들에게 삶의 환경으로서 대한민국이란 사실상 지옥이나 진배없다. 헬조선이라는 말에는 청년들의 현실인식과 그에 대한 정서가 담겨 있다. 하지만 헬조선은 단지 먹고 살기 힘들다는 경제적 어려움만을 표현하는 기호가 아니다. 여기에는 청년들의 경제적 삶을 불안정하게 만들고 있는 사회구조적 문제에 대한 냉소가 담겨 있다. 이들에게 대한민국은 단지 '헬'hell인 것만이 아니라 또한 '조선'朝鮮이다. 헬조선이라는 말에는 전근대사회의 '미개함'이 21세기 대한민국 사회의 성격을 규정하는 강력한 특성이라는 의미 역시 담겨 있다. 그 미개함이란 무엇보다 불평등이 구조화된 사회의 현실을 가리키는 것이며, 그러한 현실이 마치 신분제사

7   『대학신문』, "이십대 사망자 절반이 자살, 청년이 멍들고 있다", 2012년 9월 23일.

회 조선처럼 변화되지 않을 것이라는 청년들의 체념이 헬조선이라는 말에 결부되어 있다.

구조적 불평등에 대한 청년세대들의 이와 같은 '감'이 경쟁이 심화된 현실에 대한 청년들의 과장어린 불평이라고 할 수 없음을 여러 연구결과들은 보여준다. 김낙년에 의하면 2010~2013년 사이의 대한민국 자산 비중의 66%를 상위 10%인구가 소유하고 있는 반면, 하위 50% 인구의 자산 비중은 2%에 불과한 것이 현실이다. 또한 부의 불평등은 시간이 지남에 따라 더욱 심화되는 경향을 보이고 있다. 부유한 이들의 자산이 그렇지 못한 이들 보다 더 빠른 속도로 증가했기 때문이다. 2000~2007년엔 상위 1%가 전체 부의 24.2%, 상위 10%가 63.2%를 차지했으나, 2010~2013년에 상위 1%의 자산 비중이 1.7%포인트, 상위 10%의 자산 비중이 2.8%포인트씩 상승했다. 평균 자산의 경우 상위 50%는 2000년 1억2000만원에서 2013년 1억8400만원으로 1.5배 증가하였지만, 상위 1%는 같은 기간 1.8배 늘어났다.[8]

지금 청년들은 불평등이 구조화된 사회적 조건 하에서, 낮은 보수를 받으며 '알바'로 근근이 생활을 하면서 고용률이 낮은 상황에서 정규직이라는 좁은 문에 들어가기 위해서는 죽을힘을 다해 노력을 해야 하는 조건에 처해 있다. 1년간 비정규직으로 일하면 정규직으로 전환되는 비율이 11.1%, 3년간 비정규직으로 일하면 정규직으로 전환되는 비율이 22.3%밖에 되지 않는 나라에서 이들은 살고 있다. 사

---

8   김낙년, 「한국의 부의 불평등, 2000~2013: 상속세 자료에 의한 접근」, 낙성대경제연구소, 2015, 14쪽.

는 것이 곧 고통인 나라. 이런 나라의 현실을 청년들은 헬조선이라고
부르고 있는 것이다.

3. 갑을관계와 전도된 경제외적 강제, 새로운 신분제의 등장?

1) 금수저와 흙수저, 사회경제적 지위 세습의 구조화 양상

　헬조선의 좀 더 구체화된 버전이 '수저론'이다. 수저론은 태어날
때 어떤 수저를 물고 태어났는가가 이후 삶의 질을 결정하는 현실을
담고 있다. 즉 출생이 그의 사회경제적 지위를 결정한다는 말이다. 청
년들은 금수저, 은수저, 동수저, 흙수저로 사회적 지위를 세분화한다.
각 수저를 나누는 객관적 기준이 명백하게 존재하는 것은 아니지만,
청년들은 다양한 방식으로 수저를 나누는 기준을 제시하곤 한다. 어
느 인터넷 사이트에 올라온 '수저구분표'에 따르면 자산 20억 이상이
고 가구연수입이 2억 이상이면 상위 1%의 금수저, 자산 10억 이상이
고 가구연수입이 8,000만원 이상이면 상위 3%의 은수저, 자산 5억
이상이고 가구연수입이 5,500만원 이상이면 상위 7.5%의 동수저, 자
산 5000만원 미만이고 가구연수입이 2000만원 미만이면 흙수저이

다.[9] 이와 같은 수저론의 핵심에는 부모의 사회경제적 지위가 나의 사회경제적 지위를 결정하는 현실에 대한 비관이 담겨있다.

한국사회에서 가구의 소득수준은 소위 명문대학 진학률과 상관관계를 가진다. 1~10위권 대학 진학 비율을 살펴보면 고소득층 (중위 가구소득의 3분의 4 이상) 가구 자녀가 7.4%를 차지하여 0.9%를 차지한 저소득층 (중위소득의 3분의 2 이하) 가구 자녀 보다 8.6배가 높았다. 고소득층가구의 자녀들은 11위~20위권 대학 진학 비율에서도 10.2%를 차지하여 1.9%를 차지한 저소득층의 자녀 보다 5.3배 높은 비율을 보였다. 반면 21위 이하 4년제 대학 진학률에서는 가구별 소득수준과 진학 비율은 뚜렷한 상관관계를 보이지 않았다.[10]

부모의 소득이 많을수록 소위 말하는 명문대학에 진학할 확률이 높아지는데, 이는 취업 이후 임금소득에도 영향을 미친다. 1~10위 대학 출신의 임금 노동자의 월평균 중위임금은 290만원인데, 이는 21위 이하 수도권 4년제 대학 출신의 200만원, 지방대 출신의 180만원 보다 90만에서 110만원이 많은 액수이다. 11위~20위 대학 출신자의 중위임금은 240만원으로 역시 21위 이하 대학출신의 임금근로자의 중위임금보다 높았다.[11]

한 연구에 의하면 대한민국에서 개인의 자산에서 부모에게 상속, 증여 받은 비중 또한 높아지고 있다. 1980년대에 27%, 1990년대에

---

9   『News1』, "청년 新계급론…'헬조선에선 아무리 노오력해도 흙수저'", 2015년 10월 15일자.

10   『한겨레신문』, "'흙수저'는 '노오력'해도 '흙수저'?", 2015년 10월 15일자.

11   같은 기사.

는 29%였던 이 비중은 2000년대에 이르러 42%로 비약적으로 높아졌다. 국민소득 대비 연간 상속액 비율 역시 증가 일로에 있다. 1980년 연평균 5%였으나 1990년대 5.5%는 늘어났고, 2000년대는 6.5%, 그리고 2010~2013년 8.2%를 기록하고 있는 실정이다.[12]

이 모든 지표가 보여주는 바는 2000년대 이후 한국 사회에서 계층 이동의 가능성이 현저히 낮아졌다는 것이다. 이는 부모의 사회경제적 지위가 자녀의 사회경제적 지위를 결정하는 핵심 요건이 되었음을 의미한다. 부의 대물림이자 사회적 지위의 대물림이 구조화되고 있다고 하겠다. 이것이 의미하는 바는 무엇인가? 사회경제적 불평등이 구조화되어 있을 뿐만 아니라 구조화된 불평등이 세대를 이어 지속된다는 것이다. 개인의 사회적 지위가 그 자신의 행위에 의해 결정되는 것이 아니라 출생의 조건에 의해 결정되는 사회를 신분제사회라고 한다면, 이상의 논의에서 살펴본 각종 지표들은 한국사회가 신분제적 성격을 갖기 시작했음을 보여준다고 하겠다.

2) 갑질, 혹은 전도된 경제외적 강제

국가 최고 규범인 헌법이 대한민국을 민주공화국으로 규정하고 모든 국민이 법 앞에서 평등하다고 천명하고 있으며, 시민권을 가진 만 19세 이상의 모든 사람의 투표권을 보장하는 21세기 대한민국을 신

---

12   『한겨레』, "금수저·흙수저 계급론, 갈수록 심해진다", 2015년 11월 17일자.

분제 사회와 연관 짓는 것은 지나치게 과도한 해석이 아닐까? 물론 국가의 정치제도, 공식적인 권리제도, 관련 법률은 결코 신분제적이지 않다. 하지만 앞에서 지적한 사회경제적 지위의 대물림 현상이 강화되고 있는 추세와 계층이동의 가능성이 줄어들고 있는 경향은 엄연한 사실이다. 또한 일상에서 가진 자와 그렇지 못한 자가 서로 관계 맺는 양상 역시 신분제적 징후를 보이고 있다.

2015년 1월, 부천의 한 백화점 지하에서 백화점 주차요원들이 고객에게 무릎 꿇고 사과하는 일이 벌어졌다. 주차요원의 행동이 마음에 들지 않았던 백화점 이용자가 고객의 지위를 앞세워 주차요원을 무릎 꿇리고 폭언을 하며 사과를 요구하는 일이 벌어진 것이다. 같은 해 10월 유사한 일이 또 발생했다. 보석코너에서 이미 구입한 상품을 환불해주지 않는다며 항의하던 고객이 또 다시 점원의 무릎을 꿇리고 사과를 받아낸 것이다. 흔히 '갑질'이라고 불리는 이러한 사태들은 백화점과 같은 서비스업종 뿐만이 아니라 대리점주와 본사 관리자 사이에서도, 아파트 주민과 경비원 사이에서도, 원청 기업의 직원과 하청 기업의 직원 사이에서도, 기업 내의 노동자와 관리자 사이에서도 끊이지 않고 발생하고 있다.

2009년 이후 발레오만도 사측은 노조 활동을 한 노동자들에 대해 강압적이고 폭력적인 통제를 수행하고 있다. 노조에 가입한 노동자를 생산 현장으로부터 분리시켜 풀뽑기, 화장실청소, 페인트칠하기 등 본연의 업무와 상관없는 일들을 시키거나, CCTV나 관리자를 통하여 일거수일투족 감시하는가하면, 심지어 노조 가입자에게 반성문을 쓰게 하고 군대식 얼차려와 같은 가혹행위를 자행하기도 했다. 그리고 이는 발레오만도 작업장에서만 벌어지는 이례적인 사태가 아니다. 각 현장 마다 어느 정도 차이는 있지만 이러한 노동자 통제방식은 어느덧 여러 사업장에서 나타나는 일반적 현상이 되어가고 있는 상태이다.

이러한 일련의 상황들은 소위 말하는 '갑을관계'에서 일어나는 '갑질'을 보여주고 있다. 2000년대 이후 갑질은 한국 사회에서 광범위하게 타나고 있으며 지속적으로 사회문제가 되고 있다. 다시 말해, 갑질은 단지 인간적으로 성숙하지 못한 몇몇 개인의 실수나 일탈이 아닌 구조화된 행위의 결과로 나타나고 있다는 말이다.

현재 한국사회에서 갑과 을로 표시되는 경제적 관계 내에 존재하는 지위의 차이는 상대적 우위를 점하는 자인 갑이 그렇지 못한 자인 을에게 심리적, 물리적 폭력을 휘두르는 것, 즉 갑질을 가능하게 한다. 한 사람이 다른 사람에게 인격적 모욕을 가하거나 심지어 신체적 폭력을 행사하는 일이 경제적 권력관계 하에서 발생하고 있는 것이다.

갑질은 근본적으로 경제적 계약관계를 전제했을 때 발생하는 현상이다. 그리고 이때의 '경제적'이란 말은 자본주의 시장 경제를 말한다. 자본주의 시장경제는 경제적 계약관계를 맺는 당사자들이 인격적 예속으로부터 자유로운 상태에서 자신의 이익을 위해 활동하는 자유로운 행위자임을 전제한다. 자본주의의 가장 강력한 비판자였던 맑스와 엥겔스는 자본주의의 이러한 성격을 분명하게 간파하고 있었다.

> 부르주아지는 자신이 지배를 확립한 모든 곳에서는 어디서나 봉건적, 가부장적, 전원적 관계를 종식시켜왔다. 부르주아지는 인

간을 '**타고난 상하관계**'에 묶어놓는 잡다한 봉건적 끈을 가차 없이 **끊어버렸으며**, 그 외의 모든 인간의 관계를 적나라한 이기심, 냉혹한 '현금지불관계'로만 만들어 놓았다.[13]

자본주의 시장 경제체제에서 경제적 계약관계는 원칙적으로 인신적 예속관계의 부정을 전제한다. 시장에는 '타고난 상하관계'란 존재하지 않는다. 가격을 지불할 수 있으면 누구나 원하는 상품을 소유할 수 있으며, 노동자는 자신의 노동력을 자본가가 제공하는 임금과 교환한 것뿐이지 결코 자본가에게 인격적으로 예속된 것이 아니다. 자본가는 노동자의 노동력을 착취할 수 있을지언정 노동자의 인격과 신체를 자신에게 예속시킬 수는 없다.

하지만 오늘날 대한민국에서 갑을관계라는 말로 나타나는 경제적 관계가 보여주는 것은 무엇인가? 백화점 점원이 고객의 항의에 못 이겨 무릎을 꿇고 사죄해야하는 상황, 나이 지긋한 아파트 경비원이 젊은 주민들의 출근길에 나와서 고개 숙여 인사해야 하는 세태, 본사 영업 직원에게 욕설과 함께 더 많은 물량을 책임지고 판매하라는 강요받아야하는 현실, 노동자가 반성문을 쓰고 얼차려를 받아야 하는 사태는 과연 '타고난 상하관계'가 그저 '냉혹한 현금지불관계'로 바뀐 자본주의적 인간관계를 보여주고 있다고 할 수 있을까? 이는 오히려 한 인간이 다른 인간에게 인격적으로 예속된 신분제 사회에서나 벌

---

13   칼 맑스, 프리드리히 엥겔스, 『공산당선언』, 남상일 옮김, 백산서당, 1989, 57쪽. 강조는 인용자의 것.

어질 수 있는 사태들이 아닌가?

맑스는 자본가가 노동자로부터 착취하는 잉여가치는 자본주의 이전 신분제 사회에서 지배계급이 피지배계급으로부터 이익을 수취하는 구조와는 다르다고 보았다. 특히 그는 지대를 분석하는 부분에서 봉건적 사회에서 지배계급은 피지배 계급에 대한 '경제외적 강제'를 통해 경제적 이익을 얻을 수 있었다고 말한다. 맑스는 직접생산자가 협소하나마 자신의 생산수단을 점유한 채로 영주를 위해 일하는 조건하에서는 "명목적인 토지소유자를 위한 잉여노동은 경제외적 강제에 의해서만 강탈될 수 있다. 그러므로 여기에서는 인격적인 종속관계"[14]가 필요하다고 쓴다.[15]

다시 말해 이는 한 신분이 다른 신분에 인신적으로 예속되어있는 비경제적 권력관계가 경제적 이익의 원천이 된다는 의미이다. 그리고 인신적 예속상태에 놓여 있는 피지배계급은 지배계급에 의한 경제적 수탈만이 아니라 신체에 대한 폭력과 인격적 모욕을 견뎌야 했다. 한 인간이 다른 인간에게 신분상의 우위로 인해 가할 수 있는 신체적 폭력과 인격적 모욕이 또한 경제적 이익의 원천이 되는 상태가

---

14 칼 맑스, 『자본』3권, 김수행 옮김, 비봉출판사, 1999, 927쪽.

15 맑스가 경제외적 강제를 논의하는 부분은 자본주의적 지대의 역사적 특수성을 해명하기 위해 봉건제적 지대와 비교하는 맥락 언급하고 있기 때문에, 그는 경제외적 강제라는 표현을 봉건제에 특유한 지대수탈의 조건으로 규정하고 있다. 그러나 자본주의적 착취는 개인들의 신분적 예속과는 아무런 상관이 없다. 오히려 신분으로부터 자유로와지는 것이 자본주의 사회의 프롤레타리아트가 탄생하기 위한 조건 가운데 하나이다. 그러나 단지 농노제만이 아니라 고대의 노예제 역시 신분적 예속, 혹은 인격적 종속이라는 권력관계의 특수한 형태가 피지배계급에 대한 지배계급의 수탈을 가능하게 한 조건이었음을 생각해 볼 때 경제외적 강제는 전자본주의 신분제 사회 일반에서 나타나는 것으로 볼 수 있을 것이다.

바로 경제외적 강제였다.

그러나 자본주의 사회에는 경제적 강제만이 존재한다. 노동자가 자본가에게 착취될 수밖에 없는 이유는 그가 생존과 생활에 필요한 상품을 생산할 수 있는 생산수단을 갖지 못하다는 경제적 사실에 있다. 노동자는 자본가에게 인신적으로 종속되어 있는 것이 아니기에, 비록 그 거래의 조건은 매우 불평등한 것임에도 불구하고 형식적으로는 최소한 동등한 상품의 소유자로서 서로에게 필요한 상품을 거래할 뿐이다.

하지만 오늘날 한국사회에서 나타나는 갑을관계는 단지'냉혹한 현금지불관계'만을 의미하지 않는다. 그리고 이는 착취-피착취 관계만으로 설명 불가능한 인신적 종속관계의 형태를 띠고 있다. 을이 갑질까지 견뎌야 하는 것은 갑의 심기를 불편하게 해서는 먹고 살 일이 막막해지기 때문이다. 직장에서 '짤릴까봐' 인격적 굴종을 요구하는 갑의 '횡포'를 을은 감내할 수밖에 없다. 또한 갑은 자신이 을의 생존에 지대한 영향을 미칠 수 있다는 경제적 사실로부터 을을 마치 자신에게 인신적으로 예속된 하등한 인간으로 취급할 권리가 있는 것처럼 느낀다. 자본주의적 경제관계 내에서 봉건제적 습속, 신분제적 문화가 작동하기 시작하고 있는 것이다.

이러한 현상, 즉 갑질을 '전도된 경제외적 강제'라고 규정할 수 있지 않을까? 경제외적 강제의 체제에서는 지배계급에 대한 피지배계급의 인신적 예속이라는 권력관계가 지배계급의 경제적 이익의 수탈을 가능하게 한다면, 신자유주의라는 현재의 자본주의 체제 하에서는 경제적으로 종속되어 있는 상태가 사실상 인신적 예속으로 이어지고 있다는 것이다. 경제적으로 종속인 지위가 신체에 대한 폭력과 인격에 대한 모욕까지 감내해야 하는 인신적 예속 상태를 만들어내고 있다는 말이다.

오늘날의 신자유주의적 자본주의 체제는 금수저와 흙수저가 보여주듯이 사회경제적 지위의 대물림과 더불어 갑과 을이라는 경제적 권력관계에서 우위에 서있는 자들이 열위에 처한 자들에게 폭력과 모욕을 감내하도록 하는 새로운 형태의 신분질서를 만들어내고 있는 것이다. 그렇다면, 헬조선은 21세기 신자유주의 체제 하에서 도래한 새로운 형태의 신분제 사회의 징후를 포착해내는 징표가 아닐까?

4. 노력의 정의론

1) '노오력'의 두 측면과 노력-이데올로기

이것이 청년들의 삶의 조건이다. 높은 학자금, 낮은 고용률, 높은 실업률, 정규직을 위한 스펙 경쟁, 높은 주택가격 등의 현상이 오늘날 한국 사회에서 청년들이 당면하는 구체적인 어려움을 보여준다면 그 배후에는 구조화된 불평등과 더불어 사회경제적 지위의 세습화가 놓여 있다. 이러한 상황 안에서 청년들은 인신적 예속관계에서나 일어날 법한 인격적 굴종을 감내하며 돈을 벌어야 하고, 기회를 잡으려고 애쓰고 있다. 그와 같은 자신들의 고투를 그들은 '노오력'이라고 표현한다. 이 치열한 삶을 '노력'이라는 단 두 글자로는 다 담아 낼 수 없기 그것은 '노오력'으로 변형되어 표현된다.

더불어 '노오력'이라는 말에는 또한 불평등한 사회구조에 대한 비판의 의미가 담겨 있다. 가령 자신이 금수저로 태어나지 못하거나 흙수저로 태어난 것은 자신의 '노오력'이 부족했기 때문이라고 이들은 표현한다. 물론 그 누구도 자신의 부모를 선택할 수는 없다. 그것은 노력의 영역이 아니다. 청년들이 금수저로 태어나지 못하고 흙수저로 태어난 건 자신의 '노오력'이 부족하다고 말할 때, 그것은 개인이 노력만 열심히 한다면 성공할 수 있다고 주장하며 불평등한 사회구조를 외면하는 지배적 담론에 대한 비판을 함축하고 있다.

하지만 노력을 통해 삶의 어려움을 돌파하라는 이 시대의 정언명령에 대한 청년들의 반응이 조롱과 환멸, 혹은 거부감에만 국한되는 것은 아니다. 오히려 많은 청년들은 그 명령을 내면화한다. 이들은 이미 중, 고등학교 때부터 좋은 대학에 들어가기 위해 새벽부터 심야까지 엄청나게 노력을 했으며, 대학에 들어가서도 취업을 하기 위해서 학점관리, 외국어 학원, 공모전지원, 인턴경험, 취업스터디, 자기계발서읽기 등은 물론이고 생활을 하기 위해 각종 알바를 마다하지 않고 살고 있다. 그야말로 노력을 넘어선 '노오력'으로 점철된 삶이다. '노오력'은 삶의 기본자세인 것이다. 그리고 바로 이 '노오력'이라는 삶의 태도는 오늘날 청년들의 보수성과 연결된다.

이 글의 서두에서 언급했던 대학생들의 학벌에 대한 섬세한 구별의식과 다른 학생들에 대한 차별적 태도는 그들이 정의감이 없고 특권을 옹호하기 때문이 아니라 오히려 그들이 가지고 있는 정의와 공정성에 대한 감각으로부터 비롯된 것이다. 그리고 여기에는 바로 이들의 삶의 태도로서 노력의 코드가 자리 잡고 있다. 어린 시절부터 입시준비를 통해 신체에 새겨진 노력하는 삶은 이제 이들에게 일종의 도덕적 태도가 되었으며, 정의에 대한 감각으로까지 자리 잡게 되었다. 그리고 오늘날 청년의 보수화라고 일컬어지는 현상 이면에는 바로 이 노력의 도덕, 노력의 '정의론'이 작동하고 있다는 것이다.

정의에 대한 이와 같은 청년들의 감각은 정의란 무엇인가라는 물음에 대한 합리적 판단의 차원 이전에 이들이 어린 시절부터 살아온 삶의 궤적 속에서 형성된 정서affect(이 글에서는 요즘 주로 '정동'이라고 번역되는 affect를 '정서'로 옮긴다)의 수준에 먼저 작동한다. 노력의 정의론은 그런 의미에서 정서(최근 유행하는 번역어로는 '정동')의 문제이기도 하다. 그러나 우리는 이 글의 서두에서 청년들의 강고한 서열의식은 이데올로기의 문제라고 이야기했다. 알튀세르가 잘 보여준 바와 같이 이데올로기는 의식, 혹은 이성의 수준에서가 아니라 정서의 수준에서 작동하는 것이기 때문이다. 「이데올로기와 이데올로기적 국가장치」라는 유명한 논문에서 알튀세르는 이데올로기를 "개인들이 자신들의 현실적인 실존조건과 맺고 있는 상상적 관계의 표상"[16]으로 정의한다. 여기서 중요한 것은 알튀세르가 이데올로기를 '상상'의 차원에서 개념화한다는 것이다. 그런데 이때 알튀세르가 이데올로기의 핵심으로 제시하는 상상이란 어떤 의미인가?

일반적 통설과는 달리 알튀세르의 상상 개념은 라깡보다는 스피노

---

16   루이 알튀세르, 『아미앙에서의 주장』, 김웅권 옮김, 솔, 1991, 107쪽. 번역 일부 수정.

자의 이론에 준거하고 있다.[17] 스피노자는 상상에 대해서 이렇게 쓰고 있다. "인간 정신이 자신의 신체의 변용의 관념에 의하여, 외부 물체를 관찰할 때, 우리들은 정신이 그것을 상상한다고 말한다."[18] 즉 상상은 인간의 외부에 있는 물체가 인간의 신체에 어떤 영향을 미쳐서 그 신체의 상태에 변화를 초래할 때(affection/변용), 인간의 정신이 그 변화에 대해 형성하는 관념이라는 말이다. 그런데 스피노자는 또한 외부 물체에 의한 인간 신체의 변용 및 변용에 대한 관념을 '정서'affect로 규정한다.[19] 즉, 상상은 정서에 의한 인식인 것이다. 그리고 그것은 부적합한 인식이다. 왜냐하면 정서에 의한 인식은 외부 물체의 본성에 대한 관념이 아니라 그 물체에 의해 변용된 자신의 신체에 대한 관념이기 때문이다.

알튀세르가 이데올로기를 '개인들이 자신의 현실적 실존 조건과 맺고 있는 상상적 관계의 표상'이라고 정의할 때, 상상이란 자기 신체의 변용에 대한 관념으로서 상상, 즉 정서에 기반을 둔 인식을 염두에 두고 있는 것이다. 스피노자가 『신학정치학 논고』에서 잘 보여준 바와 같이 이와 같은 개인들, 혹은 대중들의 상상은 또한 매우 중요한 정치의 영역의 문제이다. 알튀세르는 이런 정치적 맥락에서 파악된 상상 개념을 맑스주의의 용어인 이데올로기로 바꾸어 쓰며, 그것을

---

17   이에 대해서는 다음 논문들을 참조하라. 진태원, 「라깡과 알튀쎄르」, 『라깡의 재탄생』, 김상환, 홍준기 엮음, 창비, 2002; 진태원, 「스피노자와 알튀세르에서 이데올로기의 문제」, 『근대철학』3(1), 서양근대철학회, 2008.

18   B.스피노자, 『에티카』, 강영계 옮김, 서광사, 1990, 97쪽. (2부 정리26의 증명)

19   같은 책, 131쪽. (『에티카』, 3부 정의3)

특히 자본주의적 생산관계의 재생산 메커니즘이라는 문제설정 속에서 이론화하고 있는 것이다. 이때 개인들, 혹은 대중들의 상상은 정확히 정서의 문제이며, 정치적 맥락에서 파악된 상상인 이데올로기 역시 정서에 차원에서부터 작동하는 것이다.

2) 노력의 정의론

이러한 이론적 관점에서 노력의 정의론은 또한 노력-이데올로기로 규정될 수 있다. 청년들의 정서적 차원에서 작동하는 노력-이데올로기는 우선 정의에 대한 그들의 특정한 정서로 나타난다. 이들의 정의'감'은 무엇보다 노력한 자는 보상을 받아야 하고, 노력하지 않은 자는 보상을 받지 말아야 한다는 것이다. 이것이 정의에 대한 이들의 기본적인 정서적 태도이다. 가령 오늘날 대학생들이 자신보다 낮은 수능 점수로 대학에 입학한 학생들을 무시하는 것은 그들의 존재를 부정하는 것이 아니라 자신이 그들보다 더 많이 노력하였음을 증명하고 인정받고자 하는 행위이다. 한 학생은 이렇게 말한다.

> 수능 점수 올리는 것은 힘들잖아요. 수능은 사람을 평가하는데 있어서 뭔가 객관적이고 공신력있는 시험이죠. 12년간 교육이 집대성된 결과 아닌가요? 그 점수의 차이가 **나의 노력에 대한 보상**이죠. 나는 수능을 잘 본 건 아니지만, 어쨌든 그 점수라도 얻기 위해 그 시간 동안 다른 사람들이 누렸던 것들을 포기한 건 분명

하죠. 그래도 서울에 있는 대학에 오기 위해 하루 자습시간이 평균 10시간이 넘도록 독서실에 박혀 공부만 했다니까요. 다른 친구들은 이성친구와 사귀기도 했지만 난 고3 수능치기 전까지 이성 친구를 사귀지도 않았어요. 공부에 방해될까 봐 그랬죠. 하지만 **스스로 노력하지 않고** 이성친구들과 연애를 하던 **친구들은 모두 지방대, 전문대에 갔어요.** 서로 수능시험에 임하는 태도가 달랐다니까요.[20]

이 학생에 의하면 사람의 기준을 평가하는 '객관적이고 공신력 있는 시험'이 바로 수능이다. 그것은 얼마나 노력했는가를 보여주는 지표라는 것이다. 서울에 있는 대학, 높은 수능점수를 받아야 들어갈 수 있는 명문대는 초,중,고 12년간 열심히 노력한 정당한 결과이며, 지방대나 전문대에 들어간 것 역시 그 시간 동안 노력하지 않은 것에 대한 정당한 대가이다.

노력하지 않은 것은 게으르거나, 의지가 약하거나, 천성이 안 좋거나, 머리가 나빠서이다. 노력이라는 '덕'virtue을 실천하지 않은 자들에게 그의 수준에 맞는 대우를 하는 것이 이들에게는 정의이다. 오히려 중, 고등학교 때 "놀 거 다 놀고, 잘 거 다 자"다가 점수가 낮은 대학에 들어갔는데 이후 편입시험을 치거나, 혹은 대학원에 들어간 학생이, "놀 거 안 놀고, 잘 거 안 자고" 수능시험을 쳐서 높은 점수의 대학에 들어간 학생과 동급으로 취급되는 것을 이들은 불공정하다고

---

20   오찬호, 앞의 책, 123쪽. 강조는 인용자.

느낀다. 어느 대학에 다니는가와 상관없이 모든 학생들을 동등하게 대우하는 것에 대해 이들은 정서적 차원에서 분노한다. 그와 같은 평등에 대한 요구는 노력한 자와 그렇지 않은 자를 같이 대우하는 것, 자신들이 엄청난 노력을 통해 성취하는 것을 부정하는 논리로 이들에게 인지되며 그것은 곧 정의에 어긋나는 것으로 여겨지는 것이다.

앞에서 인용한 인터뷰를 직접 수행한 오찬호에 의하면 이러한 의식은 다수의 대학생에게서 나타나는 일반적인 것이라고 한다. 그리고 이는 단지 수능점수로 인지되는 대학서열에 대한 집착에만 국한되는 문제도 아니다. 2008년 정규직 전환을 요구하며 KTX 여승무원들이 파업을 하며 농성을 벌이자 인터넷 게시판에는 그 여성노동자들을 비판하는 다음과 같은 글이 올라왔다.

> 여성무원들은 철도유통소속 계약직인 걸 알고 들어갔습니다. 지금 철도송사 정직원으로 전환해달라는 것이 가장 주를 이루는 요구사항인데요. 한마디로 말도 안 되는 소리입니다. (…) 공사 들어가기 엄청 어렵습니다. (…) 남들 몇 년씩 어렵게 준비해서 토익 900점 넘기고 어렵게 공사 들어가는데 (……) 정직원을 넘보는 건 도둑놈 심보라고 볼 수 있죠? **노력한 만큼 돌아오게 되어 있습니다.** 여승무원 여러분들은 철도공사 정직원이 되고 싶으시면 시험을 치고 **정정당당하게** 들어가십시오.[21]

---

21   같은 책, 19쪽에서 재인용. 강조는 인용자.

이 논리에 따르면 KTX 철도 여승무원들의 정규직 전환 요구는 많은 취업준비생들이 입사하기 위해 다하는 노력을 하지 않은 채 공사의 정규직이 되겠다는 파렴치한 요구("도둑놈 심보")라 규정되고 있다. 정의롭지 못한 것은 철도공사가 아니라 정규직 전환을 요구하며 투쟁하는 비정규직 여성 철도노동자들이라는 것이다. 이런 요지의 글들은 많은 인터넷 게시판에 게재되었고, 많은 이들이 여기에 호응했다. 오찬호에 의하면 그가 시간강사로 강의하는 여러 대학의 학생들 역시 노력부족의 논리에 공감하고 있다고 한다.

이와 같은 논리는 KTX 여성무원들의 투쟁에 대한 비판에서만 등장하는 것이 아니다. 많은 젊은이들은 용산에서 강제퇴거에 저항했던 용산철거민들의 투쟁도, 정리해고에 맞서 복직투쟁을 벌였던 쌍용자동차 해고노동자들의 투쟁도 자신들의 노력이 부족해서 처하게 된 상황을 무조건 거부하고 정부와 사회 탓 만하는 자들의 부당한 요구로 느낀다.

대학서열에 따른 차별에서부터 비정규직 노동자들의 정규직화 요구투쟁, 철거민들의 주거권투쟁 , 해고노동자들의 복직투쟁에 대한 비난에 이르기까지 이 시대의 청년들과 대학생들이 보수적 성향을 보이고 있다는 것, 즉 우경화된 것은 사실이다. 이들은 약자에 공감하기 보다는 약자의 고통은 그들이 노력하지 않은 대가일 뿐이라고 주장하며, 그 대가를 받아들이지 않고 투쟁을 하는 것은 부당한 행위이며 불공정한 것을 요구하는 것이고 특권을 바라는 심보라고 생각한다.

노력을 기본적 삶의 태도로 가진 오늘날의 젊은이들은 정의감을 상실한 것이 아니라 그들을 비판하는 이들과는 다른 종류의 정의감을 가지고 있는 것이다. 그리고 이 정의감의 핵심에는 개인의 노력이 자리 잡고 있다. 노력의 대가에 승복하라는 보수화된 청년들의 요구는 "동등한 자를 동등하게 대하고 동등하지 않은 자를 동등하지 않게 대하는 것이 정의"라는 고대 그리스적 정의론의 신자유주의적 판본이다. 아리스토텔레스는 공동체의 몫을 나누는 것과 관련된 분배적 정의에 대해 논의하면서 싸움과 불평이 생기는 이유에 관해 다음과 같이 말한다. "사실 당사자들이 동등함에도 동등하지 않은 몫을, 혹은 동등하지 않은 사람들이 동등한 몫을 분배받아 갖게 되면, 바로 거기서 싸움과 불평이 생겨난다."[22] 다시 말해 공동체의 어떤 성원들은 보다 많은 몫을 분배받을 자격이 있고, 어떤 성원들은 그럴 자격이 없다. 같은 자격을 가진 자들끼리는 같은 몫을 분배받아야 하며, 자격이 없는 자들은 자격이 있는 자들만큼의 몫을 분배받아서는 안 된다. 한국 사회의 청년들에게 그러한 자격이란 바로 '노력'이다. 노력을 한 자들이 받아야 할 몫과 노력하지 않은 자들이 받아야 할 몫은 달라야 한다는 것이다. 어린 시절부터 한국사회에 대한 '체험'을 통해서 자격의 정의론을 그들은 정서적 수준에서부터 체화하고 있는 것이다.

---

22   아리스토텔레스, 『니코마코스 윤리학』, 천병희 옮김, EJ북스, 2006, 169쪽.

5. 헬조선의 N포세대가 포기한 것은 무엇인가?

그러나 그 정의감이 자격에 따른 위계와 불평등을 요구하는 만큼 그 정의감은 민주주의적 이데올로기와 거리가 먼 것이다. 발리바르가 잘 보여준 바와 같이 근대 민주주의의 이데올로기는 무엇보다 자유와 평등, 보다 정확히 말하자면 '평등자유'를 그 내용적 핵심으로 가지고 있다. 단지 인간이라면 누구나 평등하게 자유를 누리는 시민이라는 이데올로기가 민주주의의 중심적 이데올로기이다.[23]

그런데 오늘날 노력의 정의론이 기반하고 있는 청년 대중들의 정서적 하부에는 바로 이 조건 없는 평등자유에 대한 반발과 엄정한 성과와 자격에 따른 보상에 대한 열망이 자리 잡고 있다. 다시 말해 노력의 여하에 따라서 평등한 자유라는 권리를 누릴 수 있는 정도가 달라야 한다는 정념, 노력에 의한 성취에 따라 사람 사이의 위계가 설정되어야 한다는 정념이 노력-이데올로기의 정서적 중핵이 되고 있다.

보수화된 청년들은 노력을 중요시하지만 왜 노력도 모자라 '노오력'을 해야만 하는지를 묻지 않는다. 과도한 노력을 해도 그 성과가 결코 보장될 수 없는 상황 자체에 내재한 모순을 비판적으로 인지하고자 하지 않는다. 이들은 경쟁이야말로 사회적 효율성 제고를 위한 최선의 방법이고 경쟁에서 승리하기 위해서는 처절하게 노력해야한다는 신자유주의적 권력의 정언명령을 내면화하고 있다.

---

23   에티엔 발리바르, 「'인간의 권리'와 '시민의 권리': 평등과 자유의 현대적 변증법」, 윤소영 편역, 『'인권의 정치'와 성적 차이』, 공감, 2003.

물론 청년보수 역시 아무리 '노오력'해도 흙수저가 금수저가 될 수 없다는 것을 알고 있으며, 계층이동이 불가능해진 사회질서를 무조건 지지하고 긍정하는 것은 아니다. 하지만 '노오력'이라도 하지 않으면 자신의 사회적 지위는 조금이라도 상승될 수 없거나 혹은 더욱 하락하게 될 것이라는 것을 이들은 체감하고 있다. 신자유주의 한국 사회의 위계질서, 새로운 형태의 신분제의 징후를 보이는 이 질서는 이들에게 더 이상 변경 불가능한 사회적 삶의 조건이자 전제이다. 이러한 질서를 바꾸어 낼 수 있다는 믿음을 오늘날 청년보수들은 포기했다. 그 같은 조건과 전제를 결코 바꿀 수 없는 것으로 감각하게 만들고 그 조건과 전제 위에서 더 많이 '노오력'한 자들이 더 많은 몫을 누리고 더 큰 인정받고 더 좋은 대우를 받는 것이라는 치안의 감각이 이들의 정의감을 관통하고 있다.

민주주의는 무엇보다 모든 사람이 평등하다는 믿음 위에 출현한 정치의 원리이다. 고대 그리스적 기원을 살펴보더라도 이는 자명하다. 고대 그리스 민주주의의 핵심적 제도는 통치의 업무를 담당하는 자들을 투표가 아니라 추첨을 통해서 선출한다는 점에 있다. 이는 통치에 적합한 자질을 타고난 자들, 탁월한 능력을 가졌다는 의미에서 귀족aristoi 중에서 공직자를 투표로 선출하는 귀족정과는 근본적으로 다른 전제 위에서 작동하는 제도였다. 귀족정은 모든 인간이 결코 평등하지 않다는 전제 위에서 출발한다. 통치에는 통치하는 일에 적합한 자질을 가진 자들이 따로 있으며, 통치 받는 일에는 그에 적합한 자들이 따로 있다는 불평등의 전제 위에 수립된 체제가 귀족정이다. 반면 민주정은 누구나 통치의 업무를 감당할 수 있다는 평등의 믿음에 기반을 둔 정체이다. 통치받는 자는 또한 누구나 통치할 수 있는 능력이 있기에 추첨으로 아무나 공직자로 뽑아도 된다는 것이 민주주의의 믿음이다.

이와 같은 평등의 믿음은 근대 민주주의에도 일관된 전제이다. 모든 인간은 그 출생에서부터 자유롭고 평등하며 그 권리는 결코 양도될 수 없다는 최초의 인권선언이 보여주는 것 역시 모든 인간의 평등에 대한 신념이다. 그 자격에 상관없이 모든 인간은 존엄하다는 믿음 위에 근대 민주주의는 수립되어 있다. 그러므로 민주주의 사회에서 정의 개념은 모든 사람의 평등을 보장하는 것과 다르지 않다.

N포세대라고 불리는 신자유주의 대한민국의 젊은이들은 참으로 많은 것을 포기하고 살아간다. 연애, 결혼, 출산, 내집 마련, 인간관계, 꿈, 희망 등등 이들이 경쟁사회에서 살아남기 위해 포기한 것은 너무나 많다. 그리고 그 가운데서 이들은 모든 사람이 평등하다는 민주주의의 믿음을 포기하였다. 그 자격과 상관없이 모든 사람은 존엄하다는 민주적 권리 관념의 기초를 포기한 것이다. 모든 인간이 존엄함에 있어서 평등하다는 민주주의적 믿음을 포기한 대신 이들은 경쟁의 윤리를 믿기 시작했고, 노력의 정의론을 세우기 시작했다. 헬조선의 N포세대가 진정으로 포기한 것은 바로 민주주의의 핵심 이데올로기, 민주주의의 정서적 토대 자체이다.

참고문헌은 각주로 대신함

3장

도시 구조 속의 '개인의 비애'

뤄샤오밍(羅小茗)_상하이대학교 문화연구학과 조교수
고윤실 옮김_숙명여자대학교 중어중문학과 강사

1. '나쁜 시대'의 '좋은 소설'

2013년 당대 청년의 운명을 다룬 소설 『투쯔창의 비애涂自强的個人悲傷』는 사회적 관심과 호평을 받았다. 소설은 투쯔창이라는 청년이 대학입시를 통해 산골에서 나와 도시로 들어오면서 겪게 되는 경험에 관한 이야기이다. 그러나 지식은 결코 그의 운명을 바꾸지 못했다. 농촌에서 태어났고 가

정환경이 빈한한 탓에 그는 다른 학생들이 '자연스럽게' 누릴 수 있었던 생존의 편리한 조건을 누릴 수 없었다. 투쯔창은 이를 기꺼이 받아들이고 자신의 노력으로 이를 극복해 나가기를 바랐지만, 어떠한 고통 감내도 근면 성실함도 그의 생활을 조금도 나아지게하지 못했으며 심지어 도시에 정착할 수조차 없었다. 폐암이 그의 고단한 삶에 종지

부를 찍게 하면서 소설은 그 비통함을 이렇게 쓰고 있다. "그는 단 한 번도 해이해본 적이 없었으나 단 한 번도 원하는 바를 얻지 못했다. '과연 이것이 나 혼자만의 비애일까?' 그는 생각했다". 그리고 이것이 바로 작가 팡팡方方이 주인공의 이름을 '투쯔창(그의 성은 '헛되다'라는 중국어와 발음이 같아 '헛되이 스스로 노력하다'라는 뜻을 가진다-옮긴이)'이라고 붙인 알레고리, 즉 이 사회에서 헛되이 피나는 노력을 기울였어도 결국 아무것도 얻지 못한다는 의미의 알레고리가 바로 여기에 있다.

당대 중국 사회에서 투쯔창이 겪었던 것과 같은 헛된 노력으로 인해 느끼는 절망감이 이미 상당 기간 동안 누적되어가고 있음을 어렵지 않게 발견할 수 있다. 『달팽이집蝸居』, 『가난한 결혼裸婚时代』등 드라마의 열렬한 인기에서부터 '개미족蟻族', '댜오쓰屌絲', '가난하고 키 작은 루저窮矮挫'등 유행어의 창조에 이르기까지 이런 절망감은 지속적으로 누적되고 발효醱酵되고 있다. 다소 특이한 것은 이런 정서가 문화 상품과 유행어로 발산되면서 현실을 외면하게 된다는 점이다. 사람들은 종종 자신도 모르게 자조自嘲와 타인과의 교감을 거부하는 정신 승리법의 늪에 빠져들고 만다. 그러나 이 소설은 조금의 숨김도 없이 현실을 낱낱이 고발 하고 있다. 그것은 바로 모든 헛된 노력들이 몰고 오는 슬픔이 '개인적 비애'가 아니라 중국 사회 전체의 비애라는 점이다.

바로 이런 의미에서 사람들은 다음과 같이 호평했다. "투쯔창은 얼마나 착실하게 사는 청년인가. 그에게는 원망도 반항도 없다. 영웅이 되고 싶은 것도 아니었고 그저 평범한 사람이 되고자 했다. 그러나 운명은 그를 가만히 두지 않았다. 청년의 노력과 분투는 성공의 가능성을 가져다주지 않았다. 그를 가로막는 보이지 않는 손은 도대체 어디에 있는가?"[1] 바로 이런 의미에서 "투쯔창의 비애"는 사회의 집단적 비애이며 절망감은 당대 중국 사회의 전형적 상황이다. "절망감이 사회에 두드지게 드러나는 상황이 나타나고 있다 …이 문제에 직면하여 중국 당대 문학은 마치 사회의 발전 과정에 개입하고자 하는 강렬한 열망과 동력과 능력을 새롭게 장착하고 오랜만에 사회적 반향을 얻고 있다."[2]

만약 위의 내용이 크게 틀리지 않는다면, 이것은 오늘날 이런 '나쁜 시대'에 '좋은 소설'이라고 평가될 수 있는 기본 모델이 형성된 것이다. 1990년대 이래로 사회적 문제를 주요 논지로 삼는 문학 작품은 날로 주변화 되었고, 사람들에게 소비와 허위적 만족을 제공하는 상품화된 문학이 갈수록 성행하고 있다. 그러나 이 상황에서 청년의 운명을 다루는 작품이 사회적으로 강렬한 반향을 이끌어 낼 수 있었던 것은 긍정적 신호이다. 상품화된 문학이 결코 모든 것을 뒤덮어버린 것은 아니다. 소비의 욕망에 의해 완전히 흡수되고 해소될 수 없는 정서는 사람들의 마음을 움직이고 있으며 이를 진지하게 다루어질 필요가 있다. 사회생활이 나날이 어려워질수록 이런 정서적 구조 역시 복잡하게 형성되고 누적되면서 현실의 바탕색을 이루고 있다. 그렇기 때문에 문학이 사회 현상을 이해하고 분석해주기를 기다리고

---

1   孟繁華(멍판화), 「從高加林到塗自強─新時期文學"靑春"形象的變遷(가오자린에서 투즈창까지: 신시기 문학의 '청춘' 형상의 변천)」, 『光明日報(광밍일보)』, 2013년 9월 3일.

2   吳銘(우밍), 「中國文學重新出發 (중국 문학의 새로운 출발)」, 『21世紀經濟報道 (21세기 경제보고)』, 2013년 9월 23일.

있다. 이 시대 현실에 대한 근심과 몰이해가 가중될수록 예술로서 문학은 더욱 더 분석과 저항을 해야 한다. 사회적 문제를 다룬 소설을 높게 평가하는 것은 어쩌면 사회적 본능 같은 것이 되었다. 그러나 이런 본능 자체는 시대적 산물이자 시대가 낳은 감정구조에 예속된 것이다.

문제는 오히려 여기에서 비롯된다.

처음에는 그저 문학이 현실에 개입하고자 하는 의지와 실제 능력 사이의 괴리에서 비롯된 것처럼 보였다. 오늘날 문학 창작에 있어 현실 개입 의지와 능력은 결코 일치하지 않는다. 심지어 혹자는 "소설이 뉴스 덕을 많이 보고 있는데 그것은 현실 속의 이야기가 우리의 상상력을 초월하고 있기 때문"[3]이라고 언급할 정도이다. 『투쯔창의 비애』 역시 예외는 아니다. 작가는 대학생이 도시에 와서 겪은 일에 관한 뉴스에서 소설의 영감을 얻었다고 솔직하게 밝힌 바 있다. 그리고 이 작품만큼 이렇게 사실적으로 일상 속의 절망과 고난을 묘사한 소설은 거의 드물다는 평가 역시 사회적 상황과 자신의 정서에 기반하고 있기 때문이다. 어떤 네티즌은 자신도 농촌 출신인데 소설이 묘사하고 있는 모든 부분에 공감하는 것은 아니지만 '개인적 비애'와 같은 함의는 여전히 그에게 울림을 주고 있다고 말한다.

분명 소설에 대한 해석과 평가는 줄곧 문학 창작과 사회 현실이라

---

3   程德培(청더페이), 「現實與超現實的"主義"─閻連科長篇小說"炸裂誌"的欲望敘事 현실과 초현실의 '주의'─옌롄커 장편소설 "작렬지"의 욕망서사」, 『收貨(수확)』, 2013년, 가을·겨울 호.

는 이 경쟁 관계에 대한 인식 가운데 새겨진다. 그러나 이런 인식은 앞서 말한 '괴리'를 현실의 강대함과 작가의 능력 부족 탓으로 돌리게 하며, 이는 오히려 사회와 개인을 더욱 신비화시킨다. 문학을 "예술로서의 문학"으로 높이 평가해버리는 것은 마치 문학을 막다른 골목에 밀어 넣는 것이나 다름없다. 오늘날 중국의 현실이 상상을 초월하고 소설보다 더 소설 같다 하더라도 사람들이 기대하는 문학의 현실 개입 능력이란 대체 무엇일까? 사회 문제를 다룬 작품을 좋게 평가하면서도 창작 능력 부족에 대해 개탄하거나 현실 문제를 회피하는 식의 평론 모델은 실제로, 오늘날의 독해와 평론이 현실개입이라는 바램과 실천능력 사이에서 괴리를 일으키고 있음을 드러내는 것에 불과하다.

여기서 말하고 있는 괴리는 단순히 작가 개인의 능력 문제가 아니다. 그것은 문학 창작과 평론의 실질적 상황과 관련되어 있으며 당대 사회가 따르고 있는 원칙에 의해 현실 경험을 정리하고 묘사하는 전반적 방식과 관련되어 있다. 왜냐하면 현실 문제를 다루고자 하는 작품을 '예술로서의 문학'이라고 판단해버리면 사회와 현실 경험의 문학적 처리 방식 역시 예술이냐 아니냐의 본능적 판단 속에 놓이게 되기 때문이다. 이런 보이지 않는 상황 속에서 사회가 자신의 경험을 이해하는 악순환이 일어나게 된다. 그 악순환이란 사회가 자신의 경험을 제대로 바라보고 처리하지 못하게 될수록 '예술로서의 문학'이라는 것(이른 바 사회 문제를 다룬 작품)의 출현을 갈망하게 되고 이 갈망이 지속될수록 조금이라도 그런 경향을 보이는 것을 '문학'이라고 단정 지어버리고 (작품 분석과 판단에 관한) 토론들을 있으나 마나 한 것으로 만들어 버린다. '작품의 현실 묘사가 어째서 잘못되었는가'를 판단하는 것과 같은 문학적 처리 방식의 어려움에 대해 살펴보기도 전에, 서둘러서 '그 작품은 사회의 현실적 경험에 대해 이야기 하고 있다'고 선언해버린다. 이러한 선언은 현실 경험을 이해하고 묘사해야 하는 문학의 온전한 임무를 철저히 저버리는 것이다. 그러나 급격한 변화 속에 있는 그 어떤 사회라도 경험을 이해하는 과정을 '예술로서의 문학'이라는 꼬리표를 달아주는 것으로 완성시킬 수 없으며 또한 문학이 그러한 경험을 하고 있는지 항상 의문을 가져야 한다. 이때 사회가 자기 보호의 본능에 의해 '예술로서의 문학' 혹은 '사회문제를 직시하고 있는 문학'이라고 속단해버린다면 '대체 무엇이 현실 경험을 처리하는 문학인가'라고 하는 문제를 은폐하게 되어버려 사회가 자신의 경험을 처리하는 기본 모델에 대해 세심히 살펴보고 수정할 기회를 놓쳐버리게 될 수 있다.

위에서 언급한 문제의식을 바탕으로 이 글에서는 소설『투쯔창의 비애』가 '개인의 비애'를 이해하고 풀어나가는 방식을 들어 당대 중국 사회가 자신의 현실 경험을 처리하고 있는 하나의 예시로 삼고자 한다. 이 사례를 분석하여 현실의 정감 구조가 자신의 경험을 처리하는 기본적인 특징들을 살펴보고 더불어 다음과 같은 문제를 토론하고자 한다. 현대 사회의 중요한 정서적 경험으로서 절망감 혹은 '개인의 비애감'이 이미 전 사회에 팽배해 있다고 한다면 사람들은 그것을 어떻게 이해하고 상상하며 처리하고 있는가? 사회적 경험을 문학적 방식으로 다시 써내고, 읽고, 평가 하고 이로부터 얻어진 경험을 한층 더 사회화함으로써 단계마다 서로 모순처럼 보이지만 실제로 어떤 하나의 논리가 존재함을 파악할 수 있는가? 여기서 사회가 자신의 현실 경험을 처리하는 주요 방식에는 어떤 문제가 존재하는가? 이러한 문제는 더 적극적이고 자각적으로 의식해야 하고 수정해야 하는가?

2. 어떠한 '개인적 비애'인가?

　뢰벤탈Leo Löwenthal은 통속 문학이 출현한 이후 "작가의 의무란 새로운 경험을 묘사하고 명명하는 것"이라고 규정지은 바 있다. 왜냐하면 "작가가 이와 같은 창조적 일을 완성해야 비로소 대다수의 사람들이 그들이 처한 곤경과 그 원인을 인식할 수 있으며 나아가 그것을 분명하게 표현할 수 있기 때문이며 …… 그렇지 않으면, 그들의 '관점'은 진부한 것일 뿐 아니라 반영하고 있는 것은 모두 이미 지나간 것에 불과하기 때문이다".[4] 이로써 '투쯔창 개인의 비애'가 새로운 사회적 경험이라고 판단되었을 때, 그것은 분명 과거 시제가 되었음을 의미한다. 이런 과거형은 결코 시간상의 전후가 아니라 동일한 시공 가운데 이런 경험이 이미 존재하고 있음을 나타내는 묘사기법이다.

　2013년은 온통 청춘과 운명에 관한 화제가 반복적으로 다양한 목적과 방식으로 논의되었다. 2013년 5월 『인민일보人民日報』에서 '청년

4　　洛文搭爾(로웬탈), 『文學·通俗文化和社會(문학과 통속문화 그리고 사회)』, 甘峰(간펑) 역, 中國人民大學出版社(중국런민대학출판사), 2012년.

관'을 비판한 글 「청춘이 황혼의 안개에 젖어들게 하지 말라莫讓靑春暮氣」가 발표되었다. 이 글에서는 본래 원기와 예기로 가득 해야 할 당대 중국의 청년들이 오히려 기운이 없이 풀이 죽어있다고 판단하고 있다. 이 청년들, 특히 '포스트80 세대(80後세대)'의 문제는 바로 여기에 있다. "생활은 마치 끊임없이 속도가 올라가는 러닝머신처럼 어떤 질적 수준을 제고하기 위해 끊임없이 달려야하지만 속도가 느려지면 넘어지고 만다는 것을 의미하기도 한다. 더욱 걱정스러운 것은 한참을 뛰어도 그 목적지가 어디에 있는지 알 수 없을 뿐 아니라 끝없는 뜀박질은 그저 (러닝 머신) 화면상에 일련의 숫자로 환산될 뿐이다."[5] 이는 관방 미디어가 '개인적 비애'를 묘사하는 방식이다. 그 방식을 살펴보면, 비애감의 원인은 청년이 암담한 미래로 인해 급격한 조로早老의 상태에 빠져버렸기 때문이라고 설명하고 있으며 이에 대한 처방으로 청년에게 자신의 이상과 명백한 목표를 수립하도록 요구하고 있다.[6] 이와 동시에, '청춘'을 새롭게 그려낸 영화 역시 상영되었다. 주의 깊게 볼 만한 것은 영화의 주인공들이 투즈창처럼 농촌에서 상경한 젊은이라는 것이다. 영화 〈중국의 경영자들中國合伙人; American Dreams in China, 국내명 '아메리칸 드림 인 차이나'〉에서 농촌 청년들은

---

5   白龍(바이룽), 「莫讓靑春染暮氣(청춘을 황혼의 안개에 젖어들게 하지 말라)」, 『런민일보(人民日報)』, 2013년 5월 14일.

6   얼마 후 『런민일보(人民日報)』에서는 동일한 주제로 또 다른 글이 실렸는데, 오늘날 청년들의 소극적인 상태를 지적하고 "젊다는 것은 곧 기회가 있다는 것이며 젊은이들에게는 피나는 노력이 필요하다. 나약함을 경계해야만 운명을 내 손 안에 움켜쥘 수 있다"라고 언급했다. 徐雋(쉬쥔), 「命運, 不相信嬌氣(운명이란, 나약함을 믿지 않는 것)」, 2013년 8월 6일.

노력의 대가를 얻게 되는데 그 또한 더 이상 개인의 이야기가 아니라 점차 떠오르고 있는 '중국몽中國夢'과 어렴풋하게나마 상통하는 것이다.[7] 그러나 영화 〈언젠가는 떠나보내야 하는 우리의 청춘에게致我們終將逝去的青春〉(이하, 청춘에게)의 남자 주인공은 가난한 집 출신으로 스스로 조금의 실수도 용납하지 않았다. 조금의 오차도 그에게는 실패를 의미하는 것이었다. 건축을 공부한 그는 심지어 자신의 인생을 1밀리미터의 오차도 허용하지 않는 고층 건물로 비유한다. 그러나 영화 속 현실과 청춘(설령 여기서의 청춘이 애정 혹은 격정의 대명사라 할지라도)의 대립은 주인공 '개인의 비애'의 근원을 구성할 뿐 아니라 그것에 대한 궁극적 해명이다. 여기서 '개인의 비애'는 그저 청춘은 영원히 현실을 이길 수 없다는 비통함이다.

이런 식의 영화 속 묘사와 비교해 보았을 때 소설 '투쯔창의 비애'의 참신성은 이 사회에서 주인공의 경험이 바로 대다수 사람들의 노력의 길이 이미 단절되어 있음을 보여주고 있다는데 있다. 관방 매체는 지속적으로 이상理想의 기치를 높이 내걸며 차근차근 설득하려 하지만 오히려 소설은 오늘날 청년이 패기 없는 것은 이상이 없기 때문이 아니라 이 사회에서 이상은 이미 현실과 맞닿을 수 없음을 보여주고 있다. 그러나 영화 『청춘에게』는 그 비애가 개인의 성공 혹은 사랑의 결실이라는 '둘 중 하나를 택하는 것'에 한정되어 있지만 '투쯔창의 비애'는 농촌 출신 청년이 현실과 어떤 타협을 벌인다 해도 '도시

---

7   이 영화에서 이른 바 '개인적 비애'라고 말할 수 있는 것이 있다면, 아마도 중국 청년의 '아메리칸 드림'이 결국 산산 조각 나고 만다는 비통함일 것이다.

에서 홀로서기'와 같은 작은 소망조차 실현할 수 없음을 의미한다. 여기서 '도시에서 홀로서기'가 아주 작은 꿈이라 말한 까닭은 그것이 너무나 쉽게 이룰 수 있다거나 말할 만한 것이 되지 않는 하찮은 것이어서가 아니라 현존하는 사회 구조와 개혁의 여정 하에 중국 청년이 자신의 꿈을 펼칠 수 있는 '유일한' 출발점이기 때문이다. 도시에서 홀로서기 할 수 없다면 꿈꿀 권리마저 박탈당하는 것이다.

이것이 바로 '개인의 비애'에 대한 작가 팡팡의 기본 정의라고 할 수 있다. 소설의 묘사 역시 매우 심층적인데 이는 두 가지 방면에서 잘 구현되고 있다. 첫째, 소설에서 투쯔창은 결코 다른 꿈에 대해서 말하지 않는다. 투쯔창이 줄곧 추구하는 것은 모든 이상의 출발점, 즉 도시에서 자립하는 것뿐이다. 둘째, 그 꿈을 위해 투쯔창은 모든 우수한 성품을 고루 갖추고 있다. 근면하고 똑똑하며 모든 것을 자신의 힘으로 해결하고 마음이 넓고 아량 있으며, 자격지심으로 인해 자존심을 내세우지도 않는다. 이 두 가지 방면의 묘사가 어우러지면서 무결점의 청년이 겪는 실패는 더욱 처절하고 비극적으로 두드러진다.

그러나 작가는 이런 처절함을 추구하기 위해 오히려 투쯔창이라는 인물이 '비애'를 감지하는 능력을 억제시켰고 소설이 묘사할 수 있는 '개인이 겪는 비애'의 의미를 대폭 축소시켰다. 분명한 것은, '도시로 진입'하기 위한 여정에서 친구들에게 항상 조롱거리가 되고 공격당할지라도 투쯔창은 결코 슬퍼하지 않았고 묵묵히 최선을 다하며 노력만이 희망을 가져다준다고 굳게 믿었다. 이것이 바로 작가가 심혈을 기울여 강조하고자 한 그의 우수한 성품 가운데 하나이다. 그렇기 때문에 소설은 투쯔창이 각종 좌절을 맞닥뜨렸을 때의 쓸쓸한 심정에는 신기함과 희망이 뒤섞여 있음을 잘 드러내고자 했다. 투쯔창이 좋아했던 여학생이 '돈 많은 부잣집 도련님' 때문에 이별을 고하자 그는 매우 슬펐지만 이 슬픔은 곧 컴퓨터와 QQ메신저 친구들로 인해 잊혀졌다. 컴퓨터와 채팅 메신저는 그에게 새로운 세계를 알게 해주었다. 투쯔창이 여관에서 샤워기를 사용할 줄 몰라서 친구들의 웃음거리가 되었을 때에도 그는 오히려 '배우면 할 수 있는 것'이라고 아무렇지도 않게 생각했다. 여기서 도시의 생활과 그것이 만들어 내는 각종 물건들은 그가 겪는 비애의 원인이면서도 새로운 희망과 동경을 갖게 하는 매체로 작용하고 있다. 이런 신선한 자극들과 도시의 문물이 허락한 아름다운 생활은 더욱 '도시에서 자리잡고자'하는 굳건한 의지를 북돋아주었다. 그러나 슬픔과 신기함의 뒤섞임만으로 그가 겪는 비애의 참신성을 구성하기에는 조금 부족하다. 무궁무진한 도시의 매력에 이끌리는 이 시대에 정말로 설명되어야 할 것은 마치 무엇이든 이룰 수 있을 것 같은 도시의 무한한 가능성과 고도로 계층화되어 있는 도시 구조로 인한 배타성, 그리고 이로 인해 도시 진입에서 느끼는 좌절감이 만들어내는 거대한 장력이다. 소설이 이러한 역학관계를 구성하는데 집중하지 않고 이야기를 통해 투쯔창이라는 개인의 비극을 드러내는데 역점을 두고 있다면 다음과 같은 문제를 묻지 않을 수 없다. 만약 부친의 죽음으로 인해 대학원 시험을 볼 수 있는 기회를 놓치지 않았더라면, 회사 사장의 갑작스런 '실종'으로 인해 그가 받을 상금을 날리지 않았더라면, 폐암으로 인해 계속 끈질긴 노력을 할 수 있는 권리를 잃지 않았었다면, 작가가 의도적으로 그를 기구한 운명으로 몰아넣지 않았더라면 우리는 그의 운명에서 비애를 읽어낼 수 있었을까? 투쯔창이 줄곧 도시 생활에서 느꼈던 신기함과 굴욕, 자극과 궁핍함 사이에서 전전하지 않고 순탄하게 자리잡고 결혼 하고 아이를 낳고 부모와 함께 생활할 수 있었다면 우리에게 그 비애감이 느껴졌을까? 이 질문 너머에는 더욱 커다란 문제가 있다. "만약 모두가 '투쯔창'과 같은 사람들이고 이들 중 대다수가 우여곡절 끝에 도시에서 살아남았는데 그들에게 이전에 겪었던 비애감을 느끼게 해준다면 과연 주인공 투쯔창의 어떤 점에 공감할 수 있을까?" 하는 것이 바로 그것이다.

중국 사회에서 현재 부단히 누적되고 있는 비애는 '도시에서 자리 잡기'위해 노력하지만 그보다 더한 굴욕감을 느끼면서도 어쩔 수 없이 도시 생활을 위해 생존을 이어나가야만 하는 비통함이라는 것을 어렵지 않게 발견할 수 있다. 반드시 삶과 죽음에 관련된 문제가 아니지만 그 슬픔은 더 광범위하고 깊다. 소설은 공들여 선량한 청년의 실패를 보여줌으로써 철저히 비통함을 추구한다. 이 효과는 한 개인의 비애에 대한 묘사도, 도시에서 자리잡기 위한 노력의 과정에서 왜곡된 욕망과 존엄 그리고 절망감에 대한 논의가 아니라 지극히 특수한 경험 즉 분투와 실패를 통한 비애감에 집중된다.

물론 소설이 단순히 그런 비애감에만 집중했다면 그렇게 큰 반향을 일으키지 못했을지도 모른다. 왜냐하면 그런 식의 묘사는 이미 너무나 많기 때문이다. '투쯔창의 비애'의 또 다른 참신성은 개인의 비애를 사회의 집단적 비애로 그 인식을 전환시키고자 하는데 있다. 그러나 이때 '투쯔창이 느끼는 비애'가 그저 노력에도 성공할 수 없다는 비통함일 뿐 도시화 과정 가운데서 생존에 성공한 대다수 사람들의 경험이 아니라면, 대체 어떤 의미에서 개인적 문제가 사회 집단의 문제(비애)로 인식의 전환이 일어날 수 있는 것인지 밝혀줄 필요가 있다.

얼핏 보면 이런 전환을 일어나게 하는 것은 바로 열심히 노력하는 청년이 마땅히 행복한 결말을 얻어야 하며 그렇지 못한 경우는 분명 문제가 있는 사회이며 사회적 비극이라는 매우 소박한 논리이다. 그러나 사회는 단순히 개인이 모여서 된 것이 아니며 '분투'와 '행복한 결말'은 사회의 구체적 과정 속에서만 비로소 명확한 정의를 가진다. 개인과 사회의 관계에 대해 문학이 던지는 질문 역시 이를 바탕으로 할 수밖에 없다. 예를 들어 신자유주의를 신봉하는 사회에 있어 '분투'의 근거는 근면함과 개인의 능력이며, '바람직한 결말'이란 동일한 노동시간 안에 최소 투입 최대 생산의 법칙에 근거한 개인적 성공이다. 그러나 신자유주의에 대해 의문을 품거나 부정적인 사람들에게 있어 노력 도달해야하는 목표란 단순히 개인과 가정의 평온함을 추구하는 것이 아니라 반드시 사회와 국가에 대한 공헌하는 것이며 바람직한 결말 역시 '도시에서 자리잡는 것'과 반드시 관련 있는 것이 아니라 사회 전체적 발전과 함께 나아가는 것이다. '투쯔창의 비애'가 자신의 능력에 의지해 도시에서 열심히 노력했지만 결국 좌절을 맛보는 것과 같은 중국 청년 공통의 경험이라 한다면, 이 집단적 경험이 의미하고 있는 바는 1990년대 이래로 신자유주의에 의해 개인과 사회가 '상식적이고 정상적'으로 받아들이고 있는 인식 모델과 이에 상응하여 도시화 과정이 개인이 꿈꾸는 이상을 제한하는 방식이 더 이상 순조롭게 작동할 수 없게 되었다는 것이다. 개인의 비애를 사회적 비애로 전환시키려 할 때 (문학은) 두 가지 임무를 완수해야 할 필요가 있다. 하나는 신자유주의가 개인이라는 범위를 설정하는 방식과 다르게, 기존의 도시화에 의해 제약된 사고방식에서 벗어나 새롭게 '분투'와 '바람직한 결과'의 의미를 재정의하는 것이다. 다른 하나는 이를 바탕으로 개인과 사회가 관계 맺는 방식을 새롭게 설정하는 것인데, 이 과정에서 도시가 어떤 작용을 하며 어떤 위치를 가지는지도 새롭게 정립해야 한다. 왜냐하면 그 너머에는 사회의 불공평과 비극이 만들어지고 있으며 이는 고도로 계층화된 도시 구조 속에 만연해 있기 때문이다. 사회적 비극에 대한 문학의 관심은 어쩌면 위에서 언급한 임무를 완성할 수 없을지도 모르겠지만 그러한 노력은 사회적 비애감을 납득시키는데 반드시 필요한 과정이다.

그러나 재미있는 것은 이 전환에 대해 소설이 처리하는 것이든 사람들이 보편적으로 받아들이는 것이든 단 한 번도 위와 같은 과정에 근거하여 실천된 적이 없다는 점이다. 이와 반대로 사회를 개인이라는 기계의 합으로 보고 개인의 비애가 모여 사회적 비애가 된다고 여기는, 신자유주의가 규정한 개인과 사회에 대한 인지 방식은 사회적 비애를 언급하고 묘사하고자 하는 (문학의) 의도를 여전히 지배하고 있다. 그래서 '투쯔창 개인의 비애'가 사회적 비애로 전환되는 과정은 너무나도 평탄하게 이루어지고 있으며 깊은 사색을 필요로 하지 않는다. 이 소설에서 서사와 읽기의 흐름에 따라 이루어지는 사회 고발은 의도적으로 청년에 대한 사회의 불공평함을 토로하고 있지만 시종일관 현대 도시 발전과 청년의 이상 실현이라는 논리가 주도하고 있으며 잠시도 그 논리에서 이탈하고 있지 않음을 생생하게 보여주고 있다. 누적된 사회 모순으로 인해 사람들은 현실 경험을 반추하게 되는데, 이 때 현실을 비판하고자 하는 문학은 일반 독자와 마찬가지로 도시와 개인이라는 관계가 주도하는 발전의 논리 속에서 문제를 설정하고 해결책을 찾아야만 하는 자가당착의 모순에 빠지게 된다. 그리고 독자는 책을 읽으면서 이런 곤경이 더욱 생동감 있고 구체적으로 폭로되고 있음에 곤혹감을 느낄 것이다. 한 예로 어떤 독자는 '투쯔창의 개인적 비애'의 모호한 점을 분명히 파악하고 있었다. 그는 투쯔창으로 인해 당시 사람들에게 비난받던 저속하고 안일한 청년의 이미지이자 노래 제목이었던 '리젠궈'를 떠올리면서 "어쨌든 이것이 투쯔창이 그토록 바라던 것이 아니었나?"[8]하는 의문이 들었다고 했다. 그리고 다른 네티즌은 이렇게 쓰고 있다. "나는 이 책을 단숨에 읽었고, 읽고 난 후 더없이 비통하였지만 어째서 이렇게 비통하게 써야만 했는지 작가 팡팡에게 묻지 않을 수 없었다. 우리 시대는 투쯔창과 같이 노력한다 해도 뭔가 바꿀 수 없다고? 이것이 우리 시대의 개인이 겪는 비극인 것이다! 사회적 불공평에 대한 비판인가, 아니면 우리가 정해진 길대로 가는 것이니 노력할 필요가 없다고 이야기하는 것인가? 전생에 이미 운명이 정해져 버린 우리는 모두 원죄가 있는

---

8   1996년 전후로 왕펑(당시 '바오자제 43호'라는 밴드 그룹에 있었다)의 '리젠궈'라는 로
     큰롤 음악이 있었다. 노래 가사는 바로 다음과 같다. "그는 얼음을 넣은 코카콜라를 좋
     아해 / 그는 유행하는 싸구려 옷을 좋아해 / 그는 7시의 뉴스 데스크를 좋아해 / 그는 덩
     리쥔의 유행가를 좋아해 / 어디선가 그를 본 적이 있을거야 / 그의 이름은 리젠궈 / 그
     가 누군지 묻는다면 / 그는 바로 우리들 자신이지."
     출처: 種二毛(중얼마오), 「팡팡의 중편소설"투쯔창의 비애"를 읽고」,
     줴안원화넷, http://www.eduww.com/thinker/portal.php?mod=view&aid=32377

사람들이니, 현생에서는 안분지족해야 한단 말인가?" [9]

소비하면서 편안함을 느끼는 도시 청년의 이미지든 노력을 포기하는 소극적 태도이든, 이 모든 것은 이미 정해진 개인과 사회의 관계라는 연장선상에서 나타나는 필연적 반응에 불과하다. 그렇다면 새로운 생각의 단초가 지극히 제한적인 것의 연장선상에서 나타날 수 있는 것일까?

3. '비애'의 사회적 의의

의심의 여지없이 한 시대 사람들이 보편적으로 비애를 느낀다는 것은 중요한 사회적 의미를 가진다. 비애를 어떻게 생각하고 드러내는가를 통해 현실 경험에 대한 문학의 사회적 사고 능력이 어떠한지 가늠해볼 수 있다. 왜냐하면 어떤 것이 비극으로 설정되고 비애감을 만들어내는지는 필연과 우연 그리고 특수성과 보편성, 개인과 사회 등 기본적 관계에 대한 시대의 사고방식으로부터 형성되는 정감구조에 영향을 받기 때문이다.[10] 바로 이런 의미에서 '투쯔창의 비애'에서 보여주고 있는 '비극'의 방식은 사회 전체의 정감구조를 효과적으로

---

9   海藍(하이란), 『多數人的悲傷--讀方方'塗自强的個人悲傷' 有感(많은 사람들의 비애-
     팡팡의 '투쯔창의 비애'를 읽고)』, 天涯論壇. http://bbs.tianya.cn/post-248-29860-
     1.shtml.

10   (중문)레이몬드 윌리엄스의 '비극'에 대한 정의를 참고. 레이몬드 윌리엄스, 『현대비극
     론』, 딩얼쑤(丁爾蘇)역, 37~38쪽. 이린(譯林)출판사 2007년.

파악할 수 있도록 해준다.

먼저, 무엇이 이 시대 사람들이 이해하고 있는 필연성일까? 1980, 90년대의 미래에 대한 낙관적 정서와는 달리 현재 청년들에게는 비관과 절망의 정서가 지배적이다. 소설이 잘 쓰여졌는가의 문제와는 별도로 독자들이 보기에 오늘날 도시에서 고군분투하는 청년들이 결국 출구 없는 길로 들어설 수밖에 없는 상황이 이미 '실질적으로 느껴지는 필연'이다. 이 필연성은 동시대 사람들이 공통으로 느끼는 비애감의 기저를 형성한다. 그러나 이런 필연성에 대한 인식 안에 현실 사회 질서에 대한 어떤 견해가 포함되어 있는지 지속적으로 되물어볼 필요가 있다. 그러나 소설에서 파악하고 있는 기존 사회 질서는 투쯔 창이 처절한 실패의 길로 걸어가도록 묘사함으로써 드러난다. 마치 철저한 실패를 통해서만 개인적 비극을 사회적 비극으로 전환시킬 수 있으며 사회를 규탄할 수 있는 것인 양 말이다. 그러나 문제는 개인적 실패를 묘사함으로써 개인과 사회의 관계에 대해 어떤 관점을 드러낼 수 있는가 하는 점이다.

개혁 개방 이래로 '노력하면 반드시 보상을 받는다'는 논리가 사람들 뇌리에 굳게 자리잡게 되었다. 이런 논리는 개혁개방 후 30년의 고속성장과 발전 속의 도시 경험에 의해 입증되었고 '진리'인 것처럼 받아들여져, 그것이 짧은 기간의 역사 속에서 생겨난 특수하고 단편적인 경험에 불과하며 신자유주의가 '국가' '시장' '도시'와 '발전'이라는 관계 속에 아무런 장애 없이 통용되도록 마련해둔 논리라는 것을 잊어버리도록 만든다. 그 논리에 따르면 '개인'은 피동적으로 기존의 사회 질서를 받아들이면서 도시 생활을 목표로 열심히 노력하며,

'사회'는 사람들의 노력에 상응하는 보상과 분배를 담당한다. '개인의 노력'과 '사회의 공정'은 서로를 뒷받침하고 있으면서 개인과 사회의 관계를 이해하는데 짝을 이루는 키워드를 형성했다. 이에 따라 현재의 사회 구조 안에서 개인과 사회의 관계를 구성하는 방식에 근본적 의문을 제기하지 않고 그것의 불합리성을 증명하고자 한다면, 노력과 보상의 논리를 극단으로 치닫게 할 수밖에 없다. 그래서 비애감이 느껴지는 지점은 노력에 아무런 대가가 주어지지 않는다는 불합리성이며, 개인과 사회의 관계에 대한 불만이다. 이 불만이 가리키는 것은 그저 개인과 사회의 관계 속에서 얻어진 실제 결과일 뿐이지 그것의 기본 원칙이 아니다.

사람들은 투쯔창과 비슷한 인물을 찾아내는 과정 가운데 의심할 여지없이 다음과 같은 원칙을 고수한다. 많은 사람들은 종종 투쯔창과 또 다른 '도시 입성'의 실패자인 가오자린(高加林, 1982년 발표된 루야오路遙 소설 『인생(人生)』속의 인물-옮긴이)을 비슷한 종류의 인물로 보곤 하지만, 『창업사創業史』(1960년 발표된 류칭柳靑의 소설-옮긴이)의 「제서」(題敍: 장편소설의 도입부분에 소설의 배경이나 내용을 짤막하게 압축한 내용-옮긴이)"에서 말하고 있는 "홀로 노력했으나 집안을 일으키지 못한 절망"을 깨닫게 되는 량성바오梁生寶와 비슷한 점이 있다는 사실은 곧잘 간과해 버리고 만다. 사실 한 사람의 노력이 실패로 돌아간다는 점에서는 투쯔창과 가오자린, 그리고 량성바오 사이에 큰 차이가 없다. 차이가 있다면 그저 앞의 두 주인공의 노력은 도시생활과 관련이 있으며 후자는 농촌에서 홀로 노력한다는 것뿐이다. 이렇게 나누는 것은 당대의 정감구조에 있어 도시에 진입하는 것이 개인의 노력보다 더욱 중요하게 느껴지는 전제임을 의미한다. 개인의 노력은 '도시 진입'이라는 전제 하에서만 비로소 인정받으며 실패의 비통함 역시 그로부터 공감대를 형성하는 것이다.

　재미있는 점은 류칭과 루야오에게 있어서 도시는 비통함의 전제가 아니며 개인의 노력이 어떠한지 판단하는 기준도 아니라는 것이다. 류칭이 「제서」에서 말하고자 한 바는 바로 도시에서든 농촌에서든 개인의 노력도, 그리고 그것과 짝을 이루던 구 사회제도도 모두 하나같이 쇠퇴일로에 있다는 사실이다. 량성바오에게 있어 실패의 경험은 훗날 그가 집단노동을 이해하고 공적인 일에 적극적으로 참여하게 되는 초석이 된다. 그러나 루야오는 그의 소설에서 홀로 '분투'하는 가오자린에 대해 단 한 번도 긍정하지 않았고 그런 의미에서 그의 비극을 이해하지 않았다. 그러나 그 굴곡진 인생의 대해서는 다음과 같이 깊이 이해하고 있다.

　　　　만약 사회 각 부분의 조직이 건강하다면, 분명 청년이 국가전체
　　　　의 이익과 개인의 미래라는 관계를 올바로 인식하도록 이끌었을
　　　　것이다. 우리는 중국의 1950년대와 60년대 초기의 비슷한 사회
　　　　문제에 대한 해결 방법을 돌이켜 볼 수 있다. 유감스러운 것은 현
　　　　재의 우리들의 현실 생활 가운데 마잔성馬占勝과 가오밍러우高明
　　　　樓와 같은 사람들이 있다는 것이다. 그들은 때로 개인의 이익을
　　　　위해 생활의 교차로에서 배회하고 있는 사람들에게 조금의 망설
　　　　임도 없는 따끔한 충고로 그들이 생활을 더욱 비관적으로 보도록
　　　　할 수도 있고, 때로는 개인적 목적 때문에 어떤 사람들의 생활을

매우 순조롭게 해주기도 한다. 비관과 순조로움의 발빠른 전환은 사람을 기쁘다 못해 정신이 아득하게지게 한다.[11]

여기서 차이는 지극히 분명하다. 도시로 진입하는 것 자체는 '가오자린'을 이해하거나 평가하는 데 있어서 전혀 중요한 문제가 아니다. '국가'나 '사회'가 개인의 운명에 대한 서사 속에서 어떻게 나타나고, 또한 '개인의 비애'의 위치와 의미를 결정지음으로써 그 필연성을 부여하는가 하는 것이야말로 가장 먼저 고려되어야할 문제이다.

이에 비해 필연성에 대한 현대인들의 이해를 놓고 보면, 비록 국가나 사회라는 것을 떠올리지 않더라도, 오히려 우연적인 개인의 운명을 자연스럽게 필연으로 받아들인다. 한편으로 이것은 중국이라는 나라에 있어 개인과 보편성이 갖는 관계가 지극히 '자연'스러워서 주인공의 운명이 항상 국가나 사회가 경험하고 있는 역사를 은유하고 있다고 여겨지기 때문이다.[12] 이는 제 3세계 사람들이 문학을 창작하고 이해하는 기본 특징이라고 말할 수 있다. 바로 이런 특징 때문에 사람들에게 그다지 어렵지 않게 투쯔창의 불행이 어떤 필연으로 이해되는 것이다. 그러나 다른 한편으로, 이미 이런 관계에 젖어 있는 사람들은 『투쯔창의 비애』 속의 국가는 이미 도시로 대체되었고 도시는 너무나 손쉽게 필연성을 지탱하는 유일한 것으로 그려지

---

11   『人生(인생)』, 『路遥小说名作选(루야오 소설 명작선)』, 华夏出版社(화샤출판사), 1996년, 109쪽.

12   (중문판) 프레드릭 제임슨, 「글로벌자본주의시대 속의 제3세계 문학」, 『후기 자본주의의 문화논리』, 싼롄출판사, 1997년.

고 있다는 것을 깨닫지 못한다. 그리고 바로 이런 이유에서 소설에서 그려지는 도시의 모습은 너무나 추상적일 수밖에 없다. 도시는 어떤 사람들이 생활하고 있는 곳으로, 그리고 자신의 역사적 특징을 갖고 있는 구체적인 모습으로 묘사되지 못하고, 오히려 지극히 공허하고 사람들의 전입을 기다리고 있는 등급이 매겨져있는 구조로 드러날 수밖에 없는 것이다. 동시에 '사회'가 갖는 이미지는 철저하게 분열된다. 사회는 투쯔창이 만났던 우호적이고 선량한 사람이 한 명 한 명 모여 이루어지기도 하지만 소설이 고발하고자 하는 '개인의 비애'를 배태하고 있는 곳이기도 하다. 분명, 이렇게 추상적이고도 분열된 '사회'에 관한 상상은 역사적 추상성이 필요 없는 '개인'과 더불어 출현한다. 그래야만 사회적 이익은 개인적 이익이 모인 것이 되며, 개인적 이익 역시 사회적 이익의 축소판이 될 수 있다. 필연성에 대한 이러한 이해는 이 시대 사회의 정감구조가 도시, 개인 그리고 사회의 관계를 이해하고 있는 방식임이 분명하다. 사회 문제에 개입하고자 하는 작품과 그것에 대한 분석이라 할지라도, 결코 이 구조적 한계를 벗어날 수 없다.

마지막으로 이런 정감 구조 가운데서 죽음의 기능 역시 명확해진다. 모든 죽음이 비애를 불러일으키는 것은 결코 아니다. 죽음의 의미는 그 시대 생명에 대한 사람들의 독특한 이해를 기반으로 하고 있다. 주의를 기울일 만 한 것은 투쯔창이 경험한 죽음에 대해 사람들의 반응이 저마다 다르다는 점이다. 작가 자신만 하더라도 죽음의 필연성에 대해 그리 충분히 이해하고 있는 것은 아니었다. 작가 인터뷰를 통해 팡팡은 '투쯔창이 요절한 것을 비관적'으로 여기는 독자들의 견해에 관해 다음과 같이 말하고 있다. "설령 투쯔창이 죽지 않고 30세까지 살았다 하더라도 모든 것에 대해 시들해졌을 것이고 '유들유들하게' 변하면서 전혀 다른 사람의 인생 궤적을 걸어갔을지도 모르겠다."[13] 이것은 현재 정감 구조 가운데 죽음은 결코 필연성에 대한 인식을 의미하는 것이라기보다는 오히려 다음의 두 가지 기능을 발휘하고 있음을 말해준다. 하나는 투쯔창이 지속적으로 노력할 수 있는 권리를 죽음이 빼앗음으로써 사람들이 슬픔을 느끼도록 하는 것이다. 여기서 중요한 것은 생명이 스러졌다는데 있는 것이 아니라 노력할 권리를 상실했다는 것에 대한 애통함이다. 그리고 두번째 기능은 바로 '죽음'이 작가와 독자들 모두에게 '여전히 피동적인 노력을 하며 계속 살아가는 인생은 슬프지 아니한가'라는 가혹하고 현실적인 의문에서 벗어나도록 해준다. 여기서 죽음은 더욱 광범위하고 치유하기 어려운 상처를 효과적으로 도피하는 수단이 된다. 죽음은 분명 정감 구조 속에서 현재의 사회 질서에 대한 회의와 도전을 만들어 낼 수 없다. 이와 반대로 현실 도피적 죽음은 받아들일 수 있는 것이 되나, 분투할 권리를 빼앗는 죽음은 슬픔을 넘어 분노를 느끼게 한다. 사람들은 죽음을 체험함으로써 생명의 가치를 새롭게 발견하는 것이 아니라 오히려 죽음을 통해 현재의 사회적 질서를 다시 확인하게 된다.

13　「팡팡, 투쯔창 식의 비애에 대해 이야기하다(方方講述塗自強式的悲傷)」, 『징화시보(京華時報)』 2013년 8월20일. 한 편으로 이 비애가 사회의 집체적 비애라는 것을 지적하고 있지만 다른 한 편으로는 여전히 개인의 노력이 유일한 출구임을 말해주고 있다. 이것이 바로 작가가 이 시대의 명제를 관찰하고 분석하면서 도출한 개인의 한계성이다. 그러나 이런 한계는 분명 작가 개인의 것만은 아니다.

이쯤에서 우리는 어쩌면 다음과 같은 사실을 깨닫게 될지도 모르겠다. 개인의 경험과 정서마저 적극적으로 관리治理되는 시대에, 현재의 사회적 경험을 포착하는 것만으로는 이미 더 이상 예술로서 문학의 참신성을 유지할 수 없게 되었음을 말이다. 그렇지만 문학은 현재의 정감 구조가 사회 경험을 음미하고 체득하는 방식을 정확히 파악하고 적극적으로 묘사하여 그것을 대상화함으로써 사람들 자신과 기존의 감각 구조 사이의 미묘한 거리를 의식할 수 있도록 해야 한다. 이것이야말로 오늘날 문학 창작과 비평이 반드시 직시해야 하는 문제이다.

4. '사회적 비애'의 가치 절하

대략 반세기 전 호르크하이머와 아도르노는 문화산업을 비판하면서, 그것이 만들어 낸 무궁무진한 '쾌락'이 사람들의 생활에 어떤 존엄도 가져다주지 못할 뿐 아니라 도리어 쾌락을 철저히 가치 절하 시켰다고 여겼다.[14] 그렇다면, 우리 시대의 문화 산업은 끊임없이 비애를 만들어 내며 그 비애의 가치를 지속적으로 하락시키는 새로운 메커니즘을 만들어내었다고 말할 수 있을 것이다. 만약 호르크하이머와 아도르노 시대에는 문화산업을 통제하고 쾌락의 가치를 지속적으로

---

14   (중문판) 호르크하이머·아도르노 저, 량징둥·차오웨이둥 역, 「문화산업: 대중 기만으로서의 계몽」, 『계몽의 변증법』, 상하이런민출판사, 2003년. 156~158쪽.

하락하도록 하였던 것이 경제를 독점한 이익집단밖에 없었다고 한다면, 우리 시대에는 인터넷과 전 지구적 문화 산업이 발달함에 따라 사회적 비애를 생산하고 또 그것의 가치를 하락시키는 메커니즘에 거의 모든 사람이 동참하고 있는 것이다.

이 메커니즘은 '댜오쓰屌絲'라 명명하고 (그 내용을) 부단히 확장하고 이용하는 상업 모델 속에 있으며, '투쯔창의 비애'로 대표되는 문학 작품과 평론의 방식 가운데서도 드러난다. 도시로 향하는 끝없는 길 위에서 사회적 지위의 대비, 상품 레이블, 승진 속도의 빠르고 느림 등은 끊임없이 청년들의 비애를 생산해내고 있다. 여기서 비애가 생산되는 방식은 '쾌락'이 만들어지는 과정보다 더 복잡하다는 점을 주목해야한다. 왜냐하면 개인적 비애는 결코 '얻지 못하는 것'으로부터 생기는 것이 아니라, 종종 '얻지 못하는 것이 불행임'을 현실로 받아들이는 데서 나온다. 더 나아가 이런 정해진 현실을 파악하고 바꾸어나가고 또 잘못 인식하는 복잡한 과정들 속에서 만들어진다. 마치 투쯔창의 운명이 가리키고 있는 것처럼 도시에서 생활할 수 없는 것이 불행이라 할지라도 우리가 슬픔을 느끼고 무한히 공감할 수 있는 점은 그가 정해진 현실로 그것을 받아들이고 끊임없는 노력을 통해 그것을 바꾸고자 하지만 결국 그 아무것도 얻지 못한다는 점이다. 바로 이 지점에서 새로운 비애의 기제가 작동한다. 이런 비애를 적극적으로 확인시켜줌과 동시에, 어떤 복잡한 과정을 통해 생겨난 것이든 간에 비애가 현실 조건이나 물질적 빈곤과 불가분의 관계에 있음을 객관적인 사실인 것처럼 보이도록 한다. 그래서 투쯔창은 이렇다 할 가정배경이 없는 농촌출신으로 표현됨으로써 '얻지 못하는 것은 불행한 일'이라는 현실 인식을 더욱 견고하게 만든다. 이런 현실 인식 속에 비애는 합리화되고 무해한 것이 되어버린다. 사람들이 이런 비애감을 받아들일수록 도시를 향한 여정에 대해 더욱 확신하게 되고 도시 말고는 다른 도리가 없다고 믿게 된다. 그리고 도시를 향해 걸어 들어갈수록 점점 더 빨리 비애의 메커니즘 속으로 끌려 들어가게 되며, 신자유주의가 규정한 개인과 사회의 대립을 통해서 자아 해석을 하게 된다. '사회적 비애'는 바로 여기서 출현한다. 그것은 비애가 갖고 있는 어떤 반항의 역량을 전혀 결집시키지 못하며 그저 위에서 말한 메커니즘이 만들어놓은 개인과 사회의 대립을 상징적으로 처리하며 불만 해소라는 이름을 제공한다. 비애는 개인적이든 사회적이든 엄숙하고 행동이 따르는 현실 경험이라 하더라도, 개인의 비애 속으로 도피하거나 상징적인 사회적 비애에 분노하는 것으로는 이 메커니즘을 타파할 수 없다. 마음껏 비애감을 느끼는 가운데, 정작 비애를 묘사하고 이해하는 방식은 이내 잊어버리게 된다. 이는 사회의 정감 구조가 이미 설정해놓은 것이다.

사회를 생각하고 이에 개입하고자 하는 문학에 있어 사람들이 보편적으로 느끼는 비애를 어떻게 새롭게 이해하는가, 그것이 엄숙하게 전개되는 원칙과 더불어 조금의 타협도 허용치 않는 묘사가 현실을 창조하는 기초가 될 수 있는가는 생각해봐야하는 문제이다. 『기나긴 혁명』에서 레이몬드 윌리엄스는 투쟁 속 '원칙'의 중요성을 조심스레 이야기하고 있다. 그가 볼 때, 마땅히 지켜야할 사회의 원칙에 대한 생각과 신념에서 한 발 물러나게 되면 모든 투쟁과 쟁론의 장에서 끝없는 논쟁이 일어나게 되면서 사람 사이의 적대심리를 가중시킬 뿐 아니라 투쟁 과정 속에서 경제적 견유주의를 아무런 자각 없이 받아들이게 된다.[15] 그의 의견을 참조하자면 엄숙하고 존엄이 있는 비애라 할지라도 사람들의 생활과 관련 없던 적이 없었다. 왜냐하면 이것은 모호하지만 완전히 떨쳐낼 수 없는 기본 원칙에 대한 감상에서 촉발되기 때문이다. 그러나 위에서 말한 사회적 비극의 가치를 절하시키는 메커니즘 가운데 비극을 일으키는 근원은 아주 교묘하게 숨겨져 '예로부터 내려오는 중요한 원칙'인 것인 양 포장되어 버린다. 사람들의 비극을 다시금 확인하여 발전시킬 때 반드시 준수해야할 기본 원칙 역시 현실비판 문학이 계승해야 한다. 그 중에서도 먼저 토론해야할 것은 도시는 완벽한 사회적 원칙을 구성하는가이다. 만약 그렇지 않다면 대체 어떤 사회제도와 발전 모델이 도시를 매우 중요한 요소로 여기게 만들며, 절대 다수의 청년들의 운명을 좌우할 뿐 아니라 전 사회의 희노애락의 기본 방향을 결정하게 하는가? 이로부터 오인되고 생성되는 비극에 대해 작가가 연민하는 것은 도시 구조 속에 만연한 '개인의 비극'도 그것이 드리우고 있는 '사회적 비애'도 아니다. 그것은 사람들이 고정된 도시 구조 속에 들어가면서 원칙을 지킬 수 없으면서 생활의 존엄을 주장하고, 원칙을 완전히 배제할 수 없으면서 존엄을 포기할 때 생기는 자아 이해의 어려움이다.

마지막으로 당대 청년이 보편적으로 느끼는 '개인의 비애'로 돌아가보자. 『인민일보』에서 이상의 부재가 비애를 만연하게 했다는 것이

---

15   (중문판) 레이몬드 윌리엄스, 니웨이 역, 『기나긴 혁명』, 상하이런민출판사, 2013년.
      320~322쪽.

어쩌면 맞는 말일 수도 있다. 그러나 여기서 잘못된 것은 개인과 사회의 이미 정해진 관계 속에 함몰된 청년이 이상을 새롭게 확립하려는 것을 일신의 사적인 목표로 보는 시각이다. 그리고 위에서 말한 사회의 정감 구조에 대한 분석은 예전에 낙관적 정서로 가득한 개인이 자신의 이상을 확립했던 방식이 이미 한계에 도달했다는 것을 의미한다. 존엄성 있는 사회적 비애가 부단히 쌓여 확립할 수 있는 새로운 이상은 도시로 가는 길에만 국한 될 수 없으며 '개인'적 발전에만 관련된 것이어도 안 된다. 그렇지만 이 시대의 가야 할 방향을 결정짓는 것은 바로 이런 사회적 비애이다.

참고문헌은 각주로 대신함

4장

노동과 활동의 사이, 유예된 노동을 말하다: '청년혁신활동가'에 대해

장봄_연세대학교 문화학협동과정

이 글은 2015년 겨울에 진행된 학술심포지엄의 발표문을 보충한 것이다. 이후 청년혁신활동가와 사회적 활동, 청년노동에 관한 연구들이 진행되고, 서울시의 청년혁신활동가 사업과 방향도 수정, 보완되었다. 그러나 이후 진행된 논의들을 반영하기에는 처음 보고자 했던 청년활동가의 제도화에 대한 비판적 논의에서 벗어나 제한했음을 밝힌다.

1. 들어가며

우리 사회에서 청년문제를 이야기하는데 중요한 문제 중 하나는 신자유주의적 경제질서의 전지구화 안에서 삶이 어떻게 변화했는가이다. 제조업을 중심으로 한 산업자본주의에서 금융 자본주의로의 질서 재편은 노동을 더 이상 중요한 자원으로 취급하지 않는다. 즉 전지구의 '시장'화를 꿈꾸는 신자유주의적 세계화는 유연성으로 설명될 수 있다. 바우만(2008)은 산업자본주의를 고체근대 / 생산자사회, 금융자본주의로 대변되는 신자유주의적 자본질서를 액체근대 / 소비자사회라는 대당을 통해 노동이 '잉여'가 된 오늘날의 사회를 설명한다. 다시 말해 노동력을 통해 자본축적을 이뤄냈던 생산자 사회에서는 어쨌든 노동재생산이 중요한 과업 중에 하나였으며 그래서 자본과 노동은 어쨌든 협상 테이블에 함께 할 수 있었다. 그러나 고용 없는 저성장의 시대인 오늘날의 사회에서 이윤은 더 이상 노동에서 나오지 않는다. 돈이 돈을 생산하는 사회, 창출된 이윤이 생산을 위해 재투자되지 않는 사회에서 노동은 그저 '잉여'로 존재할 뿐이다.

노동이 잉여가 되어버린 사회에서 청년고용문제는 한국사회뿐만 아니라 전 세계가 겪는 사회문제가 되었다. 노동유연화와 금융화로 대변되는 신자유주의적 전환은 한국사회에서 1997년 IMF위기를 거치면서 노동시장의 급격한 변화를 경험했고, 특히 청년의 노동시장의 경우, 낮은 고용율, 높은 이직율, 하향 취업, 질 낮은 일자리 등 상당히 복합적인 문제로 등장했다. 청년의 불안정한 고용은 특정한 위기에서만 등장하는 일시적인 상황이 아니라 이들의 노동문제는 삶의 전반에 파급효과를 지니기 때문에 더 많은 사회문제들을 내포(이규용, 2011)하면서 문제적 집단으로 청년의 범주를 구성한다. 이렇게 문제화된 범주 안에서 청년고용문제의 해결책은 또 다른 불안을 야기하는 방식으로 제기되어 왔다. 최근 논의되고 국회상정을 앞둔 노동법 개정안[1]은 청년고용문제의 해결이 어떤 적대와 갈등을 전제하고 있는지 잘 보여준다. 임금피크제와 공정해고를 기반으로 한 이번 노동법 개정안은 더 많은 청년들을 정규직으로 채용할 수 있는 공정하고 유연한 노동시장을 만들어야한다고 주장한다. 그러나 이는 청년고용문제를 세대문제로 만들면서 서로를 적으로 상정하는, 그래서 자신이 살기위해서는 누군가를 쓸모없는 '잉여'로 만들어야 하는 잔인한

---

1   정부와 여당은 임금피크제 도입과 노동시장 유연성확대를 골조로 하는 노동법 개정안을 들고 나왔는데, 이를 통해 청년고용 문제를 해결할 수 있다고 주장하고 있다. 임금피크제는 '일정 연령을 기준으로 임금을 조정하고 일정 기간의 고용을 보장하는 제도'로서 정년에 가까운 노동자들에게 정년을 보장하는 대신 임금의 일정부분을 삭감하는 것으로 기업의 임금비용을 줄이고, 여기서 줄어든 비용을 청년 고용에 투자하면 된다는 것이다. 또한 노동시장 유연화는 해고를 용이하게 할 수 있도록 함으로써 신규고용을 촉진시킬 수 있다는 주장이다.(김수현, 임금피크제와 노동시장 유연성확대, 청년 고용 문제 해결방안일까?. 비정규 노동(월간), 통권 114호, 2015. 64쪽)

링 위로 오르게 한다.

이처럼 잔인한 링 위에 서는 청년들의 삶을 표상하는 담론들은 청년을 자기계발의 주체와 잉여 이 양극단을 오고가는 것으로 설명해왔다. 자본주의적 질서에 적극적으로 가담하거나 이 질서에서 팽개쳐진 무기력한 모습으로 그려진 이 두 양극이 공통적으로 청년을 설명하는 방식은 신자유주의 질서를 승인하는 것으로 상정하고 있다는 것이다. 그리고 이후 한동안 청년담론은 더 이상 나아가지 못하는 듯했다. 그러나 2010년 이후 사회적 기업 활성화와 동시에 자기계발 주체도 잉여도 아닌 새로운 길을 가는 청년들이 새롭게 등장했다. 미래세대인 청년의 위기진단과 국가적 차원에서 청년고용정책의 활성화, 청년창업지원정책[2]의 확산의 과정을 거쳐 형성된 청년노동시장의 기반은 이들로 하여금 열정노동을 당연시하는 문화를 양산하기도 했다. 노동에 열정을 더해야만 생존할 수 있는 사회적 조건에서 시민활동가 출신의 서울시장당선은 새로운 장field을 열어준다. 그리고 이 새로운 장은 2000년 이후 청년에게 거둬진 사회혁신주체의 역할을 그들에게 다시 부여했다.

청년의 위기와 함께 시민(사회)단체들은 90년대 이후 지속적으로 활동가 재생산에 어려움을 겪어왔다. 활동가 재생산의 어려움은 다양한 요인들이 있겠지만, 활동을 하면서 생계유지가 어렵다는 것, 즉

---

2   청년고용정책으로는 청년인턴제, 중소기업 채용확대, 취업애로청년 지원과 청년창업 지원 정책은 2009년 시행된 '2030 청년창업프로젝트'로 국가가 예산을 지원하고, 기업과 국가가 제공하는 일자리가 아닌 스스로가 일자리를 창출하는 청년기업가육성으로, 2010년 청년일자리창출 우수정책으로 선정돼 전국으로 확산되었다.

노동과 운동이 공존할 수 없는 사회 생태계에서 그 원인을 찾을 수 있다. "시민단체의 사회적 중요성이 점점 더 많은 사람들에게 인식되고 있음에도 불구하고, 시민단체 및 활동가들의 삶은 더 피폐해지는 아이러니한 현실"에서(김동춘 외 2013 :1) 청년노동의 위기와 시민(사회)단체들의 활동가 재생산의 위기 그리고 공공성증대라는 과업을 해결해야하는 지방자치단체의 조우는 각 집단과 단체가 지닌 문제를 한 번에 해결할 탈출구였다. 심각한 청년고용문제, 사회적 기업, 사회단체의 인재부족에 대한 고민은 서울시에 일자리창출과 제도적 안전망구축을 요구받음으로서 단기적 전망으로서만 제시되었던 청년문제에 보다 근본적인 고민을 하게하고, 이는 2013년 서울시청년일자리허브(이하 청년허브)의 개관을 이끌어냈다. 이후 청년허브는 청년 커뮤니티, 프로젝트지원, 정책네트워크, 인재양성, 워킹그룹 지원 등 다양한 방면으로 청년들을 지원함으로서 지자체-중간지원조직-민간 거버넌스의 연결망을 만들었다고 평가(청년허브, 2014)된다.

본 연구는 청년문제에 대한 근본적인 고민을, 지자체와 민간 거버넌스의 연결망을 조성했다고 평가되는 청년허브 중 혁신활동가 양성사업의 일환인 청년혁신활동가를 중심으로 논의하고자 한다. 신자유주의가 야기하는 불확실성 속에서 개인들이 더 이상 자신의 삶을 사회에 맡기지 못하게 된 상황에서 사회적 활동들이 대안으로 제기되고(이영롱, 명수민 2014) 사회적 노동은 새로운 고용창출의 장으로 등장한다. 이는 청년 노동정책에서 적극적으로 구현되고 있으며 단순히 청년고용대책의 임시방편이 아닌 '활동'이라는 삶의 방식이 강조되고 이를 장려하는 제도적 장치가 지속가능하기 위해서는 청년혁신활동가들의 현장에서 그들의 활동이 어떻게 받아들여지고, 이를 확장하는가에 대해 점검할 때 청년노동의 새로운 장에 대한 지속가능성을 논할 수 있을 것이다.

2. 새로운 존재양식으로서 '청년혁신활동가'의 등장

통상적으로 청년들은 사회적 책무를 지닌 주체로 상정되어 왔다. 4.19세대, 386세대를 거쳐 신세대, X-세대로 이어오면서 청년에게 주어졌던 사회정치적 책무들은 정치적 민주화를 거치며 당대문화를 적극적으로 전유한 주체로 호명되었다. 4.19세대나 386세대는 정치적 변혁주체로서 역할을 했다면 신세대, X-세대는 소비 지향적 주체로 평가되었다(이동연 2004). 그럼에도 불구하고 변혁주체로서의 청년이나 그렇게 획득된 민주주의 문화를 적극적으로 소비하는 청년이나 그들에게 동시에 전제되어 있는 것은 당대의 공통된 라이프 스타일을 공유하는 세대로서 명명되었다는 것이다. 그러나 2000년대에 들어와 청년은 다르게 호명된다. 88만원 세대, N포세대, 스펙 제네레이션 등으로 IMF 금융위기가 설파한 신자유주의적 고통의 담지자로 표현된다는 점에서 전前세대의 청년담론과 다른 결을 가지고 있다. 역사적 변화의 주체도, 그렇다고 맘껏 즐길 수도 없는 결핍된 삶으로서 대표되는 청년의 상은 그럼에도 불구하고 열정을 가지고 꿈을 꾸며 희망을 품어야'만'하는 세대로 요구받기도 한다.

2000년대 이후 청년집단에 대한 담론들이 다르게 형성되고 있다는 것은 그들의 문제가 고용 없는 저성장의 시대로 대표되는 현 산업구조 안에서 발생하는 사회구조적 문제임을 인지하고 이는 개별적으로 해결 불가능함에 대한 암묵적 동의가 이뤄졌다고 볼 수 있다. 집단으로서 청년에게 부과되는 사회적 요구와 역사상 유례없는 청년실업이라는 사회적 조건에서 이들의 불확실한 삶의 대안은 청년허브의 등장과 함께 '활동'의 영역으로 제시되었다. 이제 '청년들은 인턴이나 노동자로 불리는 것이 아니라 활동가'(류연미 2014)로 '그들이 하는 행위는 노동이 아니라 "활동"이라는 영역'(류연미 2014)으로 옮겨졌다. 더 나아가 이들은 국가의 실패와 시장의 실패, 시민사회의 실패에 대한 해결방안으로 등장했다(류연미 2014). 청년허브 주요 사업 중에서 뉴딜일자리 사업으로 추진된 청년혁신활동가 양성사업은 청년실업이라는 구조적 조건 안에서 순응하며 고정되고 경직된 삶의 구조를 벗어나 대안적 삶으로의 이행을 실천할 수 있는 기반을 조성하는데 기여하고 있다. 이 새로운 장에서 청년은 링 위에서 싸워 이기거나 기권을 선언해버리는 모습이 아닌 새로운 링을 만들어내는 주체로 등장한다. 이 새로운 링은 기존 사회단체들이 고질적으로 겪어왔던 활동가 재생산문제와 서울시의 혁신일자리사업과 만나 청년혁신활동가를 등장시켰다.

우리 사회에서 활동가를 하겠다는 다짐은 동시에 어떤 결의를 내포하기도 한다. 활동가에 부착된 의미망에는 사회변혁이라는 가치와 주체의 능동성을 담보하면서도 대가를 바라지 않는 혹은 수치로 환산될 수 없는 '선의'와 희생이 전제되어 있다. 그래서 시민단체에서 활동가를 자처한다는 것은 이러한 조건들을 받아들이고 '결의'하는 과정이 들어가 있다. 따라서 과거 '활동가로 산다는 것'은 각오와 다짐이 필요한 것이었다. 그러나 청년허브의 사회적 기업과 청년의 매칭인 청년혁신활동가 양성사업은 그런 의미에서 시민(사회)단체로의 심리적 진입장벽을 낮추는 효과를 가져오기도 했다. 임금을 벌기위한 수단으로서의 노동이 아닌 사회적 가치를 실현할 수 있는, 경쟁이 아닌 공생을 경험하는 현장에서 일정정도의 임금을 받으며 일할 수 있다는 것은 과거 활동에 부여되었던 결의에 대한 부담감을 가볍게 할 수 있는 동력[3]이기 때문이다. 그런 의미에서 '청년혁신활동가 양성사업'은 새로운 일자리로 제공되는 공공 일자리로서의 새로운 모델, 즉 노동영역에서 노동자의 위치가 아닌 사회혁신과 새로움을 창조해내는 창의성을 지닌 '혁신활동가'라는 새로운 모델을 제시한다(이영롱, 명수민 2014). 이 사업은 노동의 의미를 먹고 사는 수단에서 가치 실현의 수단으로 확장하면서 이미 포화된 노동시장에 종속되어 얽매이기보다 새로운 길을 찾으라는 사회적 요구에 이를 실현할 수 있는 제도적 안전망 구축의 연장선상에 있다고 볼 수 있다(류연미 2014). 이러한 서울시의 청년정책은 당장 눈에 보이는 청년실업률의 수치를 줄이는 이전의 임시방편적 정책을 비판하며 경제적 수단으로서의 노동에 그치지 않고 노동을 생애과정에서의 삶의 과정으로 인지할 수 있게 한다는 점에서 유의미하다.

---

3   이 내용은 창신동 연구를 진행 중인 문화학과 동료 한나와 함께 청년활동가에 대해 이야기하면서 얻은 결론이다.

동시에 청년일자리 창출의 일환으로 제시된 '청년혁신활동가'[4]는 우리 사회에서 청년이 어떻게 호명되는가를 보여주면서 동시에 그들의 노동이 어떠해야하는가를 보여주는 수사로 읽을 수 있다. 청년혁신일자리 가이드북(2014)에서 밝히는 혁신활동가 양성사업의 문제의식은 '기존의 정량적이고 제도 의존적인 해결책 대신 청년의 자발성과 동기에 주목'함으로서 새로운 현장을 찾는 것에 있다. 그러나 이와 같은 문제의식에서 시행된 혁신활동가 사업은 청년실업, 위기에 대한 문제해결을 사회적 과정으로 가져가지는 않는 듯 하다. 청년의 자발성과 동기에 주목함으로서 청년의 위기는 '당사자들이 스스로 극복해야할 문제'로 서술되고, 이 문제에 대해 답을 해야하는 대상은 청년이 된다. 당사자성을 강조한 물음은 이미 사회구조적 문제임이 드러난 청년실업의 문제를 다시 청년 개인의 질문으로 환원시킴으로서 신자유주의적 자기계발 주체로 재설정하는 위험을 내포하고 있다. 따라서 제도와 행정적 차원에서 형성된 청년의 사회혁신이라는 가치는 시민사회의 성장이나 사라진 것으로 종종 표현되는 사회의 부활을 가져오기보다는 새로운 파생상품으로서의 노동을 미화할 위험에 보다 가깝게 위치한다. 그리고 이는 노동이라는 기반을 모호하게 만

---

4   청년허브 사업 분야는 크게 커뮤니티·네트워크와 혁신적 일자리로 구분된다. 혁신적 일
     자리는 청년학교, 청년혁신활동가 양성사업, 워킹그룹 프로젝트로 다시 세분화되는데,
     청년혁신 활동가 양성사업은 만18세 이상 39세 이하의 서울시 거주 미취업 청년을 대
     상으로 하며, 청년의 취업과 창업에 실질적으로 필요한 것은 일에 대한 경험임을 표방
     하며 사회적 기업, 비영리단체, 협동조합 등 사회문제를 해결하는 사업장에서 청년들이
     약 11개월 동안 실제 프로젝트를 진행할 수 있는 기회를 제공하는 것을 그 내용으로 한
     다.(청년허브 홈페이지- 사업소개- 일자리 내용 참고)

들어 현장의 노동조건과 역사를 가릴 수 있다(청개구리 제작소 2014). 청년 허브를 주축으로 진행되는 청년관련 사업들은 다양한 일자리 창출, 도전과 새로운 영역의 발견, 파편화되어 있는 청년네트워크의 활성화 등 새로운 노동생태계 구축이라는 점에서 긍정적으로 볼 수 있으나, 이들을 지원하는 방식(협력사업장에는 인력을, 청년당사자에게는 정해진 기간의 일경험을 제공)은 기존 정부 인턴제가 민간기업에서의 일경험을 강조하는 측면에서 단기 노동력으로 청년을 위치시킨다면, 서울시의 청년정책은 인턴영역을 사회적 기업으로 확장, 노동력이 아닌 사회적 가치를 내포한 활동영역으로 확장함으로써 오히려 노동과 활동의 경계를 흐릿하게 한다. 이와 같은 경계의 모호함은 오히려 일에 대한 경험, 혹은 활동에 대한 경험을 청년활동가라는 위치의 보편적 조건으로 갖는 것이 아니라 개개인의 평가로 남겨둠으로써 공공일자리 모델의 변화로 등장한 청년혁신활동이 전체적 삶의 주기에서 유예된 시기로 자리하거나, 단기 프로젝트 혹은 또 다른 열정노동이 될 위험이 있다.

3. 청년혁신활동가의 조건

2013년 시작된 청년혁신일자리에 대한 연구는 청년허브에서 발간한 보고서를 제외하고는 청년이라는 문제적 범주를 보편화하지 않으면서 특정한 시공간에서 만들어지는 새로운 유형으로서 청년의 실천적 지향과 활동이라는 전략과의 만남을 설명한 류연미(2014)의 글과 청년허브에서 만난 활동가들의 인터뷰를 중심으로 한국사회에서 사회적 활동이 갖는 특성과 한계, 가능성 보여주기를 시도한 이영롱, 명수민(2014) 연구가 있다. 이들의 논의는 노동과 청년, 그리고 혁신활동가를 통해 우리사회가 갖는 노동형태의 진화를 보여주며 그 안에서 발생하는 새로운 청년의 발견, 제도화된 '활동'이 드러내는 한계와 가능성을 드러낸다. 청년활동가라는 위치는 청년 개개인들이 지닌 사회적 가치와 현장에서의 실천 사이의 괴리, 공공일자리, 사회적 영역 안에서 노동이 가진 한계들을 공통적으로 드러내고 있다. 그럼에도 청년에게 미래를, 더 나은 사회를 위한 희망을 꿈꿀 수 있음을 보여준다. 청년혁신활동가에 제한된 연구가 아닌 이를 경유해 청년과 노동, 그리고 사회에 대해 보여주는 이들의 연구는 그런 의미에서 유의미하다.

이 글은 앞선 연구와는 다른 결을 가진다. 청년혁신활동가는 노동, 혹은 일자리에 대한 새로운 상상을 가능하게 하는 일자리 경험[5]으로 제시된다. 따라서 일자리로서, 노동으로서 청년혁신활동가의 노동조건과 환경을 점검할 필요가 있다. 이들에게 공통적으로 제시된 조건은 주 5일 1일 8시간 이내, 주·연차 수당 지급, 일급 39,000원이며 4대 보험 적용으로 9~11개월의 기간이 보장되어 있다. 활동가 지원

---

5   서울시의 청년허브는 다양한 방식의 청년지원을 제시하고 있다. 그중 청년혁신활동가는 일자리 사업으로 기획되고, 청년들에게 다양한 직업의 기회, 경험을 제공한다는 측면에서 노동보다 경험에 방점을 찍고 있는 듯하지만, 이들에게 이러한 경험을 제공하는 것은 제한되고 고정된 노동의 장을 확장시킴으로써 새로운 일자리 창출을 목적으로 한다는 점에서 노동에 보다 가깝게 받아들여지고 있다고 볼 수 있다.

에 필요한 서류들을 작성하고 선발되면 공통교육을 듣고 협력사업장에 배치된다. 따라서 협력사업장에 따라 일하는 환경은 다르다. 따라서 활동가들에게 사업장에서 어떤 환경에서 어떤 업무를 경험(일)했는지는 각자 다르게 받아들여진다. 그러나 청년허브에서 발간한 혁신활동가 결과보고서[6]의 내용은 각자의 사업장에 따른 경험(일)에 대한 평가가 아닌 주로 활동가로서 자신에 대한 변화, 보람이 평가의 대부분을 차지하고 있다.[7] 자기정리 워크숍이라는 과정을 통해 이들의 경험(일)을 글로 정리하는 과정을 통해 재의미화된다. 이 과정은 9개월~11개월간의 노동은 사회를 배우는 과정으로, 새로운 사람과의 만남으로 그래서 보람찼던 기간으로 주로 정리된다. 이는 마치 여행을 떠나 타지에서 느끼는 외로움, 힘듦, 고통의 순간들이 여행을 다녀와

---

6   『청년혁신일자리 가이드 북: 2013 혁신활동가 양성사업으로 본 청년의 내'일'』을 주로 참고하되, 2015년에 발간된 『일경험은 '어떻게' 만들어지는가』에서도 참고했다. 이 경우 보고서 2015로 표기한다.

7   처음 청년 혁신 활동 교육을 받으면서, '이게 뭐지?', '내가 왜 이걸 듣고 있지?'라는 엄청 삐딱한 생각들로만 가득했다. 난 단지 일하고, 돈 벌려고 온 건데…(……) 참, 힘들고, 혼란스러웠던 기간이 언제 끝이 났는지 모르겠다. 끝났다. 그 혼란은…(……) 혼란은 사라지고 일에 대한 관심도는 증가 되었다. 새로운 세상이었다. 항상 나는 빈곤, 기부, 봉사에 대해 내가 빈곤한데 누굴 돕고, 누구에게 기부해!!!라는 못된 생각을 가지고 있던 나에게 다시 생각하고, 타인을 배려하고, 이해하고, 따뜻하게 바라 볼 수 있는 시각을 배우게 해줬다. 청년혁신활동을 시작하면서 참 많은 불만으로 시작은 했지만, 지금 돌이켜 보면 나에게 또 다른 세상을 가르쳐 준 청년 혁신에게 감사하다.(혁신일자리 가이드 북 청년의 내일 2013. 80-1)
이 일을 시작하기 전, 나는 유통업계에서 일용직으로 일을 하면서 그곳의 생태를 배우게 되었다… 현장의 상황을 반영하지 않는 성과주의 정책 설계방식에 실망하거나 분개했던 기간도 있었다. 하지만 다른 한편으로는 그럼에도 불구하고 그러한 현실을 기반으로 끊임없이 변화를 시도하는 주체들이 의외로 많다는 사실을 알게 되기도 했다. (……) 더할 나위 없이 소중한 값진 경험이었다.(혁신일자리 가이드북 청년의 내일 2013. 81-4)

현실에 적응할 때 여행기간의 감정과 경험들이 미화되는 과정과 별 반 다르지 않다. 청년혁신활동가에게 노동하는 현장은 어떠했으며, 제공받은 활동의 공간에서 청년혁신활동가는 어떤 위치에 있었는지, 개인적인 평가와 감정이 아닌 일, 경험, 혹은 노동 환경을 이야기하기 위해 청년혁신활동가인 5명의 청년과의 인터뷰한 내용을 중심으로 서술하고자 한다. 5명중 3명은 비진학 청년, 1명은 대학졸업, 1명은 대학원 졸업이었다. 청년혁신활동가 기초현황조사에서 단순 구직을 위한 참여자는 15%, 대학이상 졸업자가 86.9%, 기취업자의 참여율이 46%(혁신일자리 가이드북 2013)이라는 수치는 관주도의 청년사업에 따라붙는 비판, 즉 실업률을 낮추기 위한 일시적인 대책만은 아님을 나타내는 지표가 될 수 있지만, 동시에 배치된 사업장의 노동환경에 대한 개선은 부차적인 것으로 가려질 위험을 보여주기도 한다. 취업경험이 있는 경우 자신의 가치실현이라는 목적이 혁신활동가 지원에 강하게 작동하기 때문에 이들에게 노동조건과 환경은 부차적인 것으로 설명되기 때문이다. 이점에서 필자는 20대 초반의 비진학 청년을 중심으로 혁신활동가의 노동을 서술하되, 대학 졸업 이상의 학력을 가진 청년은 노동의 경험을 어떻게 의미화하는지 보기 위해 대상으로 설정했다.

연구에 참여한 사람들은 다음과 같다. 이름은 모두 가명이다.

이은미	20대 초반	대안학교를 졸업하고 교육공동체에 관심이 있다. 대안학교에 다닐 때부터 연구공동체를 통해 교육, 페미니즘에 관련한 세미나도 하고 공동체운동에 관심이 많았다. 학교 졸업 후 아르바이트와 교육공동체 활동을 하다 지인을 통해 청년혁신활동가에 대해 소개받아 지역거점의 협동조합에 활동가로 들어가게 되었다. 혁신활동가 기간이 끝나고 난 후 고용승계는 단체 사정상 힘들었으며, 소개와 소개를 이어받아 여러 단체에서 단기 아르바이트를 하고 있다.
김소리	20대 초반	고등학교 졸업 후 학문공동체에서 아르바이트와 공동체생활을 병행했다. 시간이 불규칙하고 불안정한 아르바이트를 전전하다 혁신활동가에 대한 소개를 받고 지원을 했으며 지역거점의 사회단체에서 혁신활동가를 시작했다. 혁신활동가 기간 이후 고용승계가 되었으나 단체 내부의 문제로 인해 그만두었다. 지금은 사회적 경제 영역의 한 기업에 취직했다.
윤혜수	20대 초반	고등학교 졸업 후 웹디자이너로 일하다 혁신활동가를 알게 되었다. 웹디자이너 직업특성상 일이 불규칙적인데다 임금 역시 불안정한 구조이던 차에 혁신활동가를 지원, 지역 거점 사회단체에서 일하게 되었다. 현재는 작은 디자인회사에서 웹디자이너로 일하고 있다.
이형진	20대 중반	대학졸업 후 취업을 준비하던 중 혁신활동가를 지원했다. 자신의 전공인 건축학에 대한 전망을 볼 수 있는 사회단체에서 활동을 시작했다. 활동가가 끝나고 건축 프로젝트팀에 소속되어 일을 시작했다.
김재흥	20대 중반	대학원졸업 후 군입대를 준비하면서 혁신활동가를 시작하게 되었다. 대학시절 활동했던 단체경험이 이후 혁신활동가 지원하는데 많은 도움이 되었다. 지역을 기반으로 한 사회적 경제 단체에서 활동했다.

이들이 활동한 영역은 사회적 경제, 지역기반 운동단체, 설립을 앞둔 단체 등으로 상이했으며, 혁신활동가라는 자신의 위치를 의미화하는 것도 달랐다. 그러나 이들에게 공통적으로 인지되고 있는 것이 있다면, 자신의 활동이 사회적 가치를 내포하고 있음은 충분히 지각하고 있으나 이 활동을 자신의 삶을 지속 가능하게 하는 수단, 즉 이 활동을 통해서 생계가 보장되고 이로 인해 미래에 대한 장기적 전망이 가능한 것으로는 설정하지 않고 있다는 점이다. 이는 9개월이라는

정해진 고용기간과 임금이 일급으로 계산되어 지급된다는 점을 그 이유로 들었다. 일할 수 있는 기간이 정해져 있다는 점은 군대를 가야 했던 재홍의 경우 혁신활동가 지원의 1조건으로 부각되기도 했다. 그러나 일급으로 지급되는 임금은 참여자 모두에게 자신의 노동이 계약직 아르바이트와 다름없음을 나타내는 지표였다. 연휴나 단체사정으로 쉬는 날이 많아지는 경우 일급이 지급되지 않기 때문에 계획적인 살림 설계가 불가능하다. 그럼에도 활동가를 자신의 삶의 방향성으로 기획하고 있는 이들에게 '청년혁신활동가'라는 위치는 1년(활동비지급기간 9개월과 실업급여 3개월)동안의 안정적인 임금체계로 작동하기도 한다. 자신이 하고 싶은 일을 생활비를 벌기위해 다른 일을 구하지 않으면서도 할 수 있는 일자리였음이 분명하기 때문이다. 그러나 이들이 현장에서 마주치는 활동가의 위치는 상당히 복합적이었다.

4. 노동과 활동의 경계지대

청년혁신일자리 사업에 참여하는 단체는 지역을 기반으로 하는 단체들이 다수 차지하고 있다. 2016년 현재는 95개 협력사업체 중 20여개가 지역기반 단체들이다.[8] 또 이야기를 나눈 활동가들은 모두 지역기반 단체에서 활동하고 있었다. 지역기반 사회단체들의 공통적인 특징은 파괴되는 공동체를 활성화시키고, 각자도생의 삶이 지배

---

8   청년허브 홈페이지 2016년 12월 검색.

하는 사회 안에서 '함께함'의 의미가 강조되는 것이다. 활동가들의 고민은 이 지점에서 발생했다. 이슈파이팅을 중심으로 활동하는 단체들과 달리 지역을 기반으로 한 단체들은 친밀성을 기반으로 작동한다. 그리고 이 친밀성은 개개인의 관계 안에서도 작동되지만, 지역에서 오가며 나눈 교감과 지역에서 벌여왔던 활동들을 중심으로 형성된 친밀성으로 작동된다. 어느 활동영역보다 신뢰가 중요한 영역이기도 하다. 그러나 9개월이라는 기간은 처음 활동하는 사회영역인 경우 겨우 안면을 트며 이제 막 친해질 수 있는 기간으로 은미는 설명했다. 인터뷰 당시 이미 활동이 끝난 은미는 자신이 활동했던 단체에 대한 미안함을 내내 드러냈다. 쉽게 친해지는 성격이 아닌 자신을 탓하면서 9개월이라는 시간이 어떤 단체에 대해 얼마만큼 알 수 있는 시간인지 모르겠다고 토로하며 사람들과 관계를 쌓아가던 시기였는데 활동기간이 종료돼 아쉬웠다고 회고했다. 9개월로 제한된 현장의 관계망에 대한 아쉬움은 가이드북(2014)에서 등장하는 혁신활동가들의 글에서는 좀 다른 방식으로 표현된다고 할 수 있다. 주 5일 근무에 9개월을 근무한 단체 동료들과의 관계형성에 대한 즐거움보다 1박 2일 워크숍이나 공통교육을 통해 만난 혁신활동가들끼리의 관계에 대한 서사가 많은 것은 혁신활동가로서의 사회적 경험이든, 다양한 직업의 체험이든, 사회적 가치가 실현되는 장의 발견이든 간에 일정한 기간 동안 일하는 단체에서의 관계형성은 그들에게 기억되고 재의미화되는 과정에서는 쉬이 드러나지 않음을 단편적으로 보여주는 것이 아닐까. 이는 바로 은미가 토로했던 관계를 형성하기 어려운 기간을 역으로 보여주는 것이 아닌가.

제한된 활동가 (일경험)기간은 업무에 대한 활동가들의 고민에서 또렷이 드러난다. 은미는 설립준비 중인 단체에 배치되었고, 일손이 부족한 단체에서 다양한 업무를 수행했다. 그 중에서 자신의 역할에 대해 고민하게 했던 업무는 회계업무였다. 실무적인 경험도 없고, 짧은 기간 동안 일을 하는 자신이 중요한 회계업무를 관리해도 되는지, 또 기간이 종료되고 나올 때 이 업무를 이렇게 두고 나와도 되는지 고민하면서 자신의 의지가 아님에도 불구하고 단체에 미안함이라는 감정을 내내 드러냈다. 이는 소리와 혜수에게도 나타난다. 아직 활동기간이 남아있는 이들은 얼마 남지 않은 기간 동안 현재 진행하고 있는 사업을 어떻게 해야 할지 고민했다. 소리와 혜수가 활동하는 기간 동안 주민들과 함께 연대하며 진행했던 사업은 이들이 주도적으로 진행해왔기 때문에 자신들이 그만두었을 때 주민들이 행여 단체에 대해 신뢰를 잃지 않을까에 대한 고민부터 이후 사업의 진행전망에 대한 고민에 이르기까지 그들이 가진 업무에 대한 고민은 제한된 안정적 생계노동에서 활동으로 확장되어 있었다.

그러나 단체의 일을 배우고 싶었으나 정해진 기간과 단체 상황 상 고용승계가 어렵다는 점에서 기본적인 사무직이 주로 맡겨졌다. 은미에게 회계업무가 주어지기도 했지만, 회계 업무가 은미에게 지속적으로 할당되는 업무였던 것이 아니라 때에 따라서 맡겨진 업무였다. 상황에 따라 달라지는 업무는 일을 배울 수 없던 구조였고, 이는 단체의 잘못도 자신의 잘못도 아니라고 은미는 평가했다. 은미는 활동기간이 종료된 이후 이 단체의 소개로 공공기간의 인턴자리를 소개받았는데, 3개월이라는 기간 역시 은미에게 주어진 일은 상황에 따라 그때그때 주어지는 업무들이었다. 반면 소리와 혜수, 재흥은 과도한 업무를 맡아 어려움을 토로했다. 활동가로 들어가자마자 행사기획 및 실행을 해야하는 입장에서 재흥은 유사한 활동경험상 어렵지 않게 해냈지만, 지속적으로 요구되는 업무에 피로감을 느끼고 있었다. 소리와 혜수에게도 이와 같은 업무에 대한 피로감은 대화 내내 반복적으로 등장했다. 특히 지역주민들과 함께 하는 업무들이 많았던 소리, 혜수, 재흥은 정해진 업무시간외 처리해야할 일들이 많았고, 이에 대해 단체에 어떻게 이야기해야할지 막막해 했다. 이는 사회단체가 지닌 특수성을 충분히 알고 있기에 이들은 어디까지 업무의 영역이고 단체의 과도한 요구인건지 가늠하기 힘들다고 이야기했다. 이처럼 업무분장에서 발견되는 활동가들의 어려움은 청년혁신활동가의 위치가 명확히 설정되어 있지 않기 때문에 발생하는 문제이다. 일자리 사업으로 지원되지만 사회적 인턴, 사회적 경험을 하는 장으로 설명되는 청년혁신활동가는 일자리인가 시민운동 경험의 장인가. 적어도 필자가 만난 참여자들은 단순히 임금이나 시급으로 환산할 수 없는 가치가 내포된 활동이기에 개인의 시간이나 경제적 대가를 요구하기가 어렵고, 그러나 이들은 기간이 정해진 단기 노동자이기도 하기 때문에 단체에서 업무나 역할에서 그 임무와 책임이 완전히 주어지지도 않은 상태, 따라서 추가업무나 시간외 활동이 부당하게 느껴지지만 이 부당함을 이야기할 수 없는 상태들을 오갔다.

혁신활동가들의 위와 같은 불분명한 위치와 업무상의 고충 외에 등장하는 것은 단체 내 선배, 그리고 지역에서 만나는 지역주민과의 관계에서 오는 갈등이다. 이 갈등은 단순히 세대차에서 오는 것이라기보다 단체 내에서 또는 지역 내에서 혁신활동가의 위치에서 오는 것이었다. 단체 내 실무와 사업을 진행하던 소리와 혜수의 의견은 공적 기능을 발휘하지 못했다. 지역주민들과 진행한 사업에 대한 보고나 진행을 공유하는 실무회의에서 이야기할 수 있으나, 단체 내 사업 및 주요한 일을 결정하는 회의에는 들어갈 수 없었다. 이에 자신들이 단체 활동가이며 특정 사업을 진행함에 있어서 의견을 낼 수 있는 위치임을 지속적으로 밝혔음에도 그들의 요구는 수용되지 않았다. 반대로 지역 주민활동가나 지역주민들의 요구는 단체내의 위치와 정반대의 위치에 있었고 따라서 주민들의 요구와 단체 내 활동가로서의 위치에서 어떻게 대처해야할지 난감해했다. 활동가이면서 활동가가 아닌[9] 어정쩡한 위치는 소리와 혜수에게 한마디로 설명될 수 있는 것이 아니었다. 오랫동안 활동해온 지역기반의 주민운동단체들은 활동가들의 고령화와 청년활동가들의 유입이 사라져가는 것, 그래서 새로운 활동가들이 재생산되지 않은 것에 많은 고민을 하고 있다. 그리고 청년혁신활동가는 그러한 지역운동단체들에게 큰 활력소를 불어넣을 수 있는 정책이다. 그러나 일시적으로 주어진 기회로서의 혁신활동가 사업은 사회단체에 대한 근본적인 지원정책과 병행되지 않는 한 단체에도 활동가 당사자에게도 '경험'그 이상의 역할을 기대하기는 어렵다. 이와 같은 상황에서 그들에게 활동가라는 영역은 노동

---

9   이 표현은 소리와 혜수가 지역주민들과 사업을 함께 하면서 주민들에게 그들은 단체의 활동가이기 때문에 일을 진행하는데 주민들이 많은 부분 의지하고 책임도 나누었지만, 정작 단체에서 이들이 느끼는 위치는 활동가 아닌 부족한 인력을 보충하는, 돕는 사람으로 보는 게 아닐까 생각이 든다는 말을 듣고 필자가 압축적으로 표현한 것이다.

으로 표현되지도 활동으로 설명되지 않은 것이었다. 이는 오히려 청년들의 기회와 경험이 강조됨으로서 활동이라는 영역을 수치로 환산될 수 없는 숭고한 가치의 영역으로 재위치시키는 것이 아닌가. 청년활동가에게 주어진 것은 삶의 서사가 가능한 새로운 '노동' 경험이 아니라 유예된 노동으로서 활동이 위치됨을 확인했을 뿐이다. 다시 말하면 정치적 운동과 경제적 노동의 개념 그 중간 어디쯤에 위치한 그 무엇을 경험한 것으로만 남겨진다.

5. 나오며: 유예된 노동

청년혁신활동가의 등장은 사실 청년문제가 심각해진 사회에서 당사자를 중심으로 스스로 해결해나가는 도전적인 시작이었다. 그러나 고용없는 저성장 시대에 청년활동가의 위치는 사실 노동과의 경계지대를 설정하는 것이면서, 이 경계지대는 활동이라는 이름으로 일할 수 있는 환경을 부차적인 것으로 만들 수 있는 위험, 학습과 노동이라는 이중의 장치 속에서 청년들의 사회적 활동들을 시장화하는 기제로도 작동한다. 혁신활동가의 활동을 정치운동과 경제노동의 중간단계로 설정함으로써(류연미, 2014) 새로운 일자리로서의 대안을 제시하지만, 혁신활동가의 물질적 조건이라는 것은 단기 계약직에 더 가깝다. 청년혁신활동가라는 제도화된 '활동'의 영역이 청년들에게 어떤 서사를 가능하게 할 것인가 그래서 사회에 어떤 대안을 제시할 수 있을 것인가에 대한 가능성에서 들여다보기보다는 제도화된 '활동'의 영역이 오늘날 청년의 노동을 어떻게 구현하고 있는가에 집중했다. 사회적 가치, 혁신, 진보에 대한 열망의 유무와 상관없이 새로운 일자리 대안으로서 등장한 청년혁신활동가에게 생계안정, 고용안정이 요구되지 못할 이유는 없다. 청년혁신활동가는 복지의 차원도, 시혜의 차원도 아니다. 이윤창출을 제1목적으로 하는 민간기업에서 하지 못하는 일자리에 대한 새로운 도전을 공적기관인 서울시가 하고 있는 것이다. 따라서 청년혁신활동가의 노동조건과 환경은 개인의 성찰로, 노력으로 책임감으로 무장되는 것이 아니라 새로운 도전과 실험을 지속하고, 이로 인해 새로운 사회로의 희망을 꿈꿀 수 있는 진정한 새 장을 열어야한다.

앞서 지적한 것처럼 사회적 문제의 해결을 개인의 자율성과 적극성에서 찾는 것은 올바른 문제해결의 방식이 아니다. 사회 물질적 토대에 대한 제도적, 실질적 개선은 이루어지지 않은 채 청년들에게 자립을 요구하고, 사회적 책무를 이야기하면서 새로운 도전을 강요하는 것은 '세상은 넓고, 할 일은 많다'라는 90년대에 유행했던 언사에서 한발자욱도 더 나아간 것이 없다. 정치경제적 토대는 변화했고, 변했음을 인정하지만 여전히 청년 문제는 '청년'들의 '의지'문제로 환원되기 때문이다. 청년허브를 주축으로 진행되는 청년관련 사업들은 다양한 일자리 창출, 도전과 새로운 영역의 발견, 파편화되어 있던 청년네트워크의 활성화등 새로운 노동생태계 구축이라는 점에서 볼 수 있으나, 이들을 지원하는 방식에서는 오히려 노동조건을 프로젝트화되고 단절된 삶을 당연하게 만드는 생태계를 견고하게 한다. 사회적 일자리, 사회적 인턴제를 표방하는 청년혁신일자리 양성사업이 청년에 대한 상을 변경하지 않고서 이 혁신활동가 사업이 지닌 한계를 넘어설 수 없다. 또 사회적 혁신과 창의성을 새로운 노동의 장으로 형성하고 여기에 청년들에게 새로운 가치가 있음을 알려주기 위해서는 활동가의 경험으로 멈출 것이 아니라 이미 사회 각 영역에 포진해 있는 사회적 단체들에 대한 안전망을 구축하고 이에 대한 기반을 지원하는 것이 중장기적 전망에서 활동으로서의 노동, 새로운 고용창출과 청년에 대한 사유가 가능해 질 것이다.

참고문헌

지그문트 바우만, 정일준 역, 『쓰레기가 되는 삶들』, 새물결, 2008

김동춘, 조현연, 김정훈, 김형철, 『시민사회 활동가 실태조사 및 지원방안』, 성공회대학교 민주주의 연구소, 2013

김수현, 「임금피크제와 노동시장 유연성확대, 청년 고용문제 해결방안일까?」, 『비정규 노동』, 통권 114호, 2015

류연미, 『지속가능한 삶으로서의 활동: '서울시청년일자리허브'와 청년활동가의 실천연구』, 서울대학교 사회학석사학위논문, 2014

이규용, 「청년층 일자리는 어디에 있는가?」, 『월간 노동리뷰』, 2011년 5월호, 한국노동연구원, 2011

이동연, 「세대문화의 구별짓기와 주체형성-세대담론에 대한 비판과 재구성」, 『문화과학』, 2004

이영롱, 명수민, 『한국 청년세대의 사회적 노동 경험: 2010년대 청년들의 자기 서사와 노동 서사를 중심으로』, 2014

이영롱, 명수민, 『좋은 노동은 가능한가: 청년 세대의 사회적 노동』, 교육공동체벗, 2016

공공 도큐멘트, 청개구리 제작소, 「마을만들기에서 물건 만들기까지: 청년의 일자리 위에 작동하는 사회적 프로그램에 대해」, 『다들 만들고 계십니까』, 미디어버스, 2014

청년허브, 『2013 혁신활동가 양성사업으로 본 청년의 내'일'』, 청년허브, 2014

5장

훼손된 정체성 Spoiled Identity

정성쉰(鄭聖勳)_중국 충칭(重慶)대학교 인문사회학과 고등연구원
이승희 옮김_성공회대학교 동아시아연구소 연구원

> 내가 노비가 되면 내게 노비의 감정이 생긴다.
> 내가 주인이 되면 내게 주인의 감정이 생긴다.
> 네가 애인이 되면 네게 애인의 감정이 생긴다.
> 네가 적이 되면 네게 적의 감정이 생긴다.
> 우리는 절대로 우리에게 감정이 없어질까 걱정할 필요가 없다.
> 우리가 무언가가 되면 바로 무언가의 감정이 생긴다.
> -야오이웨이(姚一葦), 『孫飛虎搶親』▪

■ 姚一葦, 『孫飛虎搶親(1965)』, 『姚一葦劇作六種』(臺北: 書林出版社, 2012年), 85~175쪽 참고. 148쪽.

2015년에 들어서 그동안 타이완의 주류 유행 문화나 종합예능 프로그램들에서 보이던 자이뉘·자이난(宅女·宅男: 중국어권에서는 일본어 '오타쿠御宅'를 변용하여 여성은 자이뉘, 남성은 자이난이라 칭한다.-옮긴이)에 대한 엽기적일 정도로 강렬했던 관심도 이미 시들해져 버린 차에, 간만에 8월 11일과 12일 이틀에 걸쳐 〈캉시라이러康熙來了〉(중톈 텔레비전 (Chung T'ien Television; CTi TV; 중문 中天電視)의 종합예능채널 간판 프로그램으로, 2004년 1월 5일부터 2016년 1월 14일까지 방영되었다.-옮긴이)에서 〈사상 최강의 자이난 군단이 몰려온다!!史上最強宅男軍團大駕光臨!!〉[1]편 이 방송되었다. 이 프로그램에 초청된 게스트 가운데, 여학교 세일러복 수집 달인 Benso는 자이난에 대한 현 사회의 '잘못 각인된 이미지'라는 판넬을 과감히 들고 나와, 오타쿠들에 대한 타이완의 '잘못된' 시각들에 대해 반론을 펼쳤다. 즉 "집 밖에 나가길 싫어하고, 외형은 구질구질하고, 사교에 장애가 있고, 사회에 공헌하는 바가 없고,

---

1   중티앤 종합채널(中天綜合台) 〈캉시라이러(康熙來了)〉, 2015. 08. 11, 12. 유튜브 https://www.youtube.com/watch?v=I0uFi9DMp04 최종 시청 날짜: 2015. 9. 1.

예쁜 여자를 뚫어져라 보는 등, 한마디로 각종 부정적인" 시선들에 대해서 말이다. 프로그램을 다 보고 나서 감동이 지나간 뒤에 다소 복잡한 느낌이 들었다. 우리는 당연히 편견에 반대해야 한다. 하지만 그 속에는 동시에 모순이 내재해있다. 어쩌면 이런 편견들이야말로 오타쿠들과 애니메이션이 유사문학para-literature을 가지고 기존의 학술방법이나 사회관계를 비판하고 창조성을 형성해낼 수 있는 지점을 재현하고 있는 것인지도 모른다. 예를 들어 자막 번역자 그룹은 주류 사회의 요구를 창출해내고, (아마도 가장 중요하다고 할 수 있는) 초국적 지식 교류에 있어서 중요한 역할을 맡고 있다. 하지만 이는 경제적으로는 '공헌하는 바가 없다'고도 할 수 있다. 또 오타쿠들의 '사교 장애' 역시 기존의 사회적 연결 방식을 거치지 않고서 만들어진 새로운 사회 구조로 볼 수도 있을 것이다. 편견과 차별에 반대하는 동시에, 혹시 우리 역시 '정상 규범에 부합하도록 자이난'을 타협의 대상 내지는 희생양으로 만들고 있는 것은 아닌지, 혹시 마치 '오명汚名을 벗어버려야만' 합격한 어른이 될 수 있는 것처럼 여기는 것은 아닌지 숙고해야 할 것이다. 왜냐하면 사회구조는 언제나 모험가에 대한 처벌이었기 때문이다.

21세기가 시작된 이래, 내가 접할 수 있었던 세계에서의 일반적인 상황이 이러하였다. 사회적 약자로서 당신이 뒤집어쓰고 있는 오명의 심각도는 당신이 그것을 얼마만큼 긍정적으로 드러내야 하는지에 직접적으로 영향을 미칠 수 있다. 예를 들어 장애인이라는 오명을 얻는 것과 장애에 대해 서술하는 과정은 자신의 신체를 일종의 자동 관상학적 관계automatic physiognomic relation 속에 위치 지우는 것에 해당한다.

장애는 서사에 중요한 척도를 제공함으로써 신체상의 가치와 기준에 대한 평가에 덧보태진다. (그러한 가치나 기준은 원래 도덕준수, 성실성, 의지 가능성, 범죄 경향, 강인함 등과 같이 오직 추측될 수 있을 뿐인 특징들이다.) 그들의 신체가 지니고 있는 각종 '비정상적 상태irregularities'가 드러나게 되면 일순간에 바로 주목을 받게 될 수도 있다. 이러한 주목의 과정 속에서 장애는 일종의 '긍정적인' 효과로 변화해 버린다. 예를 들자면 현대 타이완 사회에서는 『장자莊子』에 대한 평론으로 인해, 신체적 결함을 지닌 자야말로 큰 지혜를 지닌 자라는 확고부동한 전통이 확립되어 있다. 또한 원래 장애가 없이는 대조해 낼 수 없는 '불확정성'을 통찰해낼 수 있도록 해주는 것이야말로 장애의 기능이라고 본다. 다음을 보자.

> 장애를 가진 사람은 경쟁 방면에서는 쓸모없을無用 수 있다. 하지만 그들의 존재는 신체 건강한 사람이 스스로를 소중히 여기고 감사하는 마음을 갖게 할 수 있다. 또한 인류로 하여금 사랑하는 마음이 생기도록 만들고 고귀한 행위를 표현하게 만들며 고상한 감정을 증명하도록 해주고, 사람들이 선을 행하고 선을 기르는 신념을 북돋우도록 만들어준다. 이것이 바로 쓸모없음의 대체할 수 없는 큰 쓰임大用이라 할 수 있다.[2]

장애인은 정상 혹은 정상범주라고 여겨지는 것의 '바깥'이라는 형

---

2   李若鶯, 「論莊子處世哲學的基本功—「忘」」, 『高雄師大學報』(2003), vol.15, 292쪽.

태로 나타난다. 이러한 연유로 인해 그들의 용모와 신체적 외형은 관상가(그리고 후대의 병리학자)의 가장 좋은 연구대상이었다. 하지만 기존의 사회적 상호작용이나 '인도人道'의 가장자리에 있어왔던 집단의 입장에서 보자면, 이런 "대체할 수 없는 큰 쓰임"이나, 온전하지 않은 신체를 통해 비평, 비유, 소환해 내는 사회의 지혜는 결코 장애인이 요구하는 '쓸모없음'은 아니다.

돌이켜 생각해보면 오타쿠들이 그리 사회의 기대를 저버린 것은 아니다. 인생 성공자들과 약간 다른 기괴함을 지니고 있을 따름이다. 이는 모두 전복되어야하고 벗겨져야 할 오명들이다. 다른 사회적 약자들이 직면한 '강박적인 긍정'이 얼마나 심각한지 상상하는 것은 그리 어렵지 않다. 근래 타이완의 동성애자운동(시위나 유행문화 속에서 다뤄지는 동성애 문제 등을 포함해서)은 모두 '혼인권'에 관한 재현정치와 관련이 있다. 이성애적 규범 체제 내에서 새롭게 동성애자 규범으로부터 가장 지지받고 있는 것이 결혼이다. 사람들은 일찍이 동성애자同志를 배척함으로써 결혼이라는 체제를 규정하였다. 오늘날에는 이 체제에 진입할 수 있는 통로를 획득함으로써, 남성 동성애자 혹은 여성 동성애자라는 그들의 '거의 정상인 것 같던' 신분 지위를 마침내 확실한 정상으로 승격시킬 수 있게 되었다.

리사 더간Lisa Duggan은 이 같은 현대 동성애 생활의 변화를 '새로운 동성애 규범the new homo-normativity'이라 설명하면서 다음과 같이 규정하였다. "일종의 정치, 즉 지배적 위치에 있는 이성애 규범의 가설과 체제에 대한 정치이다. 이러한 관점에 대해 별 이견은 없다. 오히려 지지하고 옹호한다. 이와 동시에 미래에는 동성애자 선거구가 사라질 것이며, 또한 사유화, 탈정치화 되고 가정생활과 소비생활을 기초로 하는 동성애 문화가 건립될 것이라는 점에 동의한다."[3] 최근 동성애 문화의 주류화에 대한 비평은 주로 백인종의 이성애주의나 민족주의를 담고 있는 규범에 주로 집중되어 있다. 또한 자유의 정치a politics of freedom로부터 소비와 동화의 정치에 대한 비판으로 전환되고 있다. 그렇지만 비평가들은 이런 전환의 정감적 측면에 대해서는 별로 주의를 기울이지 않는다. 그 원인 가운데 일부는 우리가 사회적 통합social inclusion과 '정상적인 가정생활'이라는 전망이 가져다주는 만족에 대해 비판적으로 사고하기가 어렵기 때문이라는 데에 있다. 만일 동성 결혼이 우리를 다른 모든 사람과 마찬가지로 만들기 위한 것이라고만 한다면, 오히려 비교적 손쉽게 신경 쓰지 않고 넘어갈 수도 있을 것이다. 하지만 문제는 그것이 또한 우리를 행복하게 만들어 줄 수도 있다는 점이다.

이런 행복 강박Compulsory Happiness이라는 대응하기 쉽지 않은 정감 차원의 문제에 직면하여, 우리는 페미니즘이 환영 받지 못한 나쁜 정감적 이미지를 지녔던 것을 참조해 볼 수도 있을 것이다. 1970년대부터 지금에 이르기까지 40여 년간, 여성주의의 발전 변화과정은 동시에 각기 다른 종류의 속성을 지닌 '여성 탈바꿈'의 이미지를 만들어냈다. 이러한 변화들을 되돌아보면, 이 탈바꿈된 것 밖에 방치되거나 깨끗이 불식된 이미지들로부터 '진보'의 상대적 의미를 상상해 볼 수 있다. 사라 쥬엣(Sarah Orne Jewett, 1849~1909)을 예로 들자면, 그녀가

---

3   Lisa Duggan, *The Twilight of Equality* (Boston: Beacon Press, 2003), 50쪽.

소설, 전기 속에서 만들어내었던 뉴잉글랜드 색이 짙은 캐릭터들, 특히 세기 전환기의 뉴잉글랜드 상류사회의 노처녀 캐릭터들은 1970년 대의 페미니즘에 의해 반박되었던 적이 없었다. 1970~80년대의 여러 페미니즘 유파들 가운데 대부분은 '진보적 의의라고는 전혀 없으며, 고통과 회한을 품은 불행한 혼자 사는 노처녀'는 원하지 않았다. 헤더 K. 러브Heather K. Love는 "급진파나 레즈비언 페미니스트에 이르기까지 그 혁명의 근거를 삼는 데 있어서, 주로 쥬엣Jewett 류의 미혼여성이 그 선구라 주장해왔다"[4]고 하였다. 이런 상황은 당시 진보적인 자유주의 페미니즘이나 마르크스주의 페미니즘 모두 여성의 친밀관계, 특히 불행하고 고독하며 우울한 독거 여성 문제에 그다지 잘 대응하지 못했음을 보여준다. 이 문제에 대해 페미니즘은 여전히 침묵과 단절로 대응하고 있다.

타이완 오타쿠들의 사회화에 대한 강박, 장애인들의 선량함과 유용성에 대한 강박, 동성애자들의 행복에 대한 강박, 이 배후에는 모두 이에 대응하는 오명이 존재한다. 오타쿠들의 구질구질함과 기괴함, 동성애자들의 음란함과 정결하지 못함 등이 그것이다. 그리고 이러한 강박은 각기 다른 역사적 배경 속에서 또 다른 종류의 '긍정'의 스트레스를 형성해왔다. 올해 여름 나는 중국 서남부 시골마을 소수민족의 남자 동성애에 대해 초보적인 현지 조사를 계획했다. 현대 중국 대륙의 수사 구조 안에서 남성의 기질 중 '강직'과 '질박'을 강조하는

---

4 海澀. 愛, 楊雅婷 譯, 「婦女/道歉的辯護書:莎拉.奧恩.朱艾特的老處女美學」, 劉人鵬, 宋玉雯, 鄭聖勳, 蔡孟哲 編, 『酷兒 . 情感 . 政治 : 海澀愛文選』(蜃樓, 2013), 111쪽.

남성성陽剛性은 중요한 지위를 차지한다. 그리고 이런 남성성에 대한 서술은 특히 '시골'과 '소수민족'에 대해 상대적으로 더 강력하게 지배적인 작용을 한다. 예를 들어 중국 대륙에서 시골에서 올라온 사람은 '강직'하다거나, '질박'하다는 이야기를 흔히 듣는다. 이와 마찬가지로 소수민족을 서술할 때, '강직하지 않거나', '질박하지 않은' '파트너'라는 말은 거의 듣기 힘들다.

2015년 여름 나는 구이저우貴州를 두 번째 방문했다. 7월 중순부터 말까지 첸동난(黔東南, 구이저우성 동남부에 위치한 먀오족苗族동족侗族 자치주–옮긴이)의 상중尚重이라는 작은 마을에 머물렀다. 이곳은 먀오苗族족 마을이긴 하지만 관광지형 촌락이 아니어서, 먀오족 말투라든지 비교적 연배가 있는 여성들이 머리를 틀어올려 꽃을 꽂고 외출하는 것을 제외하고는 농촌 형태의 여타 관광 촌락과 완전히 달랐다. 상중에는 개축한 목조 구조 집도 없었고, 진흙집을 빼고는 몇 안 되는 전통 형태의 나무집들은 모두 거의 기울어져가고 있었지만 사람들은 수리할 생각조차 하지 않았고, 거기 살고 있는 사람도 많지 않았다. 나를 맞아 준 친구의 말에 따르면, 상중에는 5백 여 가구밖에 없지만 마을 안에는 의외로 가게들이 비정상적으로 많이 밀집되어 있다고 했다. 세 개의 도로 위에는 8개의 오토바이가게가 있고, 쌀국수 가게, 잡화점, 옷가게 등은 셀 수 없을 만큼 많았다. 가게를 낼 수 있는 길가 쪽 1층은 거의 대부분 장사를 하고 있었다. 내 친구도 자기 가족들과 함께 타이어를 파는 오토바이 수리점 겸 잡화점을 하고 있었고, 그의 아내는 길가에서 제빵설비를 갖춘 잡화점도 하고 있었다. 그리고 그의 아버지는 마을 입구의 큰길가에 빈랑檳榔을 주로 파는 잡화점을 열었다. 모든 가게의 주인들이 전부 사업이 잘 안 된다고 하면서도 아침 점심은 다른 식당들을 즐겨 찾아다니며 먹고, 자기 가게에도 파는 음료와 담배도 다른 사람의 가게에 가서 샀다. 친구가 내게 말하길, '우리는 모두 형제니까'라는 것이었다.

남성 동성애자 커뮤니티 앱을 통하여, 나는 상중에서 한 젊은 남성 동성애자 W를 만났다. 이 W는 그날 오후 강변에서 같이 수영하고 바베큐를 먹을 때 친구가 소개해줬던 많은 형제들 중 하나였는데, 당시 분위기는 좀 당황스러우면서도 또한 우스웠다. W는 도시에 가서 아르바이트를 하지 않을 것이라면서 집안의 오토바이 가게로 생계유지는 근근이 된다고 했다. 그는 삼촌들처럼 산시山西에 가서 인테리어 일을 하고 싶지는 않다고 했다. "산시에 가서 아르바이트를 하면 좋은 점은 비가 내리지 않는다는 거겠죠. 충칭重慶이나 저장浙江은 비가 한번 오면 실외 공사를 못하게 되기 때문에 여러 날 지연될 수밖에 없는 것과 다른 점이죠.", "내가 제일 멀리 가본 곳이라고는 리핑(黎平, 근처의 현청 소재지)뿐이에요.", "그래도 나는 산시에는 가고 싶지 않아요. 왜냐하면 내 형제가 여기 있으니까요." 그의 형제는 이제 갓 결혼했고, W도 막 양아버지가 되었다. W는 청소년기부터 줄곧 그를 좋아해왔지만, 욕망을 더 이상 참기 힘들게 되자, 그는 커뮤니티 앱에서 구이저우 출신이 아닌 사람을 찾았다. W는 만약 그 형제가 추천해주는 여자가 있다면 그 여자와 결혼할 것이라고 했다. 이는 이곳에서 살아가기 위해서는 필수적인데, 마을 안의 모두가 형제이기 때문이라는 것이었다.

구이저우 레이산雷山현 바라강巴拉河을 따라 위치한 촌락에서 나는 먀오족 남자 동성애자들과 9차례의 초보적 인터뷰를 진행했다. 이 연구가 시작되기 전에 나의 동료들(소수민족이든 아니든 관계없이)은 모두 "소수민족에는 동성애가 없지!"라거나 "서구의 동성애 개념을 가지고 중국 소수민족들의 인간관계를 정의하지 마."라고 말했다. 하지만 이 말들 배후에 숨겨져 있는 뜻은 바로 "우리는 하나의 오명 위에 또 다른 오명을 덧붙이고 싶지 않다"는 것이었다. 확실히 인터뷰 중 모든 마을의 먀오족 남성 청년들은 전부 나에게 먀오족 언어구조에는 '동성애'라는 단어가 없다고 이야기했다. 하지만 현지 농촌의 먀오족이나 동족侗族 중 남자들과 성관계를 맺고 싶어 하고, 여자와 결혼하고 싶어 하지 않는 남자들이 오히려 상당히 보편적이라는 것이다. 9차례의 인터뷰를 통해 관찰한 결과만 놓고 보자면, 그들은 모두 마을 안이나 근처 마을의 다른 동성애자들을 상당히 의식하고 있지만, 이 9명(한 마을 안에서 사는 이들도 포함)의 남성 동성애자들은 모두 같은 소수민족끼리나 주변 마을의 남성 동성애자들과는 접촉하기를 원하지 않았다. 인터뷰 대상자 E는 다음과 같이 말했다. "우리는 모두 먀오족인데, 그건 아주 이상하잖아요.", "이러면(같은 마을 사람들과 게이 관계가 되면) 형제가 될 수 없어요. 사귈 필요가 없는 거죠.", "**우리**는 외지인과만 해요, 외지에 나가서 아르바이트를 할 때만 하죠."

이런 성소수자의 시각을 통해서 우리는 중국 시골사회의 또 다른 면모를 엿볼 수 있다. 즉, 사회조직(소수민족의 종족)이나 사회관계의 완정성과 긴밀성으로 인해, 다른 조건 하에서는 또 다른 사회조직(가정관계가 아닌 조직)을 형성하기 힘들다는 사실이다. 소수민족의 시골사회에서 남성 동성애자들이 서로 연결되거나 상호 부조하는 것이 어려운 것은 기존의 조직이나 관계 내에 놓여있기 때문이다. 하지만 9명의 인터뷰 대상자들은 모두 그들이 결국에는 혼인관계로 되돌아가야만 한다고 말했다. 합격품이 될 수 없다면, 그들은 모두 합격한 형제들의 불량품이 되는 것이다.

현대 중국 농촌의 '순박, 선량, 순수'라는 담론의 구조는 소수민족에 대한 '호방, 강직'하다는 판에 박힌 인상과 결합되어 있다. "농촌 문제는 성별 문제가 아니라, 계급, 소비사회, 인구 유동의 문제"라는 것과 "소수민족은 성별 문제를 이야기해서는 안 된다. 그것은 서구의 상상된 명제"라는 것이 그것이다. 이는 초점이 완전히 빗나가게 만들 수 있다. 일부 시골마을의 소수민족 동성애자는 이중명제 안에서 소수가 되도록 강제되어왔다. 또한 이 이중의 남성적 수사구조는 인터뷰 대상자들의 신분역할에도 역시 반영되었다. 9명의 인터뷰 대상자들이 게이 소셜 앱gay social apps에서 모두 스스로가 남자 동성애자 관계에서 1호(남성 역할을 하는 사람-옮긴이)라고 밝혔던 것이다. 게다가 이 앱에 보이는 쳰동난黔東南 지역과 바라강巴拉河 유역의 남성 동성애자들은 전부 1호였다. 이에 대해서는 좀 더 해석의 여지가 있다. 혹은 엽기적인 상상으로 충만한 독특한 관점에서 바라볼 수도 있을 것이다. 어쩌면 남성의 포옹, 애무, 성애를 갈망하며 외로움 속에서 위안을 찾고자 하는 시골 소수민족 남성 동성애자들의 욕망을 살짝 엿볼 수 있을 지도 모르겠다. 설사 인터넷 상으로는 모두가 자신의 신분역할이 당하는 역할(여성 역할-옮긴이)이 아니라고 말할 수밖에 없겠지만 말이다.

어빙 고프만Erving Goffman은 1963년 출판한 책 『오명: 훼손된 정체성 관리에 대한 노트Stigma: Notes on the Management of Spoiled Identity』에서 다음과 같이 지적한다. 우리는 오명 이론에 대해 연구해야 한다. 이 이론은 모든 사회적 아웃사이더들social outsiders의 처지에 대해 다루고 있다. 고프만Goffman의 말을 빌리자면, 이들은 모두 '훼손된 정체성spoiled identity'을 지니고 있는 이들이다. 이들의 몸에 지니고 있는 어떤 특징들은 그들을 다른 이들과 구별되도록 만드는데, 그로 인해 항상 "그는 위축된다. 완전히 평범한 보통 사람도 위축되면 오점을 지닌 가치 폄하된 사람이 되는 것이다."[5]

고프만의 책에서 들고 있는 오명을 뒤집어쓴 인물들에는 알코올중독자, 전과범, 유랑민, 매춘부, 재즈음악가, 말더듬이, 범죄청소년, 사기단, 그리고 기타 사회 하층민 등이 포함되어 있다. 이들은 모두 20세기 중엽 '편견 연구'에서 쉽게 볼 수 있던 인물유형이다. 그는 분석이라는 목적을 위하여 우리는 반드시 이런 사람들을 함께 놓고 논의해야 한다는 주장을 견지하였다. 이렇게 해야만 우리는 비로소 이 집단이 공통적으로 맞닥뜨린 오명과 그 내재행동을 명확히 알 수 있기 때문이다.

지금 와서 보면 고프만의 논점은 최근의 정체성 비교에 대해 연구한 수많은 비판과 정반대 방향으로 서술되어 있다. 성별sexuality과 기타 정체성 유형을 연구할 때, 비평가들은 '유추의 한계limits of analogy' 역시 '마치 인종과 마찬가지로like race' 이 논점이 숨기고 있는 함정을

---

5   Erving Goffman, *Stigma: Notes on the Management of Spoiled Identity* (New York: Simon & Schuster, 1963), 3쪽.

폭로한다고 지적하였다. 그래서 그들은 비교를 포기하는 경향이 있고, 지역적the local, 특정적, 신체 재현적, 그리고 구체적인 방향으로 전환된다. 예를 들어 린다 알코프Linda Alcoff는 『가시적인 정체성Visible Identities』에서 일찍이 다음과 같이 서술하였다. "우리는 정체성이라는 주제를 연구하는 가장 좋은 방식은 바로 특정화, 맥락화를 통한 분석이라고 믿고 있다. 이러한 지역성과 특정성은 필수적인데, 왜냐하면 정체성은 여전히 특정한 역사 시기, 특정한 문화 내에 존재하기 때문에 사회와 맥락이 서로 영향을 주고받는 조건 하에 형성되는 것이기 때문이다. 그러므로 정체성의 본질, 효과 및 이와 관련하여 탐구되어야 할 문제는 대부분 지역적인 것이다."[6]

물론, 정체성을 초월한 비교와 유추는 확실히 한계가 있기 때문에, 비교할 때 매우 조심해야만 한다. 하지만 또한 동시에 전적으로 지역적 층위에만 국한지어서 분석해서도 안 될 것이다. 왜냐하면 추상화와 비교란 사고과정 중 없어서는 안 될 부분이기 때문이다. 이 밖에도 나는 정체성과 사회적 배척의 경험에 대한 비교분석 역시 중요하다고 생각한다. 이는 정체성의 유형을 초월한 연대정치連線政治, coalitional politics를 성립시키는 데 도움을 준다. 이는 또한 내가 이 연구를 진행보고 싶도록 만든 주요 원인 가운데 하나이다. 이와 같은 연대동맹連線結盟 모델은 1990년대 초기 퀴어Queer 정치가 부상하던 시기의 목표였다. 운동가들과 학자들의 이해에 따르면, 퀴어란 단순히 성 정체성

---

6   Linda Alcoff, *Visible Identities: Race, Gender, and the Self* (New York: Oxford University Press, 2005), 9쪽.

만을 가리키는 하나의 명사가 아니라, 사회의 각기 다른 아웃사이더들을 결집시킬 수 있는 단어였다. 이러한 개념에 기대어, 퀴어라는 단어는 일종의 반응을 불러일으켰다. 그 대화 상대에는 원주민 연구, 아프리칸 아메리칸 연구, 페미니즘, 인종 비판 연구critical race studies, 트랜스젠더 연구, 그리고 장애인 연구에 종사하는 비평가 등이 포함되어 있다. 또한 퀴어라는 단어는 어쩌면 각기 다른 사회적 아웃사이더들이 단결하여 마이클 워너Michael Warner가 말한 '규범화 체제regimes of the normal'에 함께 대항하도록 만들 (수 있을)지도 모르겠다.[7]

비록 퀴어라는 단어가 과거 몇 십 년 동안 엄청나게 큰 공헌을 하기는 했지만, 당초의 바람은 아직까지도 제대로 실현되지 못하였다. 퀴어는 아직 각 사회적 아웃사이더들의 처지를 모두 드러내 보여주지 못하고 있다. 하지만 나는 우리가 이 아웃사이더 주체들을 연대하고자 하는 바람을 계속해서 견지해야 한다고 생각한다. 나는 사회적 오명에 대한 비교연구의 목적이 사회적 아웃사이더 주체들의 연대정치에 새로운 토대를 제공해주는 데 있다고 여긴다. 나는 그저 "우리는 연대동맹이 필요해", 혹은 "우리는 연대동맹을 맺고 싶어"라고 크게 선포하는 것만으로는 부족하다고 느낀다.

『오명』이 1963년 출판되었을 때는 아직 새로운 사회운동이 일어나기 전이었기에, '차이'의 가치(혹은 우리가 나중에 알게 된 '정체성 정치')

---

7   Michael Warner, "Introduction" *Fear of a Queer Planet: Queer Politics and Social Theory*, ed. Warner (Minneapolis, MN: University of Minnesota Press, 1993), xiii.

에 대한 이야기는 아직 책 속에서 언급되고 있지 않다. 그 시대를 놓고 봤을 때, 『오명』이라는 책의 정치적 입장은 매우 중립적인 것이었다. 비록 책 전체에 걸쳐서 권력, 전제, 저항 등의 문제를 다루는 데 애쓰고 있긴 하지만, 이 책을 정확히 자리매김 하기란 쉽지 않다. 평론가들은 고프만이 아직 사회 구조 문제를 다루지 못했다고 비판하거나, 혹은 자신의 연구에서 상세히 열거한 오명의 작용 방식에 대해 정치적 입장을 취하지 못하였다고 비판하곤 한다. 이 점에 있어서 고프만은 동시대의 하워드 베커Howard Becker와 어느 정도 유사하다. 1967년 잡지 『사회문제Social Problems』에 발표한 사회적 편견에 대한 연구 논문에서 베커는 인구에 회자되는 문제를 제기하였다. "우리는 누구의 편에 서 있는가?"[8]

1960년대 말부터 시작하여, 여성운동, 흑인연구, 인권운동, 장애인연구, 동성애연구의 학자들은 점차 대학제도 내에 진출하였고, 연구자들은 당시 사회, 문화에 대해 비판하였다. 그리고 많은 이들이 소수자 집단에 대한 잘못된 인상을 바로 잡고, 부정적 이미지에 대한 정당화를 위해 변호하였다. 이로 인해 다원 문화 사회라는 자기 인식이 촉진되었다. 주로 이런 맥락 하에서 지식 생산과 긍정적 이미지 생산

---

8   Howard S. Becker, "Whose Side Are We On?" *Social Problems* 14 (1967), 239~247
    쪽. 베커(Becker)는 편견을 연구하는 학자들이 자주 편견대상자의 편에 서서 체제에 반
    대하는 경향이 있다고 주장하였다. 고프만(Goffman)의 서술 중 우리는 그가 사회적 아
    웃사이더들을 지지하는 것을 수차례 볼 수 있지만, 그는 본인이 중립적 입장임을 매우
    강조한다. 그는 "우리는 오명을 받은 집단 편에 서 있다."라고 말하지 않았을 뿐 아니라,
    우리는 심지어 그가 이 문제를 생각하기를 거절했다고까지 말할 수 있다. 그렇다고 할
    지라도, 『오명』은 집단 결집의 가능성에 대해서 다루지 않았다(개인이 사회적 자격 박탈
    (social disqualification)에 대응하여 채택한 책략에 대해서 탐구하였다).

이라는 양자가 결합될 수 있었다. 하지만 약자의 부정적이고 망가진 더러운 이미지는 긍정화 될 수 없거나, 혹은 상황이 더 이상 정당화 될 수 없는 한계에 부딪히게 되면, 논쟁은 일어나게 마련이다.

체제화된 사회적 약자 운동은 도대체 누구의 공적인 이미지를 재현하는가? 이상적인 좋은 사회적 약자 이미지는 도대체 얼마나 중요하고, 또 누구에게 중요한가? 여기서 가장 큰 문제는 바로 사회적 약자 운동이 쟁취한 사회적 인정이란 결국 무언가 어떤 이미지를 없앰으로써 획득한 성공이라는 것이다.

참고문헌은 각주로 대신함

6장

힐링하는 사회

: 2010년대 초반 동아시아의 행복, 위로, 안녕 담론

박자영_협성대학교 중어중문학과 교수

이 글은 2014년 6월 15일 '도시와 정동: 청년의 위치(都市與情感: 靑年的位置)'를 주제
로 상하이대학(上海大學)에서 열린 '제4회 서울－상하이 청년학자 포럼'에서 발표한 논
문 「治癒的社會: 幸福, 安慰以及安寧話語在東亞」를 수정 보완했다. 따라서 글은 2010
년대 초반의 한국과 중국에서 전개된 '행복'과 관련된 논의에 한정하여 검토했음을 밝
힌다. 2010년대 중반 이후 관련 논의는 별도의 지면에서 다룰 수 있기를 기대한다.

1. 어떤 질문

2012년 가을 중국중앙방송中國中央電視臺. CCTV은 '행복이란 무엇인가幸福是什麼'라는 주제를 대규모 길거리인터뷰 프로그램인 「기층을 가다走基層·백성의 심성百姓心聲」을 통해 방영하여 화제를 불러 모은 바 있다. 프로그램은 길거리에서 만난 '일반 시민老百姓'에게 마이크를 들이대고 질문을 던져 즉석에서 대답을 듣는 포맷을 갖고 있다. 2012년 추석과 국경절 연휴를 맞은 사람들에게 인터뷰어가 다짜고짜 던진 질문은 '당신은 행복합니까你幸福吗'였다. 이 돌발인터뷰에 약 90퍼센트의 사람들이 '행복하다'라고 대답했다고 한다. 그러나 정작 방송에서 화제를 불러 모았던 것은 '행복하냐'는 질문에 어긋나게 대답했던 10퍼센트의 인터뷰이들이었다.

그들은 일상과 동떨어진 질문의 내용과 방식에 순응하지 않고 생활로서 응수하여 질문을 우스꽝스러운 것으로 만들었다. 농민공 인터뷰이는 '내 성은 쩡이다我姓曾'라고 대답하며 이 이상한 질문을 자기가 살고 있는 일상 속으로 재맥락화시켰다.[1] 줄을 서다가 당신이 행복하냐는 질문을 받은 한 인터뷰이는 '질문 받다가 줄을 새치기당했다接受你采访, 队被人插了'며 인터뷰어를 힐난했다. 그의 항의는 이 질문이 얼마나 일상의 행복과 동떨어져 있는지 그 아이러니함을 보여준 장면이라고 할 수 있다. '내 성은 쩡이다'라고 대답했던 농민공 인터뷰이는 '나는 농민공이다. 나에게 질문하지 마라我是外地打工的, 不要問我'며 우회적으로 질문 받지 않을 권리를 주장하기도 했다.

그들의 대답은 프로그램에서 해프닝처럼 처리됐지만 이는 사실 인터뷰의 주제가 가진 문제를 역설적으로 드러내는 역할을 했다. 삶과 어긋난 질문을 돌연 일상화시키면서 질문의 공허함을 폭로했기 때문이다. 중국굴기崛起시대, 이는 물질적인 성공에 이어 정신적인 행복까지 가시화하여 과시하고 싶은 국가의 욕망을 무효화시킨다. 그들의 어긋난 대답은 행복을 가시화하고 계량하려는 시도의 무망함과 공허함을 드러냈다고 할 수 있다. 설명 없이 무작정 질문을 받은 인터뷰이들은 맥락이 제거된 행복 그 자체에 대한 긍정을 강요받는 상태 그대로를 드러낸다. 어긋난 대답은 이 미디어가 설정한 문제 속에 자신을 밀어 넣기를 거부하는 일차원적이면서 즉각적인 반응이라고 할 수 있다. 이를 보다 적극적으로 해석하자면 국가의 준準의제를 이행하는 미디어의 폭력적인 상황에 대한 일상적인 거부행위라고 볼 수

---

1   '당신은 행복합니까'의 중국어 발음은 '니싱푸마'이다. 이는 '당신은 푸씨입니까(你姓福嗎)'의 중국어 발음 '니싱푸마'와 발음이 동일하다. 질문 받은 농민은 '당신은 행복합니까'라는 질문을 동일한 발음인 '푸씨입니까'로 이해하고 답변한 것이다.

있다.[2]

'G2 시대'인 2010년대 중국에서 벌어진 '당신은 행복합니까(你幸福嗎, 아래·행복합니까)' 해프닝은 행복에 대한 질문을 하는 상황을 재사고하게끔 만든다. 행복을 묻는 사람은 누구인가, 행복을 감지하고 발설해야 하는 사람은 누구인가. 이는 왜, 지금 질문되는가. 또한 질문에 거부한 이들의 반응을 어떻게 볼 수 있는가. 다른 한편, 90퍼센트의 '인민'들은 왜 어떻게 행복하다는 대답을 하게 됐을까. 그들은 진정으로 행복하다고 생각하는가?

2010년대 초반 중국에서 벌어진 '행복합니까' 해프닝은 왜, 누가 '행복'이라는 감각에 강박되어 있으며 대중은 또 이에 어떻게 반응하고 있는지를 곰씹게 만드는 풍경이라 할 수 있다. 그런데 흥미로운 것은 이 시기에 '당신은 행복합니까'란 질문이 비단 중국에서만 던져진 것은 아니었다는 점이다. 동시기 한국에서도 마찬가지로 행복과 관련된 담론이 대중 속을 부유하고 있었다. 그렇다면 한국에서 행복 담론은 어떻게 제기되고 있으며 이는 어떤 현실과 관련을 맺고 있는 것일까. 이 글에서는 한국에서의 '행복' 관련 담론이 어떻게 논의되고 있는지 검토하면서 이 대중 담론이 징후적으로 드러내는 현실적인 맥락과 그 정동의 측면을 분석해 보고자 한다. 2010년대 초반 행복 담론은 동아시아에서 어떻게 부상하고 있으며 이는 어떤 현실을 드

---

[2] 2010년 중국에서 개최된 양회(兩會)에서 원자바오(溫家寶)는 행복과 관련된 다음과 같은 말을 한 바 있다. "우리가 행하는 모든 것은 인민을 더 행복하고 더 존엄하게 생활하고 사회를 더 공정하고 조화롭게 만들고자 하는 것이다(我們所做的一切都是要人民生活得更加幸福、更有尊嚴、議社會更加公正、更加和諧)."

러내고 있는 것일까.

2. 불안은 현재를 잠식한다

'행복합니까' 해프닝에서 드러나듯이 중국에서 행복담론은 보다 보편적이고 돌발적인 방식으로 '질문'으로 던져지는 양상을 띠곤 한다. 이에 비해 한국에서 관련 담론은 특정한 방식으로 '우회'하면서 꾸준하게 제기되는 특징을 지닌다. 실상 한국의 대중 담론에서 '행복'은 정면에서 거의 거론되지 않은 주제였다. 이보다 불안과 실패와 좌절의 현실이 도드라지게 드러났다. 행복은 쉽게 도달할 수 없는 부재하는 추상抽象으로서 논의의 대상이 되었다. 그런데 행복을 괄호로 쳤던 부정적인 대중 담론의 기조는 2010년대 위로와 치유의 논의가 부상하면서 변화하게 된다. 위로와 치유의 논의에 초점이 모아지면서 행복에 대한 논의도 조금씩 수면 위로 떠오르게 된 것이다. 그렇다면 불안과 좌절의 담론이 어떻게 위로와 치유의 담론으로 전환한 것일까. 청년 주체들의 삶과 감각에 어떤 변화가 발생한 것인가. 이러한 정동affect은 어떻게 설명될 수 있는가.

한국에서 관련 담론은 이천년 대 들어 이른바 경제구조조정이 가속화되고 승자 독식과 고용 불안의 시대로 접어들면서 부상했다. 청년 실업이 사회적인 이슈가 되고 노동시장에 진입한 청년조차 비정규직, 계약직 등으로 고용의 질이 저하되는 등의 상황이 악화되는 가운데 학계와 사회에서는 이 현실을 어떻게 보고 해결할 것인지를 둘러싸고 무성한 논의가 오갔다. 이 과정에서 현재의 한국 청년세대는 자신을 규정하는 유력한 이름을 하나 얻게 되는데 주지하는 '88만원 세대'가 그것이다. 이 세대 담론에 의하면 이천년 대 중반 한국의 청년세대는 비정규직이 다수인 승자독식구조를 받아들이며 이 속에 살게 되는 최초의 세대로 분석된다.[3]

이 논의를 통해 청년들의 고용 및 삶의 불안 문제는 일시적인 것이 아니라 구조적이면서 장기적인 현실이라는 진단이 내려진다. '88만원 세대' 담론은 청년세대가 처한 위기가 청년세대에 국한된 문제가 아니라 사회 구조적인 문제이며 세대전체와 사회전반이 책임져야한다는 세대연대의 관점이 제시되었다는 점에서 유의미한 논의였다. 이는 이천년 대 이후 들끓었던 20대 비판론을 반박하는 유력한 분석이기도 했다.[4]

88만원세대의 열악한 현실의 구조를 인지한 상태에서 2010년대 한국의 청년 담론은 그 내용과 형식이 기존과 같은 비판일변도일 수

---

3   우석훈, 박권일, 『88만원세대』, Redian, 2007. 저자들은 승자독식구조 속에 살게 될 20대에게 필요한 것은 바리케이드와 짱돌이라고 선언한다. 관련하여 이 책의 표지에 다음의 문구가 기재되어 있다. "20대여, 토플책을 덮고 바리케이드를 치고 짱돌을 들어라." '88만원세대'라는 명명은 당시 비정규직 평균 급여 119만원에 20대 평균급여에 해당하는 73%를 곱한 금액이 88만원이라는 계산법에 의거하여 탄생한 것으로 이 저서에서 처음 사용됐다. 저자 중 한 명인 우석훈은 "지금의 20대 중 상위 5% 정도만이 5급 사무원 이상의 단단한 직장을 가질 수 있고 나머지는 평균 임금 88만원 정도를 받는 비정규직 삶을 살게 될 것이다."라고 진단한 바 있다.

4   이천년대 내내 한국 청년은 기존 청년세대와 비교하여 꿈도 열정도 도전의식도 없는 세대이면서 사회적인 것에 무관심하고 '스펙'(경력) 쌓기에만 열중하는 세대라는 비판에 시달린 바 있다. 전자와 후자의 목소리를 대표하는 것으로 다음을 각각 참고하시오. 김형태, 『너 외롭구나』, 예담, 2004. 김용민, 「너희에겐 희망이 없다」, 『충남대 신문』, 2009. 6. 8.

없었다. 청년들은 경쟁이 심화되는 신자유주의의 승자독식의 사회 조건 속에서 누구보다 고군분투하는 세대로 위치가 재조정됐다. 새로운 청년 담론은 이천년 대 들끓었던 청년들에 대한 비판과 경멸의 시선을 서서히 거둬들게 했다. 청년들의 고통에 공감하여 이들에게 말을 걸기 시작한 것이다. 2010년을 전후하여 한국에서는 청년을 보는 시각은 이처럼 사회구조적인 차원으로 획기적으로 전환되었다. 청년에게 던지는 비판과 경멸의 시선에서 위로의 목소리로의 전환은 청년문제를 사회구조 속에서 위치 짓고 분석하는 과정 가운데 이뤄졌다.

서울대 교수인 김난도의 산문집 『아프니까 청춘이다』는 이러한 전환된 분위기를 담고 있는 대표적인 책이다.[5] 이 책의 전언을 살펴보면 청년을 보는 시각과 사회전반적인 분위기의 전환이 어떻게 이루어졌는지 그 구체적인 전환 과정을 이해할 수 있게 된다. 기본적으로 책은 청년을 대상으로 한 자기계발서라 할 수 있다. 그런데 이 책에서 발화되는 목소리의 톤은 기존의 자기 계발서와는 달랐다는 점에 특징이 있다. 이는 취업난 등으로 고난의 시절을 보내고 있는 청년들에게 일방적인 비판을 가하는 것도 아니요 또 '할 수 있다'는 무조건적인 격려를 하는 것도 아니었다. 이 책을 가득 채우고 있는 것은 '괜찮다'라

---

5   김난도, 『아프니까 청춘이다』, 쌤앤파커스, 2010. 2010년 말에 출간한 에세이집 『아프니까 청춘이다』는 37주 연속으로 도서판매량 1위에 오르면서 독자들이 선정하는 2011년 최고의 책으로 선정되었다. 이 책은 2010년 12월 말에 출간된 이래 2011년 베스트셀러 1위에 오르는 등 최근 몇 년간 베스트셀러 목록의 상위권을 차지하고 있다. 다른 한편 이 책은 2012년 중국에 출간되는 등 외국에서 다수 번역 출간되며 현지의 베스트셀러가 되고 있다. 중국판은 당당서점(當當網)의 베스트셀러목록에서 2012년에는 8위에, 2013년에 14위에 각각 올랐다. 중국판의 서지사항은 다음과 같다. 金蘭都著, 金勇譯, 『因爲痛, 所以叫靑春』, 廣西科學技術出版社, 2012.

는 위로의 목소리였다. 책에서 '단군 이래' '제일 똑똑한' 세대[6]인 한
국의 20대는 '불안'하고 '가난'한 조건 속에서 '실패'와 '좌절'의 '고
통'을 겪는 존재로 규정되어 있었다. 이와 관련하여 청년을 '불안'의
정서와 연결짓는 김난도의 논리를 눈여겨보자.

> 20대는 불안하다… 이 집요한 불안이 청춘 때는 매우 자연스러운
> 것임을 받아들여야 한다. 문제는 불안함의 존재 자체보다는 그 불안
> 을 받아들이지 못하고 너무 조급하게 해결하려는 데서 시작된다.[7]

> 불안이 성장의 참된 벗이라는 사실이다. '불확실성 속에서 미래
> 를 준비하는 시기' 이것이 바로 청춘의 정의다. 많은 성취들이 불
> 안을 동인으로 하여 이루어졌다. 그러므로 자기 자신과 장래에
> 대한 불확실성을… 안이함으로 덮어버려 젊은 날의 성장통을 국
> 소마취해서는 안 된다… 가슴 떨리는 불안을 연료로, 자신이 가
> 장 하고 싶은 일, 자신이 가장 잘하는 일을 준비하며 하루하루를
> 밝혀 나갔으면 좋겠다.[8]

---

6   이는 김영하가 2007년에 출간한 장편소설 『퀴즈쇼』의 20대 인물이 한 말이다. "우리는
    단군 이래 가장 많이 공부하고, 제일 똑똑하고, 외국어에도 능통하고, 첨단 전자제품도
    레고블록 만지듯 다루는 세대야. 안 그래? 거의 모두 대학을 나왔고 토익 점수는 세계
    최고 수준이고 자막 없이도 할리우드 액션영화 정도는 볼 수 있고 타이핑도 분당 삼백
    타는 우습고 평균 신장도 크지. 악기 하나쯤은 다룰 줄 알고… 그런데 왜 우리는 다 놀고
    있는 거야? 왜 모두 실업자인 거야? 도대체 우리가 뭘 잘못한 거지?", 김영하, 『퀴즈쇼』,
    문학동네, 2007. 231쪽.
7   김난도, 위의 책, 55쪽.
8   김난도, 위의 책, 60~61쪽.

중요한 것은 시련 자체의 냉혹함이 아니다. 그 시련을 대하는 나의 자세다. 그 시련이 가혹한지 아닌지를 가늠하는 것을 결국 오롯이 나다… 그대는 지금 그대의 시련을 어떻게 받아들이고 있는가?… 깊이를 모르겠는 그 시련이, 바로 그대의 힘이라고… 축복이다. 시련이 있기에 그대가 있다…시련은 그대의 힘이다.[9]

여기에서 다른 무엇보다 불안과 고통이 청년들을 규정하는 가장 우선적인 환경이자 정서로 규정되고 있다는 것을 알 수 있다. 불안과 실패와 좌절이 성공과 성장의 밑거름으로서 온전히 수용되고 주목할 것이 권유된다. 그런데 이러한 위로의 말은 현재 청년들에게 불안하고 고통스러운 삶을 '인정'하고 '수용'하게 하는 효과를 갖는다. 이 불안하고 고통스러운 상태를 위로하기 위해서는 우선 그러한 현실이 순수하게 긍정되어야 하는 것이다. 그리고 이 담론이 개진되는 가운데 청년들은 불안한 세대와 존재로서 덧씌워지고 청년들의 불안한 노동과 삶의 현실은 흐릿해진다. 이렇게 2010년대 초반 한국의 청년은 불안과 고통에 빠진 주체로 위치지워지면서 괜찮다는 위로를 받는 대상으로 하강했다.

『아프니까 청춘이다』 이후 청년들은 도드라지게 위로의 대상이 되었다. 그런데 이천년대 이전 한국에서 청년은 주요하게 저항의 상징으로 등장했다. 현실에 순응하는 청년들이 없는 것은 아니었지만 오히려 저항하는 청년이 한국에서 청년들에 대한 일반적인 기대였다.

---

9   김난도, 위의 책, 93~95쪽.

사실 청년들은 전통적으로 불안한 존재이고 약자弱者였다. 하지만 그동안 한국사회에서 청년들의 이러한 조건은 두드러지지 않았고 오히려 현실과 사회를 저항적으로 보고 실천하게 만드는 동력으로 작동했었다.

물론 다른 한편 그동안 고통스러운 청춘이라는 담론은 한국사회에서 항상적으로 존재했는데 이 측면에서 살펴볼 때도 이 담론의 독특성은 드러난다. 2010년대 초반 한국 청년에게 수반된 불안과 고통은 특정하게 재현되기 때문이다. 이는 싸워야 하는 대상이 아니라 바꿀 수 없는 현실로서 적극적으로 호출된다. 불안과 고통은 이러한 과정을 통해 문제시되지 않고 자연화自然化된다. 이는 존재론적이고 개인적인 문제로 한정되며 이에 따라서 불안하고 고통스러운 현실은 그 자체로 긍정되어진다는 것을 의미한다. 이 속에서 청년들의 삶은 현실적인 조건에 순응하는 것으로 방향 지워진다. 사회나 현실은 개인적, 집단적으로 문제제기하며 더불어 바꾸어나갈 대상에서 일찌감치 탈락되었다. 이 담론에서 바꿀 수 있는 것은 개인뿐인 것으로 드러난다. '나의 자세'가 문제를 해결할 유일하고도 중요한 대안으로 떠오른다.

청년들이 문제제기하는 대상은 사회구조가 아니라 방향을 바꿔 자기 자신으로 향한다. 불안하고 경쟁이 치열한 현실을 긍정하고 여기에 맞춰 자신을 개조하는 것이 가장 중요한 실천항목이 됐다. 책은 자본주의라는 '기차'에 '짱돌을 던지는 것'을 멈추고 '일단 올라타라'

고 조언한다.[10] 이 책에서 불안과 고통은 흥미롭게도 청년들이 현실에 순응해야 하는 최대 근거이자 당위가 되었다. 청년 삶의 미래를 저당잡고 위협하는 가장 영향력이 있는 현실로 변화한 것이다. 이것이 전제된 삶의 조건에서, 다른 실천이나 삶의 방식은 고려하기 힘들다. 2010년대 초반 한국에서는 고통과 불안으로 가득한 흔들리는 '청년'상이 새롭게 대중들의 시선 전면에 부상한다.

3. '위로'에서 '힐링'으로

『아프니까 청춘이다』는 이 시대 가장 무거운 '고통'을 지고 있는 담지자 중 하나로 청년들을 불러냈다. 신자유주의 시대 고용 불안과 삶의 불안정성을 삶의 기본적인 조건으로 보고 따라서 이 시대적 조건으로 인해 실패와 좌절이 더 빈번하게 일어나는 시대라는 점을 납득시키고 있다. 뿐만 아니라 이 청년 담론은 청년들의 이 조건을 불가역한 절대적인 것으로 보고 있다. 이 논리에서 기대하는 삶이란 이 조건에 저항하지 않고 이를 인정하면서 자신의 불안을 극복하는 것을 목표로 하여 성공하는 삶이다. 그들을 '청춘'이라고 명명하며 고통과 불안을 낭만화하고 미화한다. 이 낭만적인 시선은 불안과 고통을 저

---

10   '짱돌을 던져라'는 『88만원세대』의 캐치프레이즈였다. '기차를 일단 올라타라'는 『아프니까 청춘이다』에 나오는 구절이다. 김난도, 292쪽. 이 글에서는 이 구절들을 조합시켜 한국 청년을 둘러싼 정동의 변화를 포착해봤다.

항할 수 없는, 힘들게 인정해야 하는 절대적인 조건으로 고정시켜 놓는다. 대안은 흥미롭게도 자기 자신 즉 개인이 태도를 고쳐서 이 고통을 극복하는 데서 유일하게 발견된다. 고통이 삶의 수면위로 모습을 드러내자 청년들은 비로소 이해받는 존재가 된다. 위로의 말을 듣는 나약하고 순응하는 존재로서.

사실 고통과 고독과 불안의 조건은 청년들이 유례없이 겪고 있는 현실이긴 하되 신자유주의 시대 대중들에게 보편적으로 강화되고 있는 정서적인 현실이다. 이천년 대 이후 한국의 20대는 실업문제와 비정규직과 같은 고용불안으로 인하여 사회진입단계부터 고통 받게 되는 첫 세대이지만 다른 세대에게도 실업과 해고와 비정규직과 계약직 등의 고용불안 문제는 어김없이 닥쳤다. 따라서 '고통'과 '불안'이라는 감정이 사회적인 용어로 발화되기 시작하자 이 용어는 사용처를 확대하기 시작했다. '위로'라는 말은 청년들을 대상으로 했을 때 더없이 적절했지만 전사회적인 범위로 확대할 경우 어울리지 않았다. 이때 등장한 용어가 '힐링(치유)'이라는 점은 의미심장하다. 이는 청년이나 특정 세대에 적용가능한 용어가 아니라 전 세대를 아우르는 보편적인 용어로서 선택됐다고 할 수 있다. 추상적이고 모호한 형태로 '행복'에 대한 논의가 전면적으로 등장하는 것도 세대를 아우르는 '힐링' 논의가 이루어지면서라는 점 또한 흥미롭다.

하버드 대학을 나온 미국대학 종교학과 교수인 혜민스님이 쓴 『멈추면, 비로소 보이는 것들』(아래 『멈추면』)은 고통과 괴로움과 외로움의 체현자를 청년부터 대중 일반까지 확장시켜 널리 위로의 말을 건

넨다.[11] 혜민의 글은 종교인 특유의 성찰적인 성격을 갖고 있다는 점을 감안해야 하지만 실제로 단순한 종교서가 아니라 비불교인인 대중을 겨냥하여 집필된 대중적인 글이라는 점 또한 명확이다. 따라서 책 전반을 아우르는 '성찰' 관련 논의는 의도를 갖고 표명된 것이며 이는 보다 적극적으로 독해되어야 한다. 혜민은 집필 동기를 긴장과 초조와 스트레스 속에 사는 대중들에게 던지는 '위안'이라는 점을 분명히 밝히고 있다.

> 내가 위안 받고 있다고 생각하던 날들 속에서 도리어 사람들이 내가 남긴 몇 마디 말에 위안을 받았다는 글들을 남기기 시작했다. 상처받은 마음이 치유되었다는 글, 용서하지 못한 사람을 조금이나마 이해하게 되었다는 글, 못난 자신을 더욱 사랑해야겠다고 다짐했다는 글, 지친 퇴근길이었는데 힘이 난다는 글, 나의 한마디가 어떤 사람들에게는 용기와 위안이 될 수 있다는 사실을 그때 비로소 알게 되었다. 내 글을 읽는 사람들이 자신의 존재의 소중함을 깨닫고 스스로를 사랑하고 나아가 다른 사람도 껴안을

---

11   혜민스님은 현재 미국 매사추세츠 주의 햄프셔 대학(Hampshire College)에서 종교학 교수로 재직 중이며 뉴욕 불광사 총무를 맡고 있는 조계종 승려 교수이다. 『멈추면, 비로소 보이는 것들』은 출간 7개월 만에 100만부를 돌파, 인문·교양 단행본 중 '최단기간 100만부 돌파' 기록을 세웠고 출간 3개월 만에 종합 베스트셀러(교보문고 기준) 1위에 올라 16주간 자리를 지켰다. 2012년 베스트셀러 1위에 올랐다. 혜민스님, 『멈추면, 비로소 보이는 것들』, 쌤앤파커스, 2012.

수 있게 되도록 작은 힘이라고 보태고 싶었다.[12]

『멈추면』은 『아프니까 청춘이다』가 자신의 자세를 바꾸는 것에서 대안을 찾는 것과 달리 자신의 내면에 집중한다. 변화와 행동이 아니라 이것을 멈추는 것에서 해법을 찾는 것이다. 자신의 자세를 '바꾸어' 실패와 좌절과 고통을 '동력'으로 삼고 이를 '긍정적으로' 생각하는 것과는 다른 접근법이다. 자세를 바꾸어 행동하기 이전에 자기 자신을 이해하는 데 무엇보다 집중하며 자신의 고통과 초조와 긴장과 상처에 주목하기를 바라는 것이다. 이때 강조되는 것은 '멈춤'이라는 행위이다. 이는 경쟁과 속도와 효율이 강조되는 시대의 문제를 다시 볼 강력한 주문이 될 수 있다. 모든 행동과 사고에서 멈추고 자신을 '관조'하여 자신을 이해하고 더 나아가 남의 말을 경청하고 공감해주는 실천을 하는 것이 혜민의 최대 관심사이다. '행복'이라는 용어도 이때 같이 불려나온다.

> 우리가 다른 사람과 깊고 솔직한 대화를 나누며/ 서로 공감하고 하나가 되면 참 행복합니다./ 그런데 그 대상을 밖에서만 찾지 말고/ 내 마음을 깊게 알고, 내 마음을 이해하는 상태가 되어 보십시오./ 그 또한 비교할 수 없는 자유와 행복을 선사합니다.[13]

---

12 혜민스님, 위의 책, 8쪽. 이 책은 혜민스님이 트위터 등 SNS에 올린 단문의 생각들을 모아 편집했다. 원문은 한줄씩 줄갈이가 된 단문의 문장인데 가독성을 위해 줄나누기를 '/' 부호로 표시했음을 밝힌다.

13 혜민스님, 위의 책, 218쪽.

그런데 문제는 자신의 내면을 관찰하고 이해한다고 이 초조와 긴장의 상태에서, 외로움과 고통의 상황에서 벗어날 수 있는가 하는 점이다. 혜민은 이를 '현실회피'가 아니라 '현실직시'라고 못을 박는데 이 때 현실은 자신의 마음을 중심으로 한 현실을 말한다고 할 수 있다. 이 때 외부에 대한 분노와 저항은 자신이 불행해지고 힘들어지므로 피해야할 정서로 규정된다. 무엇보다 이는 자신을 이해하고 문제를 바라보는 데 방해가 되는 감정이기 때문이다. 자기 이해를 목표로 한 현실 순응과 수용 및 관조가 삶에서 가장 중요한 태도가 되는 것이다. 가령 다음과 같은 구절을 보자.

> 누군가 나에게 '안 돼'라고 했을 때/ 짜증내거나 싸우지 말고 바로 '예' 하십시오/ 새로운 상황은/ 나를 또다른 세계로 유도하고 또 다른 삶의 문을 열어줍니다/ 누군가 나에게 '안 돼'라고 했을 때/ 저항하면 할수록 상황은 변하지 않고 나 자신만 더 힘들어집니다.[14]

> 수용하도록 하세요./ 내 뜻대로 일이 되지 않더라도/ 화내지 말고 나를 내려놓고 수용하세요./ 저항할수록 불행해지고,/ 수용할 수 없다면 수용할 수 있게 해달라고 기도하세요.[15]

14   혜민스님, 위의 책, 210쪽.
15   혜민스님, 위의 책, 273쪽.

내면의 성찰은 자신의 안녕과 행복을 최대 목표로 한다. 이때 사회는 저항할 수도 없고 저항할 이유도 없는 외계外界일 따름이다. '멈추면' 자신의 '생각과 아픔과 관계'가 '더 선명하게 보'이고 '내 주변이 비로소 보'인다. '내가 지금 하는 것을 잠시 쉬면 내 안팎의 전체가 조용히 모습을 드러내'는 것이 자신의 안녕과 행복을 얻기 위한 수행의 방법론이다.[16] 위로의 담론은 이렇게 자기 치유의 담론으로 변화한다. 상처와 고통을 지켜보며 주변을 둘러봄으로써 스스로 평안을 찾고 치유하게 되는 과정을 밟는다. 이때 상처는 부끄러운 것도 감춰야 하는 것도 아니고, 오히려 드러내야 하는 것으로 그 의미를 수정한다. 상처는 교감과 진정한 우정을 위해서 거침없이 부끄럼 없이 드러낼 수 있어야 하는 것이 된다. 가령 이 시대 상처가 갖는 특별한 기능과 의미를 표현한 다음 구절을 보자.

> 항상 옳은 이야기만 하는 사람들이 있습니다/ 하지만 들어도 별감흥이 없습니다/ 그건 아마도, 그 옳은 이야기 속에/ 자신을 숨기고 있기 때문은 아닐까요?/ 다른 사람들과의 진정한 교감을 위해서는/ 자신의 깊고, 연약한 부분까지 다 보여줄 수 있어야 합니다.[17]

고통을 말하는 것은 보다 대중화되고 보편화되었다. '고통'을 '말

---

16   혜민스님, 위의 책, 282쪽.
17   혜민스님, 위의 책, 75쪽.

하는 것' 곧 노출하는 것에 대한 예찬이 시작되자 치유의 방식도 달라졌다. '치유'는 은밀하고 개인적으로 이루어지지 않고 대규모 대중회합 장소에서 공개적이고 집단적으로 이뤄진다. 상처는 숨겨야 하는 것이 아니라 공개되어 공감을 얻으며 해소해야 하는 것으로 변했다.

흥미롭게도 『아프니까 청춘이다』 이후 청년과 대중에게 위로의 메시지를 전하는 필자와 유명인이 부쩍 늘어났다.[18] 이들 일군의 필자와 유명인들은 책 속의 저자로 머물지 않고 방송과 북 콘서트 등에 모습을 드러내며 대중들과 면대면으로 이야기를 나누며 '멘토'로 불리기 시작했다.[19] 이들 멘토들은 이 위로 담론에서 '스포트라이트'를 받는 새로운 주체이다. 고통과 고민의 청년에 주목하는 것이 아니라 약하고 고통의 청년들의 고민을 듣고 위로하고 조언하는 '어른'인 '멘토'가 주목의 대상이 되었다. 이들은 대중매체시대의 계몽가라 할 수 있다. 그러나 고답적이고 위압적인 계몽가의 모습이 아니라 보다 친근하고 공감하며 대중의 언어로 접근하는 새로운 형태의 계몽가였다. 그런데 21세기의 계몽가가 깨우치는 내용이란 자신의 내면과 감정을 솔직히 들여다보고 드러낸다는 점에서 문제적이다.

---

18 『멈추면, 비로소 보이는 것들』은 출간 13개월 만에 200만부 돌파로 비소설 단행본 중 '최단 기간 200만부 돌파' 기록을 세웠다. 김난도와 혜민의 저서는 (이 글이 쓰여진) 2014년 현재 베스트셀러 목록의 상위권을 차지하고 있다. 이들 외에 대표적인 위로와 힐링 관련 저서 필자로 강신주, 법륜스님 등을 들 수 있다.

19 멘토열풍은 2011년 전후부터 불기 시작하여 김난도와 혜민스님을 비롯한 다수의 작가와 정치인 등 유명인이 북콘서트 등의 자리에서 대중과 만났다. 다른 한편 이와 거의 동시에서 방송에서 유명인과 일반시청자의 고민 상담을 주제로 한 토크쇼 프로그램인 '힐링캠프, 기쁘지 아니한가'(SBS, 2011년 7월 방송시작)와 '대국민토크쇼 안녕하세요'(KBS, 2010년 11월 방송시작)가 시청자들과 만나기 시작했다. '힐링캠프'는 지난해(2016년) 2월 방송종료 됐으며 '안녕하세요'는 현재까지도 인기리에 방영되고 있다.

2010년대 초반 한국의 힐링 붐은 고통과 상처의 발화를 전제조건으로 퍼져간다. 세대간의 연대의 외양을 띤 위로와 힐링, 멘토의 열풍은 사실 계몽자와 피계몽자의 친근한 21세기의 버전이라 할 수 있다. 이는 피계몽자를 영원히 약자-청취자의 위치에서 위치시키며 이들에게 현실을 긍정하게 만드는 보수주의적이고 수정주의적인 대증요법이라 할 수 있다. 이들의 상처와 고통과 고민은 개별적이고 특수한 개인의 것으로 이해되며 해소된다. 이는 어떻게 공동체적으로 이 문제에 대해 생각하고 대응할 것인가, 에 대한 진지한 모색으로 좀처럼 나아가지는 않는다. 고민을 듣고 답을 즉석에서 구하는 방식으로 '힐링'되고 '정상화'된다. 상처를 공개적으로 드러내고 치유되는 것을 집단적으로 관람하는 시절에 모호하고 추상적인 단어인 '행복'이 다시 불려나와 공중을 떠도는 건 우연의 일치가 아니다. 2013년 말 대학가에서 시작된 '안녕들하십니까' 사태는 힐링하고 치유하는 사회에 사는 대중들 개개인의 진짜 안부를 묻는 목소리가 터져 나온 것에 다름 아니다.[20]

---

20 '안녕들하십니까'는 2013년 12월 10일 고려대학교 경영학과의 한 대학생이 민영화 논란 속에 진행되고 있던 코레일(철도) 노조 파업에 대해 쓴 대자보에서 유래한 문구이다. 대자보는 "철도 민영화에 반대한다며 수천 명이 직위 해제되고, 불법 대선개입, 밀양 주민이 음독자살하는 하 수상한 시절에 어찌 모두들 안녕하신지 모르겠습니다. 안녕들 하십니까?"라는 구절로 시작하며 대중들의 안부를 물었다. 이는 다른 대학과 고등학교 등지에서 대자보 붙이기와 페이스북의 '안녕들하십니까' 페이지 운영으로 확산되어 사회적인 반향을 일으킨 바 있다. 관련 기록이 다음 저서에 수록되어 있다. 안녕하지 못한 사람들, 『안녕들하십니까?: 한국사회를 뒤흔든 대자보』, 오월의봄, 2014.

4. 나오며: 안녕을 묻다

행복에 대한 질문을 강요받는 시대, 그러나 행복의 거처는 묘연한 시대. 신자유주의와 기술자본주의가 전 세계와 동아시아를 휩쓰는 동안 대중들의 삶은 더 피폐해졌다. 승자독식의 시대에 탈락의 위협과 공포는 도처에 존재하고 재기의 기회는 좀처럼 주어지지 않는다. 비정규직과 계약직은 해소되기는커녕 만연하며 고용의 질은 점점 나빠진다. 노동에의 해방이 아니라 노동세계로의 편입이 어려워지는 시대를 맞게 되었다. 이때 이러한 악화일로의 현실과 정반대인 듯한 행복과 위로와 치유에 대한 담론이 동아시아에 떠돌고 있다는 점은 의미심장한 면이 있다.

2010년대 초반 동아시아의 한 켠에서는 행복에 대해 공개적으로 질문 받으며 행복에 대해 생각하기를 강요받고 있다. 다른 한 켠에서는 상처와 고통이 범박해지면서 상처와 고통의 무게를 덜어 내며 필사적으로 행복해지고자 한다. 행복에 대한 질문이 강림하고 위로와 힐링을 행복과 절합시키고자 하는 사회란 역으로 행복이란 모호하고 상처가 편재遍在하는 현실이라는 사실을 알려주고 있다. 이 모든 유행의 궁극적인 형태 중 하나인 힐링 열풍은 그 목적하는 바와 달리 물질적으로, 정신적으로 열악해진 삶과 조건을 환기시키는 현상으로 재독해될 수 있다.

이제까지 상처는 육체적이든 정신적이든 개인적인 것이었으며 은밀한 것이었다. 그런데 이제 '불안'과 '고통'의 시대 '상처' 자체는 모두가 소유하고 있는 것으로 보편적으로 적용할 수 있는 개념이 되었다. 이와 더불어 개별적이고 구체적인 상처에 대한 치유는 공개적이고 집단적인 방식으로 전시되어 관람되기 시작했다. 여기에는 이를 이용하는 미디어산업적인 요소도 가세한다. 상처는 오락적으로 소화되면서 해소되어진다. 고통과 상처마저 오락화하는 사회는 어떤 사회일까. 2010년대 초반을 경과하면서 동아시아는 행복과 위로, 힐링 담론을 퍼뜨리며 모두에게 안녕한지 되묻고 있다. 달리 말하면 2010년대 초반 동아시아는 모두의 안녕이 심히 걱정되는 시대를 통과하는 중이다.

후기

이 글은 앞에서 밝혔듯이 2014년 6월에 발표됐으며 2017년 2월에 수정됐다. 따라서 글의 범위는 2010년대 초반 동아시아에서 행복과 위로, 힐링 담론의 추이와 의미를 밝히는 데 한정했다. 2010년대 중반 이후 행복과 위로, 힐링 관련 논의는 전기를 맞이하는 바, 이 궤도 변경을 일으킨 결정적인 계기는 2014년 4월에 일어난 '세월호' 참사이다. '세월호' 참사 전후 행복 관련 논의는 별도의 지면을 통해 자세히 밝혀져야 할 것이다.

다만 관련하여 이 자리에서 간단히 언급하자면 사건 전에는 전국민이 이 담론의 추이에 따라 점차적으로 위로와 힐링의 대상이 되어 갔다면, 사건 이후 전국민은 세월호 침몰과 이후 전개과정을 목격하면서 스스로 위로하는 주체가 된다. 더 구체적으로 말하면 전국민은 사건을 '함께' 겪으면서 '애도'의 주체가 되는데 이 점에서 특별한 경로와 의미를 획득했다고 할 수 있다.

이와 관련하여 세월호 참사를 애도의 관점에서 조명한 다수의 논문을 참고할 수 있다. 다만 이들 논문에서는 애도의 문제는 세월호 참사라는 단일한 사건 속에서 의미 부여되고 조명된다. 그런데 이는 2010년대를 가로지르는 행복과 위로, 힐링 논의와 관련지어 재검토될 필요가 있다. 이때 애도 논의의 폭과 깊이는 한층 획득되고 행복 관련 논의들의 한계와 힘도 새로이 다르게 발견되고 기술되는 계기를 찾을 수 있기 때문이다.

참고문헌은 각주로 대신함

7장

도시 뒤에 가려진 그늘

: 농촌에 남겨진 부녀자의 일상생활

주산제 (朱善杰)_상하이대학교 중국현대문화연구센터 부연구원
이영섭 옮김_건국대학교 아시아콘텐츠연구소 조교수

1. 들어가며

최근 10여 년간 내 고향(산둥성 남부의 작은 마을)에서 외부로 나가 일하는 젊은이들이 갈수록 많아지고 있다. 이들의 주된 구성원은 남성인데, 그 중에서도 이미 결혼해서 아이를 낳은 남성의 경우, 아내와 아이는 집에 남겨두게 된다.[1] 이런 아내들이 바로 매체나 학계에서 '농촌에 남겨진 부녀자'로 불리는 부류이다.

현재 중국에서 이렇게 명명된 이들은, 현대 중국에서 비단 나의 고향뿐만 아니라 다른 수많은 마을들에도 존재한다. 이들은 경제적으로 아직 발달하지 않은 모든 지역에 거의 보편적으로 분포되어 있으며, 기존의 통계에 따르자면, 그 수가 전국에 근 5000만명이나 된다.[2]

---

1   주로 18세에서 45세 사이에 집중되어 있다. 나이가 어린 경우는 아직 성인이 아니라서 재학 중이고, 나이가 많은 경우는 기본적으로 외부로 가서 노동을 하지 않기 때문이다.

2   신화사(新华网), 「중국 5000만 명의 농촌에 남겨진 부녀자의 고생과 바람(中国五千万农村留守妇女的艰辛与期盼)」, http://news.xinhuanet.com/society/2011-03/07/c_121159626.htm. (최종검색일: 2011.03.07.)

나는 이 마을에 대한 조사를 통해 남겨진 부녀자의 일상생활 속 미시적인 부분과 그녀들의 자기표현을 이해해보고자 한다. 그녀들의 일상생활로부터, 내재적인 생존과 삶의 상태를 통찰하고, 한 개체로서 자신의 주체를 드러내는 풍부한 양상과 차이를 발견함으로써, 그들이 현대사회의 구조 속에서 맡고 있는 역할까지도 이해할 수 있을 것이다.

'5000만'은(어쩌면 이보다 더 많을 수도 있다) 무미건조한 수치에 불과한 것이 아니다. 그 수치 안에는 구체적이고 생동하고 고통 받는 사람들이 몸부림치고 있기 때문이다. 그 사람들도 감정과 영혼을 가지고 있다. 현대문화 속에서 이런 상황을 드러낼 수 있는가, 어떻게 드러내는가 하는 문제는 매우 중요하며, 사회정의와 남녀평등의 중요한 척도가 된다.

조사연구 중에 '일상생활'이라는 관점을 끌어온 까닭은, 일상생활의 조명을 통해 일련의 '무미건조'한 수치들 하나하나를 '살아 숨쉬는' 사람으로 환원하고, 개체와 사회의 연계를 밝히기 위해서다. 그러나 나는 쑹좡의 남겨진 부녀자들의 일상생활 전부를 조사하거나 묘사할 생각은 없으며, 생계와 결혼생활, 이 두 가지 측면을 위주로 조사연구를 진행할 것이다.

나는 현장조사와 텍스트 분석법을 활용하면서, 쑹좡의 현장에 대한 관찰이나 방문취재 등의 방법을 통해, 비교적 독립된 시스템(한 마을) 속에서 농촌에 남겨진 부녀자의 일상생활을 아주 세밀한 부분에서 심도 있게 묘사하여 드러내는 데에 노력했다. 아울러 구체적인 그곳의 풍토와 인심, 그리고 생업관련 생활방식을 가지고 (외지)노동경제와 생활환경의 관계를 검토해 남겨진 부녀자의 속내와 정서를 드러내 보이고자한다.

2. 마을의 개괄적인 상황

쑹좡의 농촌 풍경

　내가 고른 조사지역은 산둥성 남부에서 내 고향과 멀지 않은 중간 정도 규모의 자연조성된 쑹좡이란 마을이다.[3]

　이 마을은 구릉지역인 산둥 남부의 평원지대에 위치해있다. 사각형 터에 남쪽에서 북쪽까지 8줄로 집들이 늘어서 있는데, 가구 수는 모두 100여 호에, 총인구는 500여 명에 달한다. 20~30미터 너비의 하천이 농지를 끼고 굽이굽이 흐르고 있기에, 관개농업을 하기에 상

3　　이 글에 나오는 인명은 모두 가명으로 표기하였다.

당히 유리하다. 마을 주민들은 줄곧 곡물과 채소 등의 작물을 주로 심어왔는데, 특히 '마늘 산지'로 유명하다. 이 마을은 전통적인 농경문명의 전형적인 모습을 하고 있지만, 요 몇 년 사이 도시화라는 큰 조류에 휩쓸리게 되면서 이 마을에서도 은근한 변화와 전환이 일어나고 있다. 이 때문에 쑹좡은 현재의 중국 농촌을 대변한다고 말할 수도 있겠다.

마늘 농사는 1년에 1번 짓는데, 매년 10월 초에 심어서 이듬해 5월 초에 수확한다. 수확 전 달인 4월에 농민회에서는 심어진 마늘 사이로 옥수수를 심는데, 7월이면 수확할 수 있게 된다. 그리고 매년 10월 중순에서 이듬해 4월 중순까지 반년간은 이 마을의 농한기이다.

1998년부터 인근 마을의 젊은이들이 도시로 가서 일을 하게 되자, 그 영향으로 이 마을 젊은이들도 도시로 들어가 일을 하게 되는 현상이 나타나기 시작했다. 하지만 당시의 인원은 매우 적어서 두세 명에 불과했다. 2000년이 되자, 아주 많은 젊은이들이 노동자의 대열에 참여하게 되면서, 첫 '노동 붐'이 일어났다. 이후 줄곧 비교적 안정적인 참여자수를 유지했고, 2013년에 이르러서는 이미 100명을 넘어서게 되었다.

이 마을의 생업과 생활방식의 특징상, 마을 사람들이 도시로 들어가 일을 하는 경우는 '단기 노동'과 '장기 노동', 이렇게 두 가지 유형으로 갈린다. 전자는 사람들이 매년 가을과 겨울에 마늘을 다 심고 나서 반년간의 농한기 때에만 자오둥膠東 반도에 가서 일을 하는 경우이다. 그 기간 동안은 바로 어민들이 집중적으로 다자란 가리비를 수확하고 새로운 가리비 포자를 심는 계절이라서, 짧은 시간동안 대량의 외부 노동력이 필요하게 된다. 그래서 쑹좡에 와서 일할 사람을 모집한다. 이렇게 쑹좡의 농업 생산 주기는 자오둥 반도 어업의 생산 주기와 정확히 엇갈려 교차되기에, 쑹좡 사람들이 바다로 가 '단기 노동'을 하게끔 되었다. 그런데 일부 사람들은 단기간의 노동을 통해 외부의 상황을 파악하게 된 이후, 더 이상 고향에서 땅을 경작하고 싶지 않아서 장기간 외부에 노동을 하러 떠나버렸다. '장기 노동'을 하는 이들 중 1/3은 자오둥 반도에서 주로 쓰레기를 수거하고 거리를 청소하는 일을 하거나, 경비원이나 건설노동자가 되었다. 나머지 2/3는 남부의 상하이上海, 쑤저우蘇州, 우시無錫 등지의 야채시장으로 가서 야채 운반, 가공, 판매 등에 종사하거나 공장, 공사장, 택배회사 등에 가서 일을 하고 있다.

이렇게 되자 쑹좡에 남겨진 부녀자들 역시 단기로 남겨진 이들과 장기로 남겨진 이들, 이렇게 두 가지 유형으로 구분되게 되었다. 이 두 가지 유형을 기간에 근거해 구분해 보자면, 전자는 매년 반년정도 남겨진 경우를 가리키고, 후자는 1년 이상 남겨진 경우를 가리킨다. 총인원수에 매년 변동이 있긴 하지만, 2013년 상황을 보면, 이 같이 남겨진 부녀자의 총인원수는 54명이며, 이 중 전자의 경우가 39명, 후자가 15명이다. 2012~2014년까지 2년반 동안 나는 십여 차례에 걸쳐 이 마을에 가서 이 두 가지 유형의 남겨진 부녀자들에 대해, 유형별로 각기 비교적 대표적인 경우를 무작위로 골라 호구방문 조사 및 취재를 진행했다. 기술의 편의와 연구의 필요에 따라, 이제 방문취재한 십수 명의 남겨진 부녀자 중 비교적 대표적인 사람을 각기 5명씩 골라 분석하도록 하겠다.

3. 중노동자들

자오하이탕趙海棠은 첫 번째 방문취재 대상이었다. 그녀는 올해 30
세고 남편은 33세다. 그들은 슬하에 10살이 된 맏아들, 8살 난 딸, 6
살 된 막내아들을 두고 있다.[4] 최근 2~3년 동안 아이들이 초등학교나
유치원을 가게 되면서, 그녀의 남편은 가을에 농사일을 마치면 곧바
로 옌타이烟臺에 가서 반년 간 노동을 하게 되었다. 그녀는 집에 남아,
세 명의 아이를 돌보면서 밥도 해주고, 옷도 빨아주고, 가장 어린 막
내를 유치원에 데려다주고 데리고 온다. 첫째와 둘째 아이는 이웃마
을의 초등학교에 재학 중인데, 둘이 매일 함께 등하교를 하기 때문에
그녀가 바래다 줄 필요가 없다.

그녀는 초등학교 3학년까지만 다녔기에 학력이 높지 않다. 그래서
아이들의 숙제를 도울 수도 없고, 어떻게 아이들을 가르쳐야 할지도
모른다. 학교의 학부모 모임에 참여하기도 하지만 어물쩍 나갈 뿐이
다. 그녀는 수시로 아이들에게 자신처럼 무식하면 안 되기 때문에 학
교에 잘 다녀야 한다고 당부하긴 하지만, 사실 그녀는 아이들의 구체
적인 학업 성적이 어떤지에 대해서는 그다지 관심도 없고 이해하지
도 못하고 있다. 그녀는 아이들의 시험성적이 좋다한들, 특별히 기뻐
하지도 않으면서도, 시험성적이 나쁘면 때때로 매를 들기도 한다. 대
부분의 경우 그녀는 아이들에게 회초리를 사용하는 체벌 교육을 시
킨다. 세 아이는 모두 개구진 나이라서 곧잘 함께 다투다 보니, 첫째

---

4   이 글에 나오는 사람들의 연령은 모두 2014년 당시의 것이다.

와 둘째 아이는 종종 엄마의 체벌을 받는다. 혹시라도 엄마의 심기가 불편할 때면 아이들은 엄마의 불편한 심기를 해소할 대상이 되어버린다. 그래서 일단 엄마의 안색이 좋지 않으면 아이들은 겁을 먹는다.

엄마가 밥을 하러 간 틈에 딸이 살며시 나에게 말한 사정은 이러했다. 가장 많이 매를 맞는 오빠의 손이나 얼굴을 보면 늘 "새 상처가 옛 상처를 덮곤 한다." 엄마가 가장 사랑하는 것은 남동생이며 자신에게는 그다지 관심이 없다. 딸은 자신이 오빠가 아닌 것을 다행으로 여기고, 남동생을 부러워했다. 내가 첫째 아이의 얼굴과 손을 자세히 살펴보니 정말로 상처가 있었다. 그러나 첫째 아이는 이런 사실에 대해 별다른 생각이 없어보였다. 그 아이의 표정을 보니, '사내대장부' 답기를 요구하는 현지 전통문화의 영향을 많이 받은 아이라서 그런지 심지가 굳센 맏아들의 '모범적인 모습'이었다.

나는 자오하이탕에게 이렇게 물었다. "당신은 남편이 외지로 나가 일을 하는 반년동안 무슨 어려움이 없습니까? 가장 어렵다고 느껴지는 것은 무엇입니까?" 그녀는 잠시 머뭇거리더니 천천히 대답했다.

"어려운 거야 아주 많죠. 어쩔 때는 밤에 바람이 불고 비가 내려 갑자기 정전이 되는 경우가 있는데, 그럼 전 어찔할 바를 모르겠어요. 온통 칠흑 같은 어둠이라 너무 무서워요. 그런 상황은 견디기 어렵지만 날이 밝을 때까지 참다가 이웃에게 가서 도와달라고 하는 수밖에 없죠. 제 남편이 집에 있을 때는 한밤에 정전이 된다고 해도 남편이 바로 손전등을 들고 두꺼비집 문제인지 전등 문제인지 전선 문제인지를 확인했었죠. 만약 큰 문제만 아니라면 곧바로 수리할 수가 있었기에 제가 무서웠던 적이 없었어요. 어린 아들을 유치원에 데려다

주고 데리고 오는 것이나 빨래하고 밥하는 것 외에도, 마늘 밭에 물을 주어야 하는데 우리 마늘 밭이 200여평이나 돼서 한번 물을 주려면 5~6일 정도가 걸려요. 매일 아이를 돌봐야 하니 밭에서 반나절 일한다 해도 다른 집보다 몇 배나 느리죠. 밭에 물을 다 주고 나서 집에 돌아오면 아무것도 하기 싫어요. 그래도 억지로나마 정신을 차려서 애들에게 밥을 해주죠. 밥을 해주고 나면 어쩔 때는 헛구역질이 날 정도로 피곤해요. 온 몸이 허물어지는 것 같아요. 그럴 때면 밥 먹을 기운조차 없죠.

가장 곤란한 것은 아이에게 병이 났을 때 도와줄 사람이 없다는 거예요. 병이 난 아이를 병원에 데리고 가려면 집에 남게 되는 아이들을 돌봐줄 사람이 없어요. 제 아버지와 어머니는 1년 내내 칭다오靑島에서 쓰레기를 줍고 폐품을 수거해요. 시아버지와 시어머니는 시집간 시누이를 돌봐주러 외지에 계세요. 만약 아이 하나가 병이 나면 전 정말 바빠지죠. 그저 병이 난 아이를 데리고 이웃 마을의 진료소를 갈 수 있을 뿐이에요. 병원을 안갈 수만 있다면 안가요. 병원이 너무 머니까요. 설령 병원에 가야만 한다 해도 오토바이를 타고 병이 난 아이를 데리고 다녀오죠. 입원할 여건이 안 되니까요. 이러면 아이의 병이 천천히 좋아져요. 가끔 아이 병이 심각해서 의사가 아이를 꼭 입원시키라고 하면, 나머지 아이들을 이웃집에 맡겨요. 그때 느끼는 스트레스와 부담은 말할 수 없을 만큼 엄청나요. 나 홀로 남겨져 아무도 도와주는 사람이 없다는 생각까지 들면 정말 마음이 안 좋아요. 비록 남편이 계속 전화를 주긴 하지만, 제 곁에 없으니 아무런 도움이 못되죠."

그녀는 자신의 건강이 좋지 않다고 밝혔다. 저혈당증이 있어서 곧

잘 현기증이 나는데, 일단 증상이 나타나면, 며칠 동안 정신이 없고 체력까지 바닥난다고 했다. 이럴 때는 수액을 맞아야 하는데 아이들을 돌봐야하니 차마 그러질 못했다.

나는 이렇게 물었다. "그렇다면 어째서 남편을 외지로 일하게 보냈나요?" 그녀는 속절없이 머리를 가로저으며 이렇게 말했다.

"다른 방법이 없어요. 우리 집 세 아이 중 둘이 계집애라면 그래도 괜찮았겠죠. 돈을 절약하기 위해 초등학교만 졸업시키고는 학교에 안 보내면 되니까요.[5] 그러나 지금 사내아이가 둘이고 나이도 4살 터울인데, 만약 둘 모두를 고등학교와 대학교까지 보내려면 돈이 많이 들어서 감당이 안돼요. 만약 고등학교나 대학교를 안 보낸다고 해도 앞서거니 뒤서가니 집을 지어주거나 사줘야 할 텐데, 이건 돈이 더 들죠. 지금 마을의 집을 사거나 스스로 집을 지으려면 한 채에 20~30만 위안(대략 3400~5100만원 정도)이 들어요. 여기엔 결혼할 때 여자네 집에 보내야하는 납채금納采金은 포함되지 않은 거예요. 우리집 두 아들 녀석들은 오래지 않아 장성할 텐데, 이후로 돈 쓸 곳이 너무 많아요. 농사만 지어서는 죽을 힘을 다한다 해도 아이 셋을 먹여 살리는 것만으로도 쉽지 않은 일이에요. 대학 공부시키고 며느리 얻는 것은 언감생심 상상조차 할 수 없죠. 전 지금도 최대한 이런 미래를 떠올리려하지 않지만 그렇다고 회피할 수도 없어요. 먹는 것과 쓰는 것만 아껴서는 아무 소용없어요. 별수 있나요. 지금부터 죽기 살기로 돈을 벌고 저축하는 데에 힘써야죠. 저도 남편과 함께 외지로 나가 일을 하고

---

5   이 마을은 유교 문화의 전통이 강하게 남아있어서, 남성중심주의가 특히나 심했다.

싶어요. 외지에서 몇 년 고생한 뒤 돈을 좀 많이 벌어서 고향에 돌아오고 싶어요. 외지에서는 돈을 벌기가 쉽고 기회도 많으니까요. 그러나 그렇게 되면 애들은 돌봐줄 사람도 없는 집에 남겨둬야 하고, 데리고 나간다 해도 외지에선 돈이 없어 애들을 키울 수가 없죠. 듣자하니 도시에서는 입학도 쉽지 않다던데. 잠시나마 이렇게 살 수밖에요. 그냥 하루하루 사는 거죠."

이 마을은 각 가구마다 두세 명의 아이들이 있었고, 한 집도 외아들이나 외동딸을 둔 집이 없었다. 아주 드물게는 아이가 너댓 명인 집들도 있었다. 자오하이탕의 집처럼 아들이 두 명인 집은 확실히 압박이 심했다.

판샤오친潘曉芹의 상황은 자오하이탕보단 좀 나았다. 그녀는 올해 25세로 6살짜리 아들과 3살짜리 딸이 있고, 남편은 27세다. 그녀의 남편과 자오하이탕은 할아버지가 같다. 형제들 간의 사이가 매우 좋아서 매년 함께 자오둥 반도에 노동하러 가는데, 그곳에서 가리비 수확한 뒤 바로 뒤이어 새로운 가리비 포자를 심는 일을 한다. 한 번 가면 반년이 걸리는데, 설날 때조차 돌아오지 않는다. 일이 바쁜데다가 차비라도 아끼려는 생각에서다.

판샤오친을 방문취재하면서 알게 된 것이, 아이가 등하교할 때 데리고 갔다가 오는 것이나 아이들을 위해 빨래를 하고 밥을 하고 밭에 물을 주는 등, 그녀가 맞닥뜨린 기본적인 어려움은 자오하이탕과 별다를 바 없었다. 단지 그녀는 디젤 삼륜차를 운전할 줄 모르다보니 밭에 물을 줄 때 친정집의 남동생에게 도움을 받는 것 정도가 달랐다. 그녀의 시어머니는 10여년 전에 돌아가셨고, 시아버지 역시 올해 50

세 정도 되는 아내를 새로 맞아들였다. 바쁠 때면 시아버지가 도움을 주기도 한다. 그녀 집은 자오하이탕의 집에 비해 아이가 한 명 적었는데, 같은 사내아이라도, 자오하이탕처럼 두 아들에게 며느리를 맞이하게 해줄 필요는 없기에 압박이 훨씬 덜했다. 그 외에 아이도 한 명 적고, 밭 너비도 작아서, 노동량 역시 적었다.

판샤오친에게 '가장 어려운 일'이 무엇인지 물었을 때, 그녀는 말을 하려다 이내 그만 두었다. 다시 방문취재해서 물어도 우물쭈물 얼버무렸다. 세 번째 방문 취재했을 때 내가 자오하이탕을 불러와 함께 자리하자, 그때서야 자신의 말 못할 속사정을 토로했다. 알고 보니 그의 남편은 키도 훤칠하고 얼굴도 잘 생긴데다, 여자도 좋아하다보니, 매년 외지에서 일하는 반년동안 비번일 때마다 밖에 나가 바람을 피우고 있었다. 그녀는 당초 이런 상황을 모르다가, 마을에서 함께 갔던 사람들 중 한 사람이 우연히 실수로 발설한 것을 듣고 알아차렸다. 이 일로 그녀는 너무너무 화가 치밀었지만, 남편은 끝까지 동료가 농담한 것이라고 우겼다. 그녀 역시 직접적인 증거가 없었기에 결국 추궁을 그만둘 수밖에 없었다. 그러나 이 일은 그녀의 마음속에 어두운 그림자를 드리웠다. 남편이 외지로 일하러 간 반년동안 그녀는 매일 애를 태우다가 결국 의부증이 생겨서, 매일 전화를 수십통 걸어 남편을 감시했다. 그러나 가리비를 수확하고 양식하는 일은 밤낮이 따로 없어서, 누구든 일을 나가면 하루 밤낮을 꼬박 일해야 했다. 한번은 남편이 밤에 출근을 하고 낮에 잠을 자게 되었는데, 남편이 푹 자기 위해서 핸드폰을 꺼두었다. 이를 몰랐던 판샤오친은 그때 극도로 광분했었다. 당시 판샤오친은 1분 1초가 너무 느리게 간다고 느꼈고 정신이 극도로 불안해졌다. 남편이 핸드폰을 켰을 때 그녀는 집요하게 캐물으면서, 자오하이탕의 남편 핸드폰으로 전화해 남편 말이 맞는지 확인까지 했다. 이 일로 판샤오친은 심신이 모두 피폐해졌다. 남편이 여자를 좋아하기에 외지의 일을 마치고 챙겨온 돈은 확실히 다른 동료들보다 훨씬 적었다. 판샤오친의 온갖 추궁에 판샤오친의 남편은 집에 전화를 많이 했다느니, 야간조일 때 담배를 많이 피웠다느니 따위의 핑계를 댔다. 그녀 역시 하는 수 없이 그저 홀로 이 고통을 참아낼 수밖에 없었다.

"어째서 아직도 남편을 외지에 노동하러 보내나요?"라는 질문에 그녀는 매우 침울해하며 이렇게 대답했다.

"제 남편이 5년 전 밭에 물을 주다가, 실수로 발을 헛디뎌 넘어졌는데, 왼쪽 다리가 돌에 부딪쳐서 심하게 부러졌어요. 그때 돈을 아낀답시고 억지로 병원에서 일찍 퇴원해버렸는데, 왼쪽 다리가 제대로 회복되지 않았어요. 결국 왼쪽 다리에 힘이 들어가지 않고 힘든 일을 할 수 없게 되고 말았죠. 외지로 나가 노동하는 것 매우 힘들기는 하지만 농사일보다는 한결 쉽죠. 그리고 농사로 벌어들이는 수입은 너무 적어요. 마늘종과 마늘 가격이 하락했을 때는, 한 해 농사로만 벌어들인 수입이란 게, 씨앗, 농약, 화학비료 등의 원가를 제하고 난 뒤, 한 가족이 먹고 마시고 사람노릇 할 정도만 되도 감지덕지죠. 외지에서 일을 하면 돈을 빨리 벌 수도 있고 실제 벌이도 더 많아요."

판샤오친은 최소한의 생활유지를 위해 득실을 따져본 뒤, 마음 속 깊은 고통과 불안함을 꾹 참고, 심지어 자존심까지 버리고, 어쩔 수 없이 엄연한 현실에 무릎 꿇을 수밖에 없었다. "설사 남편이 외지에서 정말 '바람'을 피운다 해도 외지에서 일을 하게할 수밖에 없어요."
이것은 판샤오친에게 여성으로서 가장 어찌할 수 없는 선택이자 가장 고통스러운 부담이자 가장 큰 희생이었다.

또 다른 단기로 남겨진 부녀자 세 명, 자오페이페이趙菲菲, 쑹위자오宋玉姣, 펑메이링馮美菱의 상황은 상술한 두 명, 자오하이탕과 판샤오친과는 차이가 있다. 자오페이페이, 쑹위자오, 펑메이링의 나이와 가정환경이 서로 비슷한데, 각자 최소한의 생활을 유지하기 위해서 한 명도 예외 없이, 남편이 농한기 때 외지에 노동하러 가고 자신은 집에 남아 생계를 위한 무거운 책임을 지는 것을 찬성하고 있었다.

여기서는 자오페이페이의 경우만 소개하고, 쑹위자오와 판메이링은 더 이상 언급치 않겠다. 자오페이페이의 시어머니는 2011년에 반신불수가 되어 더 이상 노동을 하거나 스스로를 돌볼 수 없게 되었다. 시아버지는 어려서 소아마비를 앓은 뒤 커서는 열쇠 제작과 신발 수선 기술을 배웠다. 시아버지는 지금까지 매일 거리에 나가 노점을 열어 돈을 벌고 있지만, 집안의 병원비, 약값, 기타 생활비를 계속 대다 보니 매우 팍팍하게 지내고 있다. 이렇게 남편이 외지에 노동을 하러 가면 그녀는 이 두 노인의 빨래와 식사를 책임져야하기에, 이른 아침부터 늦은 저녁까지 몸 한 번 누일 틈이 없을 정도로 바빠진다.

이렇게 단기로 남겨진 부녀자를 대표하는 5명은, 쑹위자오가 말했듯이 "집집마다 각자의 골칫거리가 있기도" 하지만, 그녀들이 맞닥뜨린 아이 돌보기, 생계 유지 등의 막중한 책임과 미래에 대한 근심걱정은 대체로 비슷하다. 그녀들은 이와 같은 현실 속에서도, 펑메이링이 말한 것처럼 "더 나은 미래의 삶을 위해 지금의 어려움을 꿋꿋이 견려내겠다"는 신념을 갖고 있었다. 그러나 장기로 남겨진 부녀자들에 비해서 그녀들은 그래도 '운이 좋은' 편이다. 비록 남편이 외지에 일하러 나가있을 때, 그녀들은 부부의 별거를 감내해야하고 심지어 설날조차 가족들이 다 같이 모일 수 없긴 하지만 그래도 그녀들의 노동강도나 고생정도는 장기로 남겨진 부녀자에 비해서는 좀 나은 편이기 때문이다. 그녀들은 반년만 기다리면 남편이 집으로 돌아오고 최소한 반년 동안은 남편이 집을 떠나지 않을 거라는 희망이 있다. 그러나 장기로 남겨진 부녀자들의 남편들 중 반년에 한 번 돌아오는 이들은 소수일 뿐, 대다수는 1년, 혹은 더 긴 기간 중 겨우 1번 돌아오는데, 돌아와도 며칠 되지도 않아 바로 떠나야 한다.

다음은 장기로 남겨진 부녀자에 대한 조사와 방문취재다.

4. 번민에 빠진 사람들

샤오하이小海의 아빠는 1982년에 태어났다. 학력은 초졸이고 2005년에 23세였는데, 그때까지 배우자가 없었다. 마을 사람들과 함께 상하이에 일을 하러 갔다. 처음 맡았던 일은 호텔의 경비원이었다. 이후 함께 일하는 쑨자옌孫佳艶이란 동갑내기 여자를 알게 되었다. 그녀는 그처럼 산둥 사람이긴 했지만 다른 현縣에서 컸다. 두 사람은 결혼한 후 샤오하이를 낳았는데, 이때부터 생활비가 급증해서 도저히 감당이 안 될 정도가 되어 버렸고, 그들을 도와 아이를 돌봐줄 사람도 없었다. 그래서 샤오하이의 아빠는 아내 쑨자옌과 아이 샤오하이를 고향 쑹좡에 보냈다. 그 뒤로 그녀의 삶은 훨씬 편해졌다. 먹을 걱정, 쓸 걱정도 없었고 시어머니가 그녀를 도와 아이를 돌봐주셨다. 그들은 기와지붕의 사합원四合院에 살면서, 더 이상 상하이에서 살 때처럼 누추한 집에 살 필요가 없었다. 2년 뒤 쑨자옌은 남자 아이를 한 명 더 낳았는데, 이 때 샤오하이는 이미 유치원을 다니고 있었다.

샤오하이의 아빠는 농번기 때조차 고향에 돌아오지 않는다. 매년 설날에 딱 한번 돌아올 뿐이다. 남편과 오래도록 떨어져 지내는데다가 쑨자옌의 나이가 젊다보니, 아무래도 접촉이 많은 마을 청년들과 망측한 생각을 할 수 있는 게 사실이다. 이 때문에 시아버지와 시어머니는 그녀를 늘 살펴보면서 30분도 혼자 있게 두질 않는다. 사실 마을이 크지 않아서 서로가 모두 친한데다가, 시아버지, 시어머니와 함께 살기에, 그녀는 다른 남자와 사고 칠 공간이나 기회조차 아예 없다.

쑨자옌을 방문취재하는 것은 순조로웠다. 그녀의 성격은 명랑하고 진솔했고 있는 대로 얘기했다. 입은 옷을 보면 유행을 따르고 있는 것이, 마을의 일반 부녀자와 전혀 달랐다. 얼핏 보기만 해도 도시 생활을 한 사람이라는 것을 알 수 있었다. 그녀는 줄곧 도시에서 생활했기에, 다시 도시에 가서 일할 수 있게 되기를 바라고 있었다. 지금처럼 이 마을에서 한 평생을 살 마음은 없었다.

방문취재 중 그녀가 가장 많이 말한 낱말은 '답답하다'였다. 살면서 겪는 크고 작은 어려움을 얘기했지만, 결국엔 '답답함'으로 귀결되었다. 나는 어째서 그런 마음이 들 때 미묘하게 웃음을 짓고 마는지를 캐물었다. 나중에야 알게 되었는데, 쑨자옌이란 젊디젊은 이 아낙은 남편과 오래도록 떨어져 지내면서 성적性的인 욕망을 꾹 참아 오다보니 성적인 스트레스가 가장 견디기 힘든 어려움이었다. 그녀는 성적인 욕망으로 느끼는 고통이 이미 생활이나 노동의 고생으로 느끼는 어려움을 훨씬 넘어섰다고 말했다.

리웨이웨이李薇薇는 1981년 태어났고, 그의 남편은 1973년에 태어났는데, 둘 다 이 마을 사람이다. 그들 사이에는 10살짜리 딸과 6살짜리 아들이 있다. 남편은 고등학교를 졸업한 후 상하이로 가서 지하철 공사장에 공사 일을 하고 있다. 1년에 많아야 두 번 정도 집에 돌아오는데, 매번 3~5일 정도의 국정 공휴일 기간만 머물 뿐이다. 리웨이웨이는 이미 8년째 남겨진 부녀자 노릇을 하고 있는데, 상하이에 가본 적은 한 번도 없고 남편과는 전화로만 연락을 하고 있다. 그녀의 시아버지와 시어머니는 이미 작고했고, 친정의 부모도 바빠서 그녀를 돕지 못한다. 그래서 간신히 30여 평의 밭을 경작할 뿐이고, 나머지 밭은 자신의 남동생에게 맡기고 있다. 매일 계속되는 그녀의 일이란 두 아이를 돌보는 것이라 다른 남겨진 부녀자들보가 노동 강도는 낮은 편이다. 그녀는 학교를 다닌 적이 없는 문맹이다. 그래서 아이를 가리키는 것이 그녀의 가장 큰 어려움이다.

방문취재 중에 그녀는 자신이 절대 잊지 못하는 경험 두 가지를 얘기했다. 하나는 2년 전 겨울 때의 일이다. 저녁을 먹고 난 뒤 하늘에는 큰 눈이 내리기 시작했다. 아들이 밤에 갑자기 높은 열이 났는데, 집에는 상비용 해열제도 없었다. 그녀는 할 수 없이 딸을 집에 두고 문을 잠근 뒤 아들을 안고 쌓인 눈을 밟으며 힘겹게 3km를 걸어서 병원에 갔다. 진료를 받은 뒤 집으로 돌아오니 날이 밝아 왔다. 그녀는 하룻밤 내내 추위와 놀람에 떨다보니, 결국 독감에 걸렸다가 한

달여 만에 간신히 나왔다. 또 하나는 한밤중의 일이다. 집에 좀도둑이 들었는데, 리웨이웨이는 깜짝 놀라 크게 소리를 지르면서 침상 옆 탁자 위에 있던 사발을 잡아 밖으로 던졌다. 좀도둑은 깜짝 놀라 도망가버렸다. 비록 한바탕 헛소동으로 끝나긴 했지만 리웨이웨이는 며칠 동안 넋이 나가 있었다.

그녀가 계속해서 반복했던 낱말은 '견딘다'였다. 남편은 그녀와 아이들을 너무나 그리워해서 종종 전화를 걸어 운다. 그러면 그녀도 남편이 너무나 그립기에 남편을 따라 울게 되는데, 그녀는 남편보다도 더 가슴 아프게 운다. 그녀는 종종 지금의 삶은 마치 하루가 1년처럼 느껴질 정도이기에 꿈속에서조차 이 같은 생활이 끝나기를 바란다. 그녀는 남편이 최대한 빨리 고급 기술자격증을 획득해 좀 더 많은 돈을 벌게 되길 바란다. 그리고 이후 담당 기관의 도움을 얻어 남편이 입적入籍 수속을 하게만 되면, 전 가족이 상하이로 이사를 할 수 있다.[6] 이렇게만 된다면 지금의 비인간적인 생이별의 고통을 겪지 않아도 된다. 여기까지 얘기했을 때 그녀의 두 눈은 순간 반짝거렸고, 깊이 파인 미간의 주름 사이에서 한 가닥 미래의 행복한 삶에 대한 희망을 드러냈다.

쑹싱윈宋星芸은 1971년에 태어났는데 남편은 그녀보다 여려서

---

6   (옮긴이) 여기서 '입적'이란 호적을 옮기는 것을 말한다. 중국의 호적제도는 지금까지 농업호적과 비농업호적을 엄격하게 구분하고, 이를 근거로 도시와 농촌간의 과도한 인구 유동을 억제하는 근거로 삼아왔다. 특히 농촌에서 태어나 농업호적을 가진 사람이 도시의 비농업호적을 취득하는 것이 매우 어려웠는데, 현재는 이러한 과도한 억제를 완화하고 하나의 호적으로 통합하려는 추세이다.

1973년에 태어났다. 그들 사이엔 딸만 셋인데, 첫째가 14살, 둘째가 12살, 셋째가 10살이다. 그녀와 남편은 2002년 함께 상하이로 일하러 가서 그곳에서 10년을 지냈고, 셋째도 그때 낳았다. 그들이 상하이에서 장기간 일을 한 이유는 바로 고향의 가족계획 정책 때문이었다.[7] 사실은 셋째를 사내아이를 낳고 싶었지만 결국 바람대로 되진 않았다. 이젠 둘 다 나이가 많아서 더 낳을 수는 없다. 또 첫째 딸이 막 고등학교에 진학하기 때문에, 고향으로 돌아가 공부해서 대입고시를 치룰 수밖에 없다.[8] 그래서 2012년 봄에 그녀는 세 명의 아이들을 데리고 고향으로 돌아왔다. 남편은 계속 상하이 야채시장에서 일하고 있다. 쑹싱원의 어머니는 이미 작고했고 아버지는 1년 내내 병을 달고 살아서 스스로를 돌보지 조차 못한다. 그래서 그녀는 세 아이를 돌보는 일 말고도 자신의 아버지까지 돌봐야 한다.

쑹싱원이 도시로 간 노동자에서 농촌의 남겨진 부녀자가 되었고, 현재 그녀 혼자 180평이 넘는 밭을 경작하고 있다. 매일 새벽 4~5시에 일어나 밤늦게까지 바쁘게 일하다가 잠이 든다. 하루에 많아야 4~5시간을 잘 수 있을 뿐이다. 농번기 때면 남편이 집으로 돌아와 도와준다. 평소 너무 바빠지면, 그녀는 이웃이나 친정의 형제들에게 도움을 청한다. 그녀는 지금 40세 초반이지만 보기엔 50세로 보였다.

---

7   '두 자녀 정책'이 전국적으로 시행되기 이전에, 이 지역 가족계획정책은, 만약 첫째가 여자아이면 합법적으로 둘째를 가질 수가 있는데, 셋째는 허락되지 않았다. 그래서 어떤 집들은 이런 가족계획정책을 피해 셋째 아이를 낳으려고 외지로 나가 일을 하기도 했다.

8   상하이에서는 쑹싱원처럼 상하이가 본적이 아닌 사람의 자녀는 상하이에서 대입고시를 치를 수 없다. 반드시 호적에 기록된 곳으로 돌아가 대입고시를 치러야만 한다. 쑹싱원 아이들의 호적은 쑹좡으로 되어 있다.

얼굴은 주름이 가득하고, 머리는 이미 반백이며, 손은 온통 거친 굳은 살이 배겨있다. 진짜 전통적인 중국 부녀자와 일찍이 도시에 가서 일을 해본 경험이 있는 사람은 근본적으로 다르다. 그녀는 생활 속에서 맞닥뜨리는 가장 큰 어려움은 혼자 여러 명이 할 일을 하면서, 과도한 노동을 장기적으로 지속하고 있다는 것이다. 방문취재 중에 그녀는 끊임없이 자신은 "너무 바쁘고 너무 피곤하다"고 말했다. 그녀의 가장 큰 바람은 쉴 수 있는 시간이다. "동이 틀 때까지만 잘 수 있어도 너무 좋겠어요."

그녀 외에도 장기적으로 남겨진 부녀자로 마잉메이_{馬英梅}와 저우홍_{周虹}이 있다. 방문취재 중에 마잉메이는 줄곧 살기 너무 힘들다고 말했다.

"저는 여자 혼자 아이와 노인을 돌보면서, 남정네가 되어서 힘든 일이든 허드렛일이든 상관없이 모두 배워서 해내야만 하죠. 입는 옷, 사용하는 장비, 하는 일, 이 모두가 여자 것이 아니에요."

그녀의 남편은 작년 설날 전에 사장이 빚을 진 채 도망가 버리는 바람에 한 푼도 월급을 받지 못했다. 결국 죽자 살자 반년을 넘게 일했건만 한 푼도 받지 못한 것이다. 남편은 축 쳐져서 집에 돌아와서는 종일토록 우울해하며 술만 마셨다. 마잉메이는 그저 하루하루 꾹 참고 남편의 마음을 풀어주면서 더 이상 외지에 일하러 가지 말라고 권하는 수밖에 없었다. 그러나 올해 봄이 되자 남편은 다시 외지로 나갔다. 1년 내내 외지에서 일을 해왔기에 집에서 밭일을 하는 것이 낯설었기 때문이다. 그녀에게는 선택의 여지가 없었다. 그저 계속해서 혼자 집의 모든 일을 짊어지고 다시 외지로 일을 나간 남편을 응원할 수밖에 없었다. 그녀의 표현을 빌리자면 그럴 수밖에 없는 이유는 이러했다.

"전 고지식한 남편을 사랑해요. 그가 괴로워하는 것을 두고 볼 수가 없어요. 두 아이는 점점 자라고 있는데, 집에 돈이 없고 밭일로는 별다른 수입이 없어요. 그렇다보니 결국 외지에서 일을 해서 돈을 벌어올 수밖에 없죠. 설마하니 또 사장이 도망가버리는 일을 당하기야 하겠어요?"

저우훙은 집에 남겨진지 이미 5~6년이 되었다. 남편은 쑤저우蘇州에서 야채 장사를 하고 있다. 최근 그녀는 남편과의 소통이 날로 줄어들고 있다 보니, 두 사람 사이의 감정 역시 이미 냉랭해져 버렸다. 통화를 한다 해도 늘 몇 분되지도 않고, 할 말이 없어져 서둘러 끊어버리거나 아니면 끝도 없는 말싸움을 벌이고 만다. 요 몇 년 사이 남편의 장사가 잘 돼서 이미 돈을 많이 벌었고 차도 샀다. 저우훙은 동향 사람에게서 남편이 그곳에 동거하는 여자가 있다고 들었다고 한다. 그러나 그녀는 고향에서 아이들이 공부하는 것을 보살피기 위해 쑤저우에 갈 수 없다. 남편 역시 그녀가 따라와주기를 바라지 않는다. 그녀는 자신의 결혼 생활에 대해 전혀 믿음이 없었다. 방문취재 중 그녀는 이렇게 말했다. "때때로 저는 뭐라 형용할 수 없는 공황 상태에 빠져버려요." 그녀는 늘 이 유명무실한 결혼관계 때문에 홀로 눈물을 흘리며, 때때로 온밤을 지새우기도 한다.

총괄적으로 말하자면, 쑹좡에서는 단기간 남겨진 부녀자이든 장기간 남겨진 부녀자이든 상관없이, 모두가 아이를 돌보고 농사를 지어야만 했다. 혹자는 여기에다가 부모까지 봉양해야했다. 이런 과정 중에서, 모두들 남편의 부재로 인해 각종 어려움을 맞닥뜨렸다. 그 중에서도 미래에 영향을 끼지는 최대 난관은 바로 아이들의 교육에 큰 문제가 있다는 점이다. 또한 그녀들 역시 확실히 너무 바쁘고, 너무 피곤하고, 너무 힘들다. 그녀들은 외롭고 속수무책이고 외부의 도움을 받을 수도 없다. 현재까지의 조사와 방문취재에서 다음과 같은 사실을 발견할 수 있었다. 장기간 남겨진 부녀자들은 남편이 더 오랫동안 외지에 머물다보니, 단기간 남겨진 부녀자들에 비해 더 많이 생계를 책임지고, 심리적이고 감정적인 고통과 시련을 겪게 되고, 이로부터 초래된 대단한 수준의 성적인 스트레스까지 받게 되면서, 결혼생활 역시 각자 그 정도는 다르지만 위기를 맞이하고 있었다.

이런 내재적인 억압과 위기는 때때로 외재적인 정서로 드러나는 경우가 있는데, 그녀들의 삶에 부정적인 영향을 끼쳐서, 그녀들이 늘 '답답해하고', '견디고', '공황에 빠지고', '절망하는' 등의 감정에 휩쓸리게끔 만들어 버렸다. 이를 어찌하면 좋을까? 저우훙은 이렇게 말했다. "이제와 또 뭘 어쩌겠어요!" 현실에서 그녀들은 예외 없이 '계속 인내하는 방식'을 선택했다. 그러나 아무래도 그 인내의 끝은 보이지 않는 듯하다. 결국 이러한 끝이 보이지 않는 암담함이 괴로운 심사心思를 더 괴롭게 만들어 버린다. 도저히 인내할 수 없게 되면 그녀들의 감정은 폭발할 것이다. 그러면 아이들도 그녀들이 분노를 배설할 대상이 되어 버릴 것이기에, 이런 환경은 아이들의 교육과 성격 형성에도 영향을 끼치게 될 것이다.

5. 주체적인 역할과 매체의 묘사

의문의 여지없이, 쑹좡의 남겨진 부녀자들은 가정과 사회에서 동시에 두 가지 역할을 맡고 있다. 우선 그들은 여성이다. 정확히는 전통적이고 보수적인 문화 속에서 성장한 여성이다. 그녀들은 아이를 낳고 키우며, 노인을 돌본다. 다음으로 그녀들은 남성보다 더 '남성'답다. 그녀들은 전통적인 중국의 "남자는 밭을 갈고 여지는 베를 짠다"는 관념 속에 나오는 '밭을 가는' 일을 홀로 책임지고 있다. 남편이 외지에 일하러 간 상황 속에서, 정상적인 가정이라면 본래 남자가 맡아야할 역할을 담당하고 있는 것이다. 마잉메이가 방문취재 중 얘기한 것처럼, 그녀들은 "여자지만 남자 노릇을 하고 있다." 정확하게 말해, 그녀들은 "반만 여자고 반은 남자다." 바꿔 말하자면 생업과 생활 속에서 그녀들이 이중적인 역할을 병행하고 있기에, 한편으로 여자면서 한편으론 남자이기도 하다는 말이다. 즉 집에 남겨진 '버팀목'인 것이다.

그녀들이 이렇게 이중적인 역할을 병행하고 있기에, 바로소 이 마을이 농사나 생활에 있어서 전반적으로 유지가 되고 있는 것이다. 또한 이 때문에 마을에서 그녀들의 위치란(이는 그녀들이 맡고 있는 역할이기도 하다) 주변이 아닌 중심에 가깝다. 이러한 사실은 그녀들이 마을을 지탱해 줌으로써, 그녀들의 남편이 이 마을에 가져온 '노동의 경제적' 수입이 마을 전체주민 총수입의 1/4을 차지한다는 현실에서 잘 드러난다. 또한 그녀들이 노인과 아이들을 돌보고, 마을의 사회적 기능이 전반적으로 조절 능력을 잃지 않도록 담보해 주고 있다는 상황

밭에서 일하고 있는 쑹좡의 부녀자들

에서도 구체적으로 드러난다. 그녀들은 이 마을의 경제적, 사회적 발전을 위해서 '비정상적인' 개인의 희생을 통해 마을공동체에 지대한 공헌을 하고 있는 것이다.

그러나 또 다른 측면에서 보자면, 그녀들은 쑹좡에서 전혀 알려지지 않은 사람들이면서, 온종일 아른 아침부터 어두운 밤까지 부산하게 일을 하면서, 온 마음과 온 힘을 다해 생계, 아이들, 노인들을 책임진다. 그녀들은 정말이지 제대로 자기 자신까지 돌볼 여력이 없다. 이렇게 그녀들의 일상생활과 주체적 역할조차 그녀들 스스로를 어필하게 할 수가 없기에, 그녀들은 줄곧 그저 '침묵하는 다수'로 남을 뿐이다. 이 마을의 남겨진 부녀자들 역시 '5000만'명에 달하는 중국 농촌에 남겨진 부녀자 집단 중 한 명일뿐이다. 그렇다면 현재 주류매체와 대중매체는 이렇게 큰 규모의 집단을 어떻게 묘사하고 있는가?

확연히 드러나 보이듯이, 마을 주체로서의 남겨진 부녀자들의 존재는 매체에서 은폐되어 있다. 가끔이나마 드러난 부분이 있다 해도, 그녀들이 모습은 왜곡되고 있다. 그녀들에 대한 주된 묘사들은 다음과 같은 것들이다. 영화나 TV드라마에서는 그녀들의 모습을 찾을 수 없다. 신문에서도 그녀들의 목소리를 들을 수 없다. 그녀들의 현재 상태에 대한 뉴스 보도는 인터넷상에 있긴 있는데, 종종 욕정에만 초점을 맞춰서, 온갖 수단방법을 동원해 그녀들의 욕정, 외로움, 탈선만 '캐내고', '훔쳐보고', '부풀려서' 대중의 호기심이나 관음증을 충족시키고 있다. 이는 대중의 눈길을 끌어 사이트의 클릭 수 등을 올리기 위한 것이다. 그 중에 비교적 대표적인 실례가 바로, 고향에 남겨진 부녀자가 외로움 때문에 인터넷을 통해 알게 된 사람과 여관에 들어갔다는 보도다.[9] 이 보도는 인터넷에서 한바탕 시끌벅적한 화젯거리가 되어, 계속해서 각종 대형 웹사이트의 대문에 걸려있었다. 이는 농촌에 남겨진 부녀자에게 '오명을 덮어씌우는 짓'이었기에, 그녀들의 진정한 자기모습과 일상생활을 보여줄 수 없었다. 이 때문에 그녀들이 사회 구조 안에서 응당 갖춰야할 주체적 역할은 주류매체와 대중매체의 묘사 속에 줄곧 빠져있었다.

어째서 이런 상황이 초래되었을까? 초보적인 분석에 따르면 대체로 다음과 같은 4가지 원인이 있다.

첫째, 30년 동안, 정치, 경제, 문화, 사회 등 다양한 영역에서의 중

---

9   신화사(新华网), 「탈선한 남편이 부부 관계를 갖지 않자, 아내는 외로움을 견디기 힘들어 인터넷을 통해 알게 된 사람과 여관에 들어갔다(出轨丈夫不过夫妻生活, 妻子难耐寂寞与网友开房)」, http://news.xinhuanet.com/overseas/2014-03/12/c_126255391.htm. (최종검색일: 2014-03-12)

심은 기본적으로 도시에 있었다. 도시화와 세계화 풍조는 갈수록 고조될 뿐, 조금도 잦아들 기색이 없다. 이에 도시에서의 생활이 모든 사회의 초점이 되면서, 중심적인 위치를 점하게 되었고 대단한 권위를 가지게 되었다. 비록 농촌農村, 농업農業, 농민農民을 통칭하는 이른바 '삼농'三農 문제가 수면 위로 떠오르고 '새로운 농촌 건설'이라는 의제가 제시되는 등, 농촌이 누차에 걸쳐 정책이나 문건에서 언급되기는 하지만, 총괄적으로 말하자면 아직도 부족하다. 그리고 주류매체에서 도시에 비해 상대적으로 농촌문제는 현실적으로 충분히 중시받지를 못하고 있다. 이 점은, 도시 및 도시의 노동자와 농촌에 남겨진 부녀자에 대한 주류매체상의 묘사를 비교해 보면, 분명하게 확인된다.

둘째, 비록 현재 영화와 TV드라마에서 적지 않게 농촌의 삶을 보여주고 있긴 하지만, 이것은 완전히 상업화된 접근이기에, 물불을 가리지 않고 '농촌'을 소비해버린다. 농촌 생활에 대한 화면은 '유머의 소재'나 '웃음거리'로 활용되며 자본을 끌어 모으는 총애의 대상으로 간주된다. 이는 비단 농민의 생존을 위한 질고疾苦를 외면해버릴 뿐만 아니라, 농촌에서의 삶을 극단적으로 희극화, 오락화, 상업화해버린다. 한바탕 웃음으로 농민들이 사회의 변화 속에서 맞닥뜨리게 되는 갖가지 어려움, 엄중함, 긍정적인 의미를 사라지게 해버리고, 어찌할 수 없는 현실로 인해 농촌사람 스스로 쓴웃음을 짓게 만들면서, 농촌에 대한 도시 소비자들의 호기심과 상상을 충족시켜 주었다. 그 결과 이러한 영화와 TV드라마들은 제작을 위해 쓴 돈에 비해 훨씬 많은 수입을 창출해 냈다. 돈을 바가지로 퍼 담으면서 엄청난 이윤을 달성한 것이다. 정책의 선전도구로 삼고 주류 이데올로기의 선전 필요성에 영합하다보니, 새로운 농촌 건설을 진행하면서 농민이 적극적으로 창업을 하고 가정을 일으켜 부자가 되는 등의 측면에만 주의를 기울일 뿐 다른 측면들은 홀시하고 있다.

셋째, 현대사회는 여전히 남녀불평등한 사회라서, 남겨진 부녀자는 사회적 약자 그룹에 속하는 약자이다. 남성지배 담론이 주도적인 지위를 차지하고 있는 사회에서 그녀들의 처지, 강인함, 고난은 주류 담론에 의해 응당 널리 알리고 견지해야할 부녀자의 전통적인 미덕인 것처럼 가볍게 여겨지거나 간단히 기술되어 넘어가 버리고 만다. 그리고 매체에 의해 너무나도 당연한 자연스럽고 합리적인 사회적인 분업과 성별 분업으로 간주되어 버린다. 결국 그녀들의 문제는 전환기 사회의 문제로 간주되지도 않고, 발언권도 잃어버리고 말았다.

넷째, 남겨진 부녀자는 매체로부터 별다른 가치가 없다고 간주되면서 '투명'해져버린다. 도시와 자본은 그녀들의 남편을 값싼 노동력으로 고용하는 동시에, 깔끔하게 그 남편들의 가정에 발생한 '부담거리'는 멀리 내던져버린다. 이렇게 되다보니 그녀들은 '조리도 정연하게' 도시의 '잉여물'로 간주된다. 즉 도시와 자본이 농촌가정의 노동력을 '빨아들일' 때 빼 버려야할 대상이 된 것이다. 이건 마치 금속을 제련하는 데 금속을 얻으면서 걸러져 나온 '광물찌꺼기'를 내버리는 것과 마찬가지다. 여기서 외지로 나온 노동자 가정의 남성 노동력이 바로 '금속'에 해당하기에, 그래도 매체가 보도할만한 가치가 있지만, 남겨진 부녀자들은 '광물찌꺼기'가 되어 매체에게 아무런 가치도 없는 대상으로 간주된다. 이에 그치는 것이 아니라 그녀들에겐 '투명 망토'가 걸쳐져 전혀 스스로를 드러낼 수가 없다.

그렇다면 문학에서는 어떻게 농촌에 남겨진 부녀자의 주체를 어떻게 재현해내는가? 농촌을 소재로 한 일련의 소설들에서는, 남겨진 부녀자들이 일상생활 중에서 맞닥뜨린 복잡다단한 문제들을 다음과 같이 묘사하고 있다. 많고도 고된 농사 노동에다가 감정상의 갈등과 정신적인 곤혹감도 다루고 있고, 시어머니와 며느리 사이의 고조된 갈등까지 다루고 있는데, 그 내용이 욕망, 권력, 돈의 유혹으로 가득 차 있다. 소설에 나오는 그녀들 중 대다수는 농촌을 지키고 있는 사람들이었고, 몇몇은 도시로 도망가고 싶지만 끝내 가진 못한 사람들도 있었다. 소설 속의 문학적 상상 속에서는, 천잉쑹陳應松의『들고양이 호수野猫湖』[10]처럼, 현실 세계에 비해서 일상생활의 부담은 축소시키고, 감정과 욕망, 영혼과 육체 간의 갈등은 증폭시키고 있다. 모든 작품 속에는 하층민과 사회적 약자의 현실적인 몸부림과 정신적인 곤경이 가득하지만, 이들의 주체성은 도리어 확연하게 희화되거나 소외되었다.

---

10   (옮긴이) 천잉쑹은 중국의 소설가로, 1956년에 태어나 우한(武漢)대학 중문과를 나왔다. 대표적인 작품으로는『가라앉다(沉下去)』,『대지에 감사하다(感恩大地)』,『나는 이처럼 낮은 산을 너무나 사랑한다(我是如此地熱愛山岡)』등이 있다.『들고양이 호수(野猫湖)』는 외롭고 고된 삶에 놓여 있던 농촌 여인 샹얼(香兒)이 같은 마을 좡언니(莊姐)의 극진한 보살핌을 받게 되면서, 이 두 중년 여성의 사이에 우정을 넘어서서 동성애가 싹튼다는 내용이다.

6. 남겨진 이야기

현대 중국 사회는 30년 동안 도시를 핵심으로 하는 개발주의 사고 방식을 갖고 있었기에, 남성 농민공農民工을 상품이자 노동력으로 간주해 사용해왔다. 남성 농민공은 성별문화, 체력, 사회의 역사와 도덕 등을 이유로, 여성에 비해서 도시에 들어가 생계를 도모할 기회가 더 많았기에, 도시와 자본의 저가低價 고용 노동력이 되었다. 이러한 구조적인 격차는 결국 농촌 부녀자를 사회의 가장 외지고 약한 곳으로 내몰았고, 그녀들을 남아서 지키는 자로 만들어 버렸다. 이 같은 결과는 근본적으로 사회의 불공정과 남녀불평등 등으로부터 초래된 것이다.

쑹쫭의 조사에 근거해서 남겨진 부녀자 문제에 대해, 이제 다음과 같이 긴밀히 연계된 세 가지를 충분히 인식하고 강조하고자 한다.

첫째, 남겨진 부녀자의 사회적 가치를 발굴하고 인정해야한다.

모든 사회는, 농촌에 남겨진 부녀자들이 사회 구조 속에서 "응당 누려야할" 주체적 역할을 인식해야만 한다.

농촌에 있어서 남겨진 부녀자는 '38부대, 61부대, 99부대'[11]의 '주

---

11   이것은 최근 사회에서 유행하는 비유이다. 성인 노동력이 도시에 가서 노동을 하게 되면서 매우 많은 마을들이 모두 '텅 빈 마을'이 되었고, 남은 것은 부녀자와 노인, 어린이들뿐이었다. (옮긴이) '38'은 부녀자를 가리키고, '61'은 어린이를 가리키고, '99'는 노인을 가리키고, '부대'는 해당 집단을 가리킨다. '38'이 부녀자를 뜻하게 된 것은, 현재 중국이 3월 8일을 부녀자의 날(婦女節)로 삼았기 때문이다. '61'이 어린이를 뜻하게 된 것은, 현재 중국이 6월 1일을 어린이날(兒童節)로 삼았기 때문이다. '99'가 노인을 뜻하게 된 것은, 현재 중국이 전통명절인 음력 9월 9일 중양절(重陽節)을 노인의 날(老人節)로 삼기 때문이다.

력군'이다. 이 때문에 부녀자는 남겨진 가정의 '반쪽 하늘'을 받치는
것이 아니라 '온 하늘'을 받치게 되었다.[12] 그녀들은 일상생활 속의
'철인'鐵人[13]이며, 사회적으로는 '양성인'兩性人[14]이라 할 수 있다. 그녀
들은 가정과 사회의 정상적인 운영을 유지하게 만들고 있지만, 사회
가 정책을 통해 그녀들을 돕는 부분은 매우 적다. 이 때문에 그녀들은
비단 현실 속에서 종종 각종 불평등한 상황 등을 맞닥뜨리게 될 뿐만
아니라, 줄곧 도시 뒤에 '가려진 그늘'로 내몰렸다. 농촌에 그녀들이
없다면, 늙고 쇠약해졌지만 어디도 의지할 곳이 없고 누구도 돌봐주
지 않는 수많은 '남겨진 노인들'과 홀로 남겨져 도와주는 이 없고 갈
곳이 없어 떠도는 수많은 '남겨진 아이들'이 넘쳐날 것이다.[15] 쉽게 예
측이 할 수 있듯이, 농촌은 요즘 대중매체가 보여주는 '텅 빈 둥지'[16]
같은 마을이 되는 정도가 아니라 장차 폐허가 될 것이다.

도시의 입장에서 볼 때 '잉여물'로 간주되는 농촌에 남겨진 부녀자
들이 '광물찌꺼기'처럼 아무런 가치가 없어 보일지라도 사실은 그렇
지 않다. 왜냐하면 그녀들의 강인함이 없다면 그녀들의 남편들이 도시

---

12   (옮긴이) 1950년대 중국은 농업생산력 향상을 위해 적극적으로 여성의 농사 참여를 독
      려했다.(당시까지는 아무래도 농사는 남자가 해야 한다는 전통적인 의식이 강했다.) 이
      때 마오쩌둥(毛澤東)이 여성의 농사 참여를 독려하기 위해 "부녀자는 하늘 반쪽을 지탱
      할 수 있다."(婦女能頂半邊天)란 구호를 제시했었다.

13   그녀들은 살면서 도저히 감당할 수 없는 '짐'을 어쩔 수 없이 감당하고 있다.

14   여기서는 사회적인 성별을 가리킨다.

15   쑹좡의 경우, 남겨진 부녀자들이 이 마을을 지키지 않는다면, 마을에는 100명이 넘는 남
      겨진 노인들과 아이들이 생길 것이다.

16   (옮긴이) 여기서 '텅 빈 둥지'는 '空巢'의 직역이다. 원래 '空巢'는 주로 나이든 노인을
      돌봐줄 젊은이들이 떠난 가정을 가리킨다.

에서 안심하고 노동을 하거나 도시건설의 주력군이 될 수 없기 때문이다. 그녀들은 도시건설을 지탱해주는 사람들이며, 도시화라는 '릴레이'에서 사용되는 매우 중요한 '바톤'baton 중 하나라고 할 수 있다.

개괄하자면, 그녀들은 도시 건설을 지탱하고 있으며, 노인과 아이들을 돌보고 있으며, 농촌을 지키고 있다. 바꿔 말하자면, 그녀들은 도시 건설의 '이름 없는 영웅'이며, 농촌 논밭의 '지킴이'다. 새로운 농촌의 건설자이자, 전통문화의 '수호자'다. 이 때문에 도시 건설이든 농촌 건설이든 상관없이 그녀들은 음으로 양으로 활약하고 있다. 비록 자기 자신의 주체는 '침묵'하고 있지만 주류매체와 대중매체는 이를 '은폐'하거나 '투명'하게 만들어 버린다. 그러나 직시하지 않을 수 없는 것이, 농촌건설이란 임무의 절반을 그녀들이 수행하고 있고, 도시 건설에 있어서도 건설의 공로 중 그녀들의 몫도 있다. 그녀들이 없다면 지금의 사회가 어찌될 것인지, 상상조차 할 수 없다.

둘째, 남겨진 부녀자들의 처지를 확인하고 파악해야한다

그런데 남겨진 부녀자들 문제는 줄곧 존재해오던 것인가? 이를 확인하기 위해선 먼저 그녀들이 남겨지게 된 역사적 조건과 사회적 원인을 확실하게 파악해야 한다. 그녀들은 "애당초 존재했던" 것이 아니라 1989년부터 시작된 '(외지)노동붐'을 따라 덩달아 생겨났다. 그녀들의 '반쪽'들은 집식구들을 먹여 살리기 위해, 농촌의 '떠미는 힘'과 도시의 '끌어당기는 힘'이 함께 작용하는 상황 속에서 농촌을 떠나 도시도 몰려들었다. 이런 노동자들은 당초 전혀 고향을 떠날 생각이 없었을 수도 있다. 그러나 1980년대 중엽 이래로 농촌의 노동력은 상대적으로 과잉이었고, 농민이 토지 경작으로 얻는 수익은 낮아졌기에, 어떤 가정에서는 그저 토지 경작만으로는 이미 가족을 먹여살릴 수 없을 지경이 되었으나, 농촌에는 이 외의 별다른 생계수단이 없었다. 바로 이 때 도시화가 가속화되면서 대량의 노동력이 필요하게 되었다. 농민들에게도 도시에 들어가 노동하는 것이 농촌에서 토지경작으로 벌어들이는 수익보다 많았다. 그러나 도시와 도시의 자본이 필요로 하는 것은 오로지 노동자의 노동력이었기에, 노동력이 '과잉'인 상황에서 자본은 노동력에 대해 그저 최저의 원가, 즉 최저 노임만을 지불할 뿐이었다. 이 때문에 노동자는 도시 자본과 노임을 흥정할 권리가 없었고, 자녀를 도시로 데려와 생활할 경제적 능력도 없었다. 그런데 아이 양육 및 노인 봉양에 대한 중국 고유의 관습과 농촌 사회의 노후보장 제도의 결핍으로 인해, 노동자의 부모가 일단 노동능력을 상실하게 되면 노동자가 그들의 노후보장까지 책임져야만 하게 되었다.

그래서 한 가정 안에서 부부 중 한 명은 농촌에 남아서 아이와 노인을 돌보고, 한 명은 도시로 들어가 노동을 하는, 새로운 노동분업을 하게 되었다. 그러나 남녀사이엔 교육 기회와 사회 경쟁 등에 있어서 불평등이 존재하기에,[17] 상대적으로 남성이 도시에서 일감을 찾기가 용이했다. 그래서 이미 가정을 이룬 부부의 일반적인 선택은, 남편이 도시로 가서 노동을 하고 아내는 남아서 집을 돌보는 것이었다. 결과적으로 부부는 '이산가족'의 방식으로 '가정'을 유지할 수밖에 없었

---

17   농촌에서는 일반적으로 남성의 교육수준이 여성보다 높아서, 전체적으로 볼 때 남성이 도시에 들어가서 일감을 찾을 기회가 좀 더 많다.

다. 가정의 생계와 생활이라는 엄중한 짐은 남겨진 부녀자들의 어깨에 놓이게 되었고, 그녀들은 고생스러우면서도, 사회로부터 인정받지 못하고 명확하게 금전적 가치로 환산되지도 못하는 다양한 노동에 종사하게 되었다.

부부가 떨어져 사는 상황은 정서상의 문제든, 심리적인 문제든, 혼인관계의 틈이나 불안요소를 쉬이 만들어낸다. 남편은 도시에서 상대적으로 '현대'적이고 '개방'적인 자유로운 환경을 맞닥뜨리게 되는데, 정서나 성恎 문제에 있어서 사회적 제약이 상대적으로 약하다. 아내는 농촌에서 상대적으로 전통적이고 보수적인 환경에 처하게 되면서, 정서나 성 문제 있어서 사회적 제약이 상대적으로 강하다. 어떤 남편은 도시 안에서 '바람을 피울' 기회가 생기기도 하지만, 아내는 친지나 이웃의 감시 하래에서 착실하게 '부도'婦道를 지키게 되는데, 이런 상황 속에는 남녀불평등의 요소가 존재한다.

셋째, 한 걸음 더 나아가 이렇게 물어야 한다. "남겨진 부녀자들 문제는 존속할 것인가?"

이는 그녀들의 미래에 대한 예상이다. 현재 확실한 것은, 이 같은 대규모의 남겨진 부녀자들 집단의 출현은 전례가 없던 일이라는 점이다. 그렇다면 그 미래는 어떨까?

현재 남겨진 부녀자들의 거주 지역과 연령대를 놓고 볼 때, 경제 발전이 양호한 농촌지역에서는 남성이 외지로 나가 노동하는 경우가 비교적 적고, 남겨진 부녀자들도 비교적 적었다. 노년 가정에서는 남성이 외지로 나가 노동하는 경구가 매우 적고, 남겨진 부녀자들도 매우 적었다. 쑹좡에 대한 조사를 살펴보면, 노년의 부부들은 기본적으

로 '(아내가) 남겨지는' 생활방식을 선택할 리가 없고, 좀 더 젊은 세대
는 도시화의 격랑 속에서 태어나고 성장했기에, 장래에 '(아내가) 남겨
지는' 방식을 선택할 가능성이 별로 없다. 이에 미래의 쏭쾅 가정 모
델은 장차 다시금 바뀌게 될 것이다.

그렇다면, '쏭쾅'의 현 단계에 존재하는 남겨진 부녀자들은 아마도
장차 특정 지역, 특정 연령대이 사람이 특정한 역사적 단계에서 도시
화라는 과정의 사회적 '희생양'이 될 것이다. 이는 전환기 중국 사회
의 독특한 현상으로 미래까지 영원히 존속하지는 않을 것이다.

이러한 역사 단계가 얼마나 더 지속될 것인가에 대해서는 확답하
기 곤란하다. 일단은 전 사회가 장차 어떻게 하는지가 가장 중요하다.
현재까지 그 규모가 크게 늘고 있는 농촌에 남겨진 부녀자 문제를 어
떻게 대응하고 처리하고 '해소'할 지는, 장차 사회에서 가정의 역할
변화와 사회가 어떻게 전환될지를 검증할 중요한 척도 중 하나이다.

엄혹한 시대를 살아가는 우리들은, 효율적인 조치를 취해 농촌에
남겨진 부녀자들의 개별적인, 그리고 집단적인 상황을 바로 지금 개
선해야만 한다. 응당 사회가 짊어져야할 책임을 계속해서 몇몇 개인
들에게 미뤄서는 안 된다. 또한 과감하게 수입과 사회재분배 제도를
개혁하고, 서둘러 도농 격차를 해소하고, 농민과 농민공의 수입을 적
절한 수준까지 올리고, 빈부격차가 벌어지는 양극화를 피하기 위해
노력하여, 농촌의 남겨진 자들이 '남을 수 있게끔' 해주어야하고, (농
촌에서 온) 도시의 노동자들이 '살아갈만하게끔' 해주어야 한다. 2014
년 7월24일 국무원國務院은 중국 전 사회에 호적제도 개혁 의견을 공

식적으로 발표했는데, 역사적 조치라고 할만하다.[18]

사실 한마디로 말하자면, 사회의 '발전'은 더 이상 '제 살 깎아먹기식의 식민' 방식이나 '남녀불평등'의 방식, 즉 농촌가정의 이산가족화와 남겨진 부녀자들의 고생에 의지하여 실현되거나 유지되어서는 안 된다. 왜냐하면 도시의 발전이란 농민공이 없이는 불가능하고, 농민공의 삶이란 그들의 가정과 불가분의 관계이기 때문이다. 그래서 사회는 농촌에 남겨진 부녀자들에게 좋은 미래를 제공해야할 의무가 있다. 그녀들의 문제를 해결하는 것은 사회정의와 남녀평등과 같은 공공의 요구를 실현하는 것이다. 물론 이는 부녀자들의 '재해방' 운동을 진행하는 것에 다름 아니기도 하다.

참고문헌은 각주로 대신함

---

18   中国新闻网:「진일보한 호적제도 개혁 추진에 관한 국무원의 의견(國務院關於進一步推進戶籍制度改革的意見)」, http://www.chinanews.com/gn/2014/07-30/6439778.shtml. (최종검색일: 2014.7.30)

3부

청춘들의
일상
정동 · 실천

8장

'단사리斷舍離'에서 '쓰레기'의 생산을 보다

왕신란(王欣然)_상하이대학교 문화연구학과
최정섭 옮김_성결대학교 연구원

『단사리斷舍離』는 우선 일본의 야마시타 히데코山下英子 여사가 쓴 연작으로서, 현재까지 중국에서 이미 『단사리』, 『단사리(마음편)』, 『직장 단사리』, 『나이 단사리』, 『단사리: 마음의 부담을 덜다』, 『단사리: 업그레이드 실전편』 등 몇 권이 출판되었다. 구체적인 판매량 통계는 없지만, 2015년 1월 출판된 『직장 단사리』의 광고면에서 『단사리』 한 책만도 전세계 소비량이 이미 천만을 넘었고, 중국에서 『단사리』 연작의 판매량 역시 일찌감치 백만을 넘었다고 광고한 바 있다.[1]

그러나 더 광의의 '단사리'는 물건정리 자문가라는 이름을 내건 야마시타 히데코가 제창한 집안 정리술과 그 배후에 있는 생활방식 및 생활이념이다. 최근 몇 년간, '단사리'는 중국 도시에서 굉장히 유행하였고, 상하이에서는 이미 소규모의 실천집단이 생기기 시작해 온라인 교류와 비정기적 오프라인활동을 벌이고 있다. 베이징에서는

1 　『斷舍離』, 『斷舍離(心靈篇)』은 廣西科學技術出版社가 각기 2013년 7월과 2014년 3월에 출판하였다. 『工作斷舍離』, 『年齡斷舍離』는 모두 長江文藝出版社가 2015년 1월에 출판하였다. 『斷舍離: 心靈減負篇』과 『斷舍離: 昇級實操篇』은 모두 中國友誼出版公司가 2015년 3월에 출판하였다.

야마시타 히데코(山下英子)의 『단사리(斷舍離)』 중국어판 광고

어떤 O2O(online to offline) 가사家事관리회사가 최근 발표회를 열어 전문적인 정리서비스를 시작한다고 공표했는데, 이 서비스는 국내 최초일 뿐 아니라 '정리사整理師'라는 신흥 직업도 만들어냈다.

'단사리' 세 글자는 유가수행철학瑜伽修行哲學 속의 '단행斷行', '사행舍行', '리행離行'에서 유래하였는데, 야마시타 히데코는 이것을 개편했다. "단(끊음)은 자기 집에 들여오고 싶지만 필요 없는 물건을 끊는 것이고, 사(버림)는 집안 도처에 범람하는 폐품을 버리는 것으로, 단과 사를 부단히 반복하면 마침내 이런 상태에 도달할 것이다. 리(벗어남)는 물건에 대한 집착으로부터 벗어나서, 여유 있게 일을 처리하는 자유자재한 공간에 처하는 것이다.……바꿔 말하면, 단사리의 주인공은 결코 물건이 아니라 자기이다. 이것은 '물건과 자기의 관계'를 핵심으로 삼고, 물건을 취사선택하는 기술이다. 당신이 가져야 할 사고방식은 결코 "이것은 사용할 수 없으므로 남겨둔다"가 아니라 "내가 사용하고 싶으므로 그것은 매우 필요하다"이다. 주어는 영원히 자

기이고, 시간축은 영원히 현재이다." [2]

　'단사리'의 핵심적 관점은 인간과 사물의 관계를 처리하는 데에 있다고 말할 수 있다. 물질이 부족한 시대에는 참을성 있게 물건을 찾아내는 것은 아주 작은 일이었다. 어쩔 수 없는 경우가 아니면 절대 버리지 않았고, 아니면 만일의 경우에 대비하여 물건을 쌓아두기 시작하였다. 그러나 오늘날, 물질의 풍성함은 이미 방법을 생각해내어 '단사리'하지 않으면 안 되는 정도에 이르렀다. 정리술로서의 '단사리'의 가잘 실제적인 기능은 집안에서 쓰지 않고 있는 물건의 처리를 돕는 것이다. 일련의 방법, 즉 '단사리' 배후의 이념은 유용한 물건과 무용한 물건을 구별하도록 지도하며, 최종적으로는 무용지물을 '쓰레기'로 간주하여 처리해버리게 한다. 이 과정에서 '쓰레기'의 개념은 바뀌었다. 그것은 더 이상 객관적으로 충분히 사용가치를 실현할 수 없는 '폐물'이 아니며, 우리의 주관적 판단과 더 많이 관련되어 있다. '단사리'는 쓰레기에 관한 일단의 새로운 판단기준을 만들고 있는데, 이 기준의 배후에는 쓰레기에 대한 새로운 관념의 생산뿐 아니라 이 관념과 짝지어지는 새로운 주체主體의 탄생이 있다.

　야마시타 히데코는 1950년대에 태어났다. 그녀가 성장한 연대는 바로 일본의 고도경제성장기에 해당하며, 소비사회의 막이 이미 올라 있었다. 2000년, 야마시타 히데코는 잡물雜物관리자문가의 신분으로 일본 각지에서 강좌를 진행하며 '단사리'라는 생각을 강조하였는데, 이후 이 개념은 바로 유행하기 시작하였다. 이 당시는 이미 일

2　　山下英子, 『斷舍離』, 廣西科學技術出版社, 2013년 7월, 12쪽.

본의 경제발전속도가 그 전과 많이 달라서, 물질의 풍성이 사람에게 가져오는 자극도 염증과 반성으로 바뀌고 있었다. 오늘날의 중국도 마찬가지로 이런 전환을 겪고 있다. 고도경제성장의 단계는 이미 지나갔고, 지역발전불균형의 모순, 도시와 시골의 수입의 격차, 도시 내부의 수입의 격차가 부단히 확대되고 있지만, 도시에 살고 있는 중산계급과 소자산계급은 이미 기본적으로 물질적 조건의 곤궁함을 벗어났고, 소비사회에 들어선 후의 갖가지 곤란에 직면하기 시작했다. 일차적이고 편리한 작은 물건의 낭비는 굳이 말할 것도 없는 작은 일이 되었으며, 빠른 속도로 쌓여간 풍부한 물건은 날로 새로운 번뇌를 가져오고 있다. '단사리' 실천의 주요 동력은 자신의 주거생활을 쾌적하게 바꾸고, 너무 많은 물건 때문에 괴로워지지 않는 것이다. 이 실천의 성공 후에 나타나는 궁극적인 모습은 간결을 핵심으로 하는 풍격화風格化, 심미화審美化된 주거공간배치이다. 이런 점에서 보자면, '단사리'는 後후소비시대의 도시남녀가 추구하는 생활미학이라 하겠다.

물론, '단사리'가 유행할 수 있었던 핵심적 이유는 결코 오로지 정리술에만 있지는 않았다. 일종의 생활지도이념이라는 것이 더 강조된다. 그 창시자인 야마시타 히데코가 말한 바 그대로이다. "단사리는 개념일 뿐 아니라 생활방식이기도 하다.……사물의 부속품이 되지 않고, 자신이 진정으로 필요로 하는 것에 대해 생각하기를 중심으로 삼아야 한다."[3] '단사리'는 우수한 주거 지침이 되는 데에 만족한 적이 없었다. 그 기초 위에 독자에게 가치지향을 내포하는 일종의 생

---

3   山下英子, 『斷舍離: 昇級實操篇』, 中國友誼出版公司, 2015년 3월, 1쪽.

활방식 모델을 만들어주는 데에 신경을 썼다. 『단사리』 연작을 자세히 읽고 분석하면, 그 책들이 대체로 우리에게 행복한 생활의 모델을 묘사하고 있다는 것을 알 수 있다.

단사리의 주인공은 물건이 아니라 자기이다. '나 자신'이 그것을 필요로 하는가 아닌가를 고려한다. '버리자니 아깝고, 남겨두는 게 낫겠다'는 사고방식은 물건을 주인공으로 삼는 것이다.[4]

단사리와 일반적 정리술의 가장 큰 차이는, 단사리가 결코 방을 깨끗하게 하는 것을 목적으로 삼지 않는다는 것이다. 이는 정리 과정을 통해 진실된 자기를 이해하고 좋아하게 되고, 자아긍정감을 실현하기 위한 것이다.[5]

물건 선택의 요점은 '이용할 수 있는가 없는가'가 아니라 '내가 이용할 것인가 말 것인가'이다. 이 점을 명심해야 한다.[6]

단사리는 내심內心을 찾아가는 것이다. 단사리는 자기와 사귀는 것이다. 단사리는 자기해방이다.[7]

---

4   山下英子, 『斷舍離』, 廣西科學技術出版社, 2013년 7월, 34쪽.
5   山下英子, 『斷舍離』, 廣西科學技術出版社, 2013년 7월, 34쪽.
6   山下英子, 『斷舍離』, 廣西科學技術出版社, 2013년 7월, 29쪽.
7   山下英子, 『斷舍離: 昇級實操篇』, 中國友誼出版公司, 2015년 3월, 180쪽.

이상과 같은 서술로부터, 단사리의 첫번째 중점이 '자기'라는 것을 어렵지 않게 알 수 있다. 실천방식으로서든 생활이념으로서든, 단사리의 핵심은 시종 '자기'를 둘러싸고 있다. '물건'과 '나'의 관계에서 '나'는 영원히 주인공의 위치를 차지한다. 동시에, '나'는 쓸모없는 '물건'을 떼어내는 과정에서 비로소 "진실된 자기를 이해하고 좋아하게 된다." 이렇게 될 때 물건과 인간의 관계는 아주 냉담해질 수 있으며, 또한 갈수록 더 냉담해져야 한다. 이래야만 비로소 나는 인심人心에 대한 물질의 괴롭힘을 벗어날 수 있다. '단사리'는 직접적 대립의 방식으로 물건의 부단한 누적을 처리한다. 즉, 물건에 감정을 투입하는 것은 합당치 않으며, 우리는 물건의 번잡함을 벗어날 수 없으면 쾌적한 생활을 누릴 수 없다. 그러나 이렇게 할 수 있는 전제는 우리가 이미 값싼 다량의 물건이 끊임없이 생산되는 풍요로운 소비사회에 들어섰기 때문이다. 생활수준이 높아지고, 어디서나 상업적 소비 촉진이 이루어짐에 따라, 사람들은 종종 과도하게 소비하고, 잠시도 사용하지 않을 물건을 대량으로 쌓아둔다. 그러므로 주거생활을 정리하는 효과적인 수단으로서 '단사리'는 날이 갈수록 사람들에게 필요해진다. 그러나 비록 물건의 속박을 힘껏 벗어나려고 해도, '단사리'는 실제로는 오히려 우리의 일상생활에 대한 물건의 중요성을 크게 높여 놓았다. '단사리'가 제창하는 이 정리술과 생활방식에서 물건은 우리의 자기인식을 상징하며, 동시에 우리의 내심세계도 펼쳐보인다. 인간이 사용하는 물건은 반드시 그 내면과 짝을 맺는 것이다.

야마시타 히데코는 '단사리'를 실천할 수 없는 인간을 세 종류로 나눈다. 한 종류는 현실도피형이다. 집안에 머물 시간이 없고, 집안은 엉망진창이다. 한 종류는 과거집착형이다. 현재 이미 사용하지 않는 물건을 남겨둠으로써 과거의 행복한 시간에 미련을 갖는다. 또 한 종류는 미래 걱정형이다. 힘껏 투자하여 물건을 쌓아둠으로써 불시의 필요에 대비한다. 그 후의 업그레이드판 책에서, 그녀는 또 단사리를 실행할 수 없는 사람을 가치 없는 물건을 버리려 하지 않는 '도량이 좁은' 인간, 물건에 개인감정을 투사하는 '일방적으로 생각하는' 인간, 불시의 필요를 위해 적극적으로 쌓아두는 '견강부회'의 인간으로 일일이 분류한다. 만약 우리의 물건 처리가 부당하면, 이는 우리 자신에게 틀림없이 갖가지 문제가 있다는 것을 반영할 것이다. 여기에서 물건은 오히려 한 사람의 내심을 가장 직접적이고 믿을 만하게 평가하고 판단하는 경로가 된다는 것을 쉽게 알 수 있다. 동시에, 작자의 논술에서 '단사리'는 결코 모든 물건을 버리라는 것이 아니다. "아까워서 손에서 놓지 못하고, 그저 한번 자세히 보기만 해도 행복을 느끼게 되고 용기가 크게 늘어나는" 물건은 반드시 버릴 필요는 없으며, 이들 물건을 부단히 고르고 확인하는 과정은 자기의 힘을 강화할 수 있다. 남은 것은 모두 자기가 좋아하고 또 진정으로 필요로 하는 것이며, 그 속에서 생활하는 사람의 감수성은 더 쾌적하고 유쾌해지기 때문이다. 게다가 작자는 우리에게, 이것을 기초로 삼아 더욱 고급한 물건을 천천히 고르라고 건의한다. 이렇게 하는 것도 우리의 자기인식을 높일 수 있다는 것이다. 이렇게 대략 모순이 드러나는 서술을 가지고서, '단사리'는 실제로는 소비사회의 반대 면에서 또 하나의 등급체계를 세워놓았을 뿐이다. 이 체계에서 물건과 인간의 본질적 관계에는 결코 근본적 변화가 발생하지 않으며, 변한 것은 그저 구체적 기준뿐이다. 즉, 작고 우수함小而精이야말로 개인의 소양과 풍격을 가장 잘 체현할 수 있는 정확한 물건구매의 길이다.

『단사리』 제1부에서, 동시에 야마시타 히데코는 '단사리'를 행하는 것은 여유로운 마음상태로 유쾌하게 살 수 있게 위해서라고 지적한다. 왜냐하면 "인류의 가장 큰 죄는 즐겁게 살지 않는 것인" 동시에,[8] "창고가 있고 역사가 있는 집에 사는 사람은 너무나 괴롭다. 집안 도처에는 역사적으로 전해져 오는 묵직한 가보家寶가 가득 차 있는데, 그것은 한 사람의 것도 아니고 한 세대 사람의 것도 아니며, 여러 세월을 거치며 대대로 전해져온 것이기 때문이다. 이런 것들은 매우 치명적인 장애물이다."[9]

이는 바로 '단사리'의 두 번째 중점, 즉 '이 순간'이다. '단사리'의 내재적 논리에서, 역사와 미래는 모두 부담이며, 오직 현재만이 아낄 가치가 있다. 사실상, '단사리'가 진정으로 끊으려는 것은 결코 물건에 대한 집념과 욕망이 아니고, 역사에 대한 감각이다. 과거의 물건은 이미 '치명적인 장애물'이 되었고, 과거에 대한 미련 역시 무용한 굴레가 될 뿐이다. 우리는 과거역사와의 관련을 끊는 데에 힘써야만 진정으로 독립적이고, 여유로운 상태의 유쾌한 개체가 될 수 있다. 그러나 이 '현재'는 어디에서 와서 또 어디로 가는가? 인간이 어떻게 사회 속에서 고립적으로 생존할 수 있는가? 과거도 없고, 미래도 생각하지 말라? 전통적 향촌사회에서 이는 분명 불가능한 일이었지만, 현대사

---

8   山下英子, 『斷舍離』, 廣西科學技術出版社, 2013년 7월, 38쪽.

9   山下英子, 『斷舍離』, 廣西科學技術出版社, 2013년 7월, 93쪽.

회에서 도시와 현대적 주거생활관이 생긴 이후에 이렇게 하기는 분명 많이 쉬워졌다. 사실 자기와 이 순간은 부단히 축소되는 환경 속에서만 비로소 그 최대의 우세를 발휘하여 가장 순수한 '쾌활'과 '쾌적'을 얻을 수 있다. 이 환경은 곧 우리의 주거생활이다.

단사리 연작에서 주거생활에 대한 강조는 도처에서 보인다.

집家은 자기 마음을 세계에서 가장 편안하게 하여 치유할 수 있는 곳이다[10]

단사리는 '주육住育'을 목표로 삼는다. 우리가 거주하는 곳은 우리 자신의 상황을 투사할 수 있다.[11]

집을 가장 훌륭한 휴식처가 되게 하라.[12]

집안이 깨끗하고 청결하게 변하면, 사람은 적극적으로 향상될 것이다.[13]

'단사리'를 실천한 결과는 쾌적한 가정과 생활 및 여유로운 마음 상태의 유쾌한 자신이다. 이는 또 우리의 마음이 끌리는, 부단히

10   山下英子, 『斷舍離』, 廣西科學技術出版社, 2013년 7월, 94쪽.
11   山下英子, 『斷舍離』, 廣西科學技術出版社, 2013년 7월, 94쪽.
12   山下英子, 『斷舍離』, 廣西科學技術出版社, 2013년 7월, 97쪽.
13   山下英子, 『斷舍離』, 廣西科學技術出版社, 2013년 7월, 97쪽.

추구하는 경지이다.[14]

집家, 즉 가정이 아니라 주거지로서의 집에 대한 강조는 단사리의 세 번째 요점이다. 여기서 '집'의 의미지향은 결코 집안사람들家人 사이의 친밀한 감정적 관계가 아니라 주거공간의 배치이다. 친밀한 관계는 지나치게 복잡하고, 또 굴레가 많다. 완전히 자유로운 자기가 되는 가장 간단한 경로는 주거생활로부터 시작하는 것이다. 동시에 또한 주거환경을 단순화해야만, 원자原子와 같은 자기가 절대적으로 쾌적한 편안함과 여유를 얻을 수 있다.

이상의 간단한 분석을 통해, 우리는 '단사리' 개념의 전개 및 그 구체적 조작을 빌려, 작자가 책 속에서 행복한 생활의 모델을 만들었음을 알 수 있다. 즉, 당장의, 자기의, 쾌적한 집家. 이 세 가지를 만족시켜야만 비로소 좋은 생활을 했다고 볼 수 있다. 동시에, 또 '단사리'를 통해서만 우리는 이 세 가지에 도달할 수 있다. 작자는 '당장의 유용성'과 '자기 내심의 쾌적한 자유'를 부단히 강조한다. 그러나 그 속의 공허함을 발견하기는 어렵지 않다. 무엇이 자기 내심의 쾌적한 자유인가? 물건이 나의 신분에 어울리고, 주거생활이 미학적 의미에서의 풍격화를 드러낸 후에는 내가 적극적으로 향상될 수 있고, 행복한 생활을 할 수 있는 것인가? 행복한 생활의 본질은 부단한 후퇴와 축소이며, 먼저 역사와의 관련을 끊어야 한다. 왜냐하면 역사가 가져올 수 있는 굴레와 번거로움을 정리하고 나서 소가정小家庭으로 물러나야

---

14   山下英子, 『斷舍離』, 廣西科學技術出版社, 2013년 7월, 34쪽.

만 비로소 사회에서 겪는 진짜 번뇌로부터 최대한도로 풀려날 수 있기 때문이다. 단사리 이념의 실천은, 그 내재적 논리에 따르면, 개인의 주거환경을 개조하는 동시에 자기를 개조하는 것이고, 이 두 개조가 일체양면—體兩面의 동일한 과정임을 의미한다. 단사리 이념의 실천은 또 우리가 '쾌적'한 주거공간을 만드는 동시에, '여유로운 마음의 유쾌한' 주체를 생산하는 것도 의미한다.

동시에 주거환경을 부단히 정리하고 인간과 사물의 관계를 부단히 재구성하는 가운데에서, '단사리'는 무엇이 쓰레기이고 무엇이 필수품인지를, 무엇이 우리의 신분과 부합하며 우리의 행복감을 촉진하고 높여줄 수 있는 물건인지를 정의하기 시작하고, 더 나아가 우리가 판단을 내리도록 도와준다. "이것들은 '필요 없고, 적합하지 않고, 쾌적하지 않은데도' 오히려 버릴 수 없고 줄곧 집안에 남아 있는데, 그 이유는 바로 집착이다.……그러나 망각의 경지에 이르면, 그것은 어떤 형식으로든 거두어 들여지고 아무런 구별이 없다. 실질적으로 말하자면 그것들은 이미 쓰레기이다."[15] 이 문제를 해결하는 관건은 "한마디로 말하자면, 먼저 '끊기'와 '버리기'를 전개해야 한다. 그중에서도 '버리기'가 더 중요하다."[16]

만약 개인 주거환경을 변화시키고 지나치게 많은 물건을 처리한다는 각도에서 본다면, 당장 급한 일은 확실히 '버리기'가 먼저이다. 그러나, 만약 쓰레기관념의 혁신에서부터, 또 객관적으로 쓰레기의 양

---

15   山下英子, 『斷舍離』, 廣西科學技術出版社, 2013년 7월, 72쪽.

16   山下英子, 『斷舍離: 昇級實操篇』, 中國友誼出版公司, 2015년 3월, 42쪽.

을 감소시킨다는 장기적이고 근본적인 요구에서 본다면, 구체적으로 단사리 가운데 '끊기'를 핵심으로 해야 한다는 것에는 아무런 의문이 없다. 만약 소비사회에 대한 깊이 있는 '판단'과 확고한 '결단'을 내리지 못한다면, '버리기'와 '벗어나기'는 소비사회를 그 반대방향에서부터 힘없이 인증印證해주는 것일 뿐이다. 물건과 자기의 관계에 대한 그 설명과 마찬가지로, 꼭 있어야 할 총체성과 역사성이 결핍되어 있다. 즉, 물건에 대해 말하자면, 생산의 연쇄의 연결점이 없기에, 물건은 순수한 소비물이다. 개인에 대해 말하자면, 역사 감각과 구체적 사회관계가 없는 사람은 그저 공중에 떠다니는 추상물 같아서, '개인의 좋아함'만 있고 역사에 대한 책임, 사회에 대한 책임이 없다. 모든 이념을 '자기'에 기반하여 발생시키고, 또 '이 순간'과 '유쾌한 주거생활'을 긴밀히 둘러싸고서 논할 때, '단사리'는 분명 그저 유행하는 개념유희일 뿐으로서, 사람을 잠시 안전하게 그 속에 집어넣지만 오히려 더욱 중요하고 핵심적인 것을 잊게 하였다. 예를 들면, 물건의 생태적 구성성분에 대한 관심과 탐색, 물건의 생산과 소비의 배후에 감추어진 "무차별적 인류노동" 및 전全 자본주의생산방식의 지배적 작용같은 것이다. 이 점에 대해서 말하자면 단사리는 바로 반대방향에서 모종의 감추어진 이데올로기 작용을 발휘하고 있는 것이다.

　나는 일찍이 나의 스승 크리스로부터 이야기 하나를 들은 적이 있다. 1976년 1월, 그는 미국 캘리포니아 대학의 사회주의 고찰단社會主義考察團을 따라 중국을 탐방하였다. 그들이 쩡저우鄭州에서 호텔에 머물 때, 일행 중 한 선생이 너무 많은 짐을 가지고 와서 약간 번거로움을 느끼고는 구두 한 켤레를 호텔의 쓰레기통에 버렸다. 그들의 고

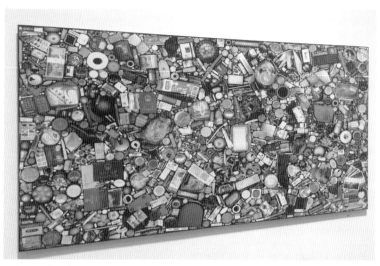

상하이 민생(民生)현대미술관에 전시된 홍하오(洪浩)의 작품 〈내 물건들(我的東西)〉 시리즈 중 하나

찰단이 다음 역인 우한武漢에 내렸을 때, 그들은 우한의 호텔에서 전화 한 통을 받았다. 전화 건 이는 쩡저우 호텔의 직원이었는데, 그는 신발을 버린 이 사람에게 당신이 신발 한 켤레를 빠트렸으니 부쳐주겠다고 말했다. 아무리 설명해도 이 직원은 망가지지도 않고 또 계속 신을 수 있는 구두를 버리는 사람이 있다는 사실을 믿지 못하였다. 그에게 있어서 그것은 조심하지 않아서 쓰레기통에 잘못 둔 것이 틀림없고, 결코 쓰레기일 리가 없었던 것이다.

이것은 70년대 중국의 이야기이다. 그 무렵은 물건이 저마다 쓸모를 다할 때까지 쓰이던 시대였다. 다소 황당한 이 이야기는 이미 절판되어버린 에피소드일 뿐이다. 오늘날에는 낡은 신발 한 켤레를 버리는 데에 무슨 문제가 있다고 생각하는 사람은 더 이상 없을 것이다.

반대로 현대의 도시생활에서 가장 골치 아픈 것은 날로 늘어가는 가구들을 어떻게 처리할까 하는 것이다. 늘 충분히 넓지 않은 옷장에서부터 자잘한 물건으로 가득 찬 서랍까지, 소비사회 도래후의 고뇌가 구석구석에 가득하다. 최근 몇 년간 크리스 선생은 강의 때문에 자주 중국에 오셨는데, 그가 말하는 바로는 이렇다. 70년대에 내가 중국에 왔을 때는 무슨 쓰레기라는 것을 거의 보지 못했고, 거리는 깨끗했다. 지금은 중국에 올 때마다 내가 만들어내는 쓰레기가 미국에서보다 최소한 두 배 더 많다. 많이 나오는 부분은 대부분 과도한 포장이 낳은 쓰레기인데, 종이, 일회용품, 플라스틱 같은 것들이다.[17]

분명 시대에 따라 쓰레기에 대한 규정이 다름은 확실하다. 오래 전도 아닌 때에 나는 어느 폐품수거업자와 인터뷰를 했다. 그녀는 마당에 가득한 쓰레기를 가리키며 내게 말했다. 이것들은 지금은 이미 모두 돈이 안 되지만, 몇 년 전에는 낡은 아동용 자전거를 수거해오면 며칠 내에 그것을 팔아치울 수 있었다고. 지금 이 물건은 고철이고, 고철의 가격에 따라 팔지만, 예전에는 중고품으로 처리하였다고 한다. 고철의 가격은 2008년 경제위기 이래 거의 줄곧 내리막이고, 이익은 거의 없다. 한편으로는 소비사회와 공업문명이 산출한 무궁무진한 상품이 있다. '빠른 유행'의 복장, 일회용 포장재, 빈번히 바뀌

---

17 사실상, 크리스 처음에는 10배 많다고 생각했고, 나는 이에 대해 놀라움을 표했다. 그는 미국에서 그가 내버린 쓰레기 대부분은 분리수거한 것이기 때문에, 이 부분을 쓰레기로 칠 수는 없다고 생각한다고 설명했다. 즉, 그의 논리에서, 분리수거한 물건은 재생자원이며, 쓰레기라고 부를 수 없다는 것이다. 그러나 우리는 다시 한번 토론했다. 버리는 물건을 모두 쓰레기라고 칠 수 있다고 가정하더라도, 그는 중국에서 적어도 2배의 쓰레기를 생산할 것이라고 생각했다.

는 각종 가전제품과 전자설비 등의 경우처럼 낡은 것도 다 쓰지 않았는데, 새 것은 부단히 공급되며, 게다가 더 새롭고, 더 '좋고', 더 싸다. 다른 한편으로는 이들 상품이 그 삶의 의미를 신속히 소진하고 남은 쓰레기더미가 있다. 쓰레기 처리장에는 엄청나게 많은 물건이 산더미처럼 쌓여 있다. 상품의 시체로서의 쓰레기는 이미 더 이상 묻을 곳조차 없어질 것이다. 단사리같은 생활이념들은 안 그래도 본래 무너질 것 같은 쓰레기산을 모르는 사이에 부단히 높이고 있다. 이제껏 쓰레기는 객관적 사물이었던 적이 없으며, 쓰레기의 정의定意에 대한 사람들의 문화적 관념도 새로운 '쓰레기'를 만들 것이다.

현대사회에서 쓰레기란 무엇인가? 신화자전新華字典을 뒤적여보면, '쓰레기'라는 단어에 대한 주석은 이렇다. "폐기되어 무용한 것 혹은 더럽고 망가진 것". 이중 "더럽고 망가진"은 상대적으로 객관적 기준을 가지고 있지만, "폐기되어 무용한"은 물건 소유자의 주관적 바람을 더 많이 담고 있다. 사실 이 역시 현재 쓰레기에 대한 우리의 주요 태도이다. 즉, 쓰레기는 곧 무용지물이다. 유용과 무용을 구분하는 기준이 상당히 중요해졌다. 이 기준을 정의하는 데에 문화는 매우 중요한 작용을 한다. 만약 우리가 문화연구의 맥락 속에서 '문화' 개념에 대한 레이몬드 윌리엄스의 고전적 해석을 따른다면, 문화는 총체적 생활방식을 의미한다. 이 생활방식은 결코 "의식주와 교통衣食住行, 먹고 마시고 즐기기 같은 외재적 근거에 구애되는 것"이 아니다.[18]

---

18   雷蒙·威廉斯(레이몬드 윌리엄스), 『文化與社會(문화와 사회) 1780-1950, 吉林出版集團, 2011년 8월, 337쪽.

동시에 또 당장의 사회관계에 대한 판단, 형성 중인 사회관社會觀을 더 많이 가리킨다. 그렇다면 생활방식으로서의 단사리는 더욱 많은 관념적 의미상의 쓰레기를 생산하고 있다. 낡았거나, 나와 무관하거나, 모종의 심미審美적 스타일에 맞지 않는 것은 모두 쓰레기이다. '단사리'의 의미논리에서는, 한 사람이 성년이 된 후에는 어린 시절 사용했던 자전거는 자연히 버려야 하며, 과거의 굴레는 집안에 두면 장애물만 될 것이다. 버린 후에는 개인은 분명 이미 아무런 책임도 없어지고, 여유로운 마음으로 유쾌한 주거생활을 계속할 수 있다. 바로 이런 관념이 우리로 하여금 더 이상 저 자전거가 버려진 후의 운명에 관심을 두지 않도록 만들고, 동시에 부분적으로는 자전거가 고철로 변하는 과정도 가속화하였다.

물건을 버린 후, 우리는 베개를 편히 베고 걱정 없이 진정 여유로운 사람일 수 있을까? 일상생활 속의 번뇌는 그저 우리 근처의 생활환경이 충분히 아름답지 않기 때문이고, 실내의 물건과 마음 속의 집착을 정리하기만 하면 제거할 수 있는 것일까? 마찬가지로, 한 사회가 쓰레기를 분류하고, 선진적 과학기술과 완비된 도시관리체계를 가진 후에는 쓰레기 위기가 자연히 완화되고 근본적으로 치료되는 것일까? 모든 방면이 최대한 완전해진 후에야 한 사회는 자연히, 또 자동적으로 최적화될 수 있는 것일까? 도시 관리의 전략은 분명 관료주의적 책임 분할이며, 매每 체계는 자기 내부의 일을 책임질 뿐이다. 그러나 쓰레기문제는 위기로 변할 수 있는 모든 사회문제와 마찬가지로 더 구체적인 시야를 가지고 한 사회의 더욱 내재적이고 유기적인 연계를 창조해야 하며, 이런 연계는 한 국가의 정부부분의 운용의 유기적 연계일뿐 아니라, 개인, 가정, 지역 그리고 정부 사이의 연계이기도 하다. 심지어는 국가와 국가 사이의 협력을 필요로 할 수도 있다. 그러나, '단사리'의 배후에서 체현되는 것은 오히려 개인과 사회, 지금 현재와 역사의 분열이며, '주거환경'과 '사회환경'을 구분짓고, '개인생활'과 '사회책임'을 나누는 사회관이다. 물론, 단사리는 '쓰레기'의 부단한 증가에 대해 작용할 뿐 아니라, '사유제', '효율', '쾌적', '편리' 등 우리 일상생활 속의 관념을 전부 조립하여 운용하고 있다. 우리로 하여금 부지불식간에 자본주의의 생산체계 속에서 하나의 공모共謀의 역할을 떠맡게 하고, 물질적 풍성함과 생활의 쾌적함의 유혹 하에서, 과거의 경험과 기존의 믿음을 잊는 동시에 냉담하게 자기와 주위 환경을 단절시키게 한다.

그렇다면 끊임없이 이런 사회관의 영향을 받아서 점점 더 편하게 살게 된 후에, 우리는 도대체 어떻게 우리의 일상생활이 가져오는 이 대량 파생품들을 이해하고 처리하여야 하는가? 어쩌면 우리는 레이몬드 윌리엄스의 생각을 빌릴 수 있을 지도 모른다. "실제로, 경험에서 의미를 섭취하고, 또 이 의미가 활력을 갖게 하는 것이 바로 우리의 성장과정이다. 우리는 반드시 또 다른 약간의 단어의미를 스스로 창조해야 하고 또 애써 전파해야 한다. 인류의 위기는 늘 이해의 위기이다. 즉, 진정으로 이해된 사건만을 우리는 해낼 수 있다.……어떤 관념과 사유방식은 생명의 씨앗을 포함하고 있고, 어떤 것들(어쩌면 우리의 마음 속에 깊이 감추어져 있을) 치명적인 씨앗을 포함하고 있다. 이 씨앗들을 알아보고, 하나하나 밝힐 수 있는지가, 우리로 하여금 공동의 인식을 얻을 수 있게 해 주고, 또 아마도 바로 우리가 미래를 헤아

릴 기준일 것이다."[19] 다시 쓰레기 문제로 돌아가 보자면, 쓰레기 위기란 동시에 '쓰레기에 대한 이해'의 위기이기도 하다. 그렇다면 '쓰레기' 배후의 복잡하게 얽힌 문화적 의미의 정리, 분석 내지 고쳐쓰기는 자연히 쓰레기 관리의 중요한 부분이다. 우리가 쓰레기 문제를 대할 때, 우리는 먼저 '쓰레기'가 결코 고정불변의 개념이 아니라는 것을, 각각의 시대에 각종 관리수단과 사회조직방식을 통해, 그리고 사회현실에 기반하여 의식적으로 조직된 각종 사회관의 영향을 통해, '쓰레기'는 부단히 새롭게 정의되고 새로운 함의를 생산하였다는 것을 인식해야 한다. 이들 함의의 구별과 재구성이 우리 일상생활 속의 기성 '상식'을 새로이 조직하고 다투었다. 만약 쓰레기 없는 사회가 불가능하다면, 도대체 어떤 '쓰레기'가 우리로 하여금 더 책임 있게 주위의 환경을 대하게 할 수 있고, 따라서 하나의 총체로서의 사회를 더 최적화할 수 있을까가 우리의 피할 수 없는 임무이자 도전이다.

참고문헌은 각주로 대신함

---

19   雷蒙·威廉斯(레이몬드 윌리엄스), 『文化與社會(문화와 사회) 1780-1950』, 吉林出版集團, 2011년 8월, 348쪽.

9장

21세기 동아시아 루저, 혹은 '띠아오스屌絲'론

윤영도_성공회대학교 동아시아연구소 HK교수

이 글은 『中國語文論譯叢刊』 제37집(2015.7)에 실린 논문 「뉴미디어시대 루저문화 시탐(試探) ─한국의 '루저'와 중국의 '띠아오스(屌絲)' 현상을 중심으로」를 일부 수정하여 게재하였음을 밝혀둔다.

1. 들어가며

근대는 '청년'에 대한 호출로부터 시작되었다 해도 과언이 아니다. 전근대의 폐악에 물들지 않은 새로운 변혁의 주체로 청년들은 끊임없이 호출되었고, 근대적 주체로 호명된 그들에 의해 근대가, 그리고 근대 국민국가가 건설될 수 있었다. 하지만 한 세기가 지난 지금, 소위 '우리가 알던 세계가 종언'[1]을 고하려 하는 지금에 와서 청년은 더 이상 혁명과 건설의 주체가 아닌 소위 '88만원 세대' '루저'라는 이름으로 불리는 불가산적 객체 내지는 '띠아오스屌絲'라는 이름의 자기 안위적 하위주체subaltern로 전락해가고 있다.

'절망'조차도 '반항'의 정신[2]으로 맞서 싸울 수 있었던 혁명과 건설

---

[1] 이 말은 2001년 이매뉴얼 월러스틴(Immanuel Wallerstein)이 썼던 책의 제목 *The End of the World as We Know It: Social Science for the Twenty-First Century* 이기도 한데, 이는 과거와는 달라진 21세기 현실의 단절적인 특징을 상징적으로 잘 보여주고 있다.

[2] '反抗絶望'은 汪暉가 펴낸 魯迅 연구서의 제목이자, 그가 읽어낸 魯迅 정신의 핵심이라 할 수 있다. 魯迅이야말로 중국은 물론 동아시아 근대 사상계와 문화계 최고의 영웅 가운데 하나라는 점에서 이는 근대 정신을 상징하는 것으로도 읽을 수 있을 것이다.

의 시대가 이미 기억 속 저 멀리 사라져버린 지금, 스스로 루저 혹은 띠아오스로 자처하는 청년들이 늘어가고 있는 상황은 이제 반항해봐야 소용없다는 절망과 무기력에 빠져 오히려 현실에 맞서거나 비판하는 자들을 혐오하게 되어버린 디스토피아적 현실을 반영하고 있는 것인지도 모르겠다. 마치 영화 〈매트릭스Matrix〉에서 사이퍼Cypher[3]가 비참한 현실보다는 차라리 안락한 가상을 더 갈구하였던 것처럼, 네오같은 영웅이 되는 것은 꿈조차 꿀 수 없는 오늘날 청년들이 택할 수 있는 선택지가 어쩌면 순응 아니면 자조 이외에는 별로 보이지 않게 되었기 때문일 것이다.[4]

하지만 다른 한편으로 이 루저 문화 이면에 주류 사회의 문법과 타자화의 시선을 전복시키는 웃음과 해학이 담겨 있다는 점에 주목하면서 그 비판성과 해방적 가능성을 이야기하는 이들도 적지 않다.[5] 소위 '루저의 난'이나 '띠아오스의 역습屌絲逆襲'과 같은 해프닝에서부터 장기하나 〈무한도전〉과 같이 기존 주류문화와는 다른 무언가 삐딱

---

3   느부갓네살(Nebuchadnezzar) 호의 선원이었지만 가상의 세계인 매트릭스로 되돌아가기 위해 동료들을 배신하는 인물인 사이퍼(cypher)는 cipher, 즉 '암호' '암호의 열쇠', 혹은 '0', '없음', '空'이라는 의미를 지니고 있다는 점에서 이 인물이 지니는 역설적 상징성을 되새겨볼 필요가 있다.

4   이는 최근 한국 사회에서 이슈로 떠오르고 있는 소위 '일베'라는 집단으로 대변되는 청년층의 보수화, 그리고 이들에 의한 진보나 사회적 약자에 대한 공격과 같은 현상으로 나타나고 있다고 생각된다.

5   한국의 경우 루저 감성이 자기 학대와 함께 '정치적인 각성'의 가능성을 지니고 있음을 지적한 한윤형(2009)을 비롯해 일부 평론가들은 루저문화의 반문화(counter-culture) 로서의 의미에 대해 긍정적인 견해를 보이기도 한다. 그리고 중국의 경우 '띠아오스' 현상 이면에는 '오락성'과 함께 '반항성'과 '비판성'이 함께 담겨 있다고 평가한 李超民·李礼(2013)을 비롯해 이와 유사한 견해를 보이는 경우도 적지 않다.

한 상상을 담은 대중문화에 이르기까지 풍자의 문화적 코드로 읽히는 부분도 적지 않다.

그렇다면 최근 부각되고 있는 이런 문화현상은 과연 절망과 무기력 속에 머물러 있거나 혹은 가상 속으로 도피하는 청년들의 현실을 반영하는 것으로 보아야할 것인가, 아니면 사회 현실에 대해 분노하고 반항하며 소외로부터 벗어나 주체성을 회복하기 위해 애쓰는 저항적 청년 문화를 반영하는 것으로 봐야할 것인가? 다시 말해 루저문화는 청년들이 절망에 안주하도록 하여 현실을 직시하거나 비판하지 못하도록 만드는 이데올로기적 역할을 하는가, 아니면 조소와 풍자라는 방식을 통해 현실에 저항하고 비판하는 전복적 대항담론의 역할을 하는가?

이 글에서는 2009년 한국 사회에서의 '루저' 담론의 대두와 2012년 중국에서의 '띠아오스' 담론의 급부상을 중심으로, 이와 관련된 청년문화 현상에 대해서 살펴보고 그 문화정치학적 의미를 되새겨보고자 한다. 우선 루저문화의 계보에 대한 고찰을 통해 동아시아라는 지역적 차원에서 루저문화가 확산되고 변종을 형성해가는 과정을 살펴보고자 한다. 그리고 그 이면에 자리하고 있는 역사적 배경과 사회적 맥락의 공통점과 차이점을 살펴보되, 이를 토대와 상부구조의 관계로 바라보는 이원론적·환원론적 맥락화가 아닌 '정동情動: affect' 차원까지를 포괄하는 리좀rhizome적 맥락화를 통해 접근해보고자 한다.

기존에 하위문화subculture의 하나로서 청년문화youth culture에 관한 연구는 적지 않은 편이지만, 최근 몇 년 사이에 일어났던 문화현상인 '루저문화'나 '띠아오스 문화'를 본격적으로 다루고 있는 연구는 사실 그리 많지 않은 편이다. 국내의 경우 직접적으로 루저문화를 다룬 논문으로는 최지선의 「루저문화의 얼굴들- 장기하와 얼굴들, 붕가붕가 레코드를 중심으로」(『오늘의 문예비평』 통권 76호, 2010)나 한윤형의 「루저는 '세상 속의 자신'을 어떻게 인식하는가」 (『황해문화』 통권 제64호, 2009.9), 안상욱의 『한국사회에서 '루저문화'의 등장과 남성성의 재구성』(서울대학교 석사학위논문, 2011) 정도에 불과하다. 그리고 중국의 경우, 李超民·李礼, 「"屌丝"现象的后现代话语检视」을 비롯해 '띠아오스' 현상을 다룬 논문이 적지 않기는 하지만,[6] 대체로 간단한 기사 혹은 소품정도 수준의 글이 많아 제대로 된 연구논문의 수는 상대적으로 적은 편이다. 더욱이 한국과 중국에서 일어났던 이 두 현상을 하나의 동시대적이면서도 지역적 차원에서의 문화현상으로 접근하는 연구는 거의 없는 상황이며, 또한 이를 '정동'이라는 차원에서 접근한 연구 역시 사실상 부재하다.

2. 루저문화, 그 기원과 계보에 관하여

사실 글자 그대로의 의미만 놓고 보자면, 승자로서의 'winner'라는 개념의 상대어인 'loser'의 기원은 무한히 거슬러 올라갈 수밖에

---

6   中國知網(www.cnki.net)의 키워드 검색 결과, '屌丝' 관련 논문 및 기사로 총 1109건 (2015년 5월 현재)이 검색되었다. 하지만 이 가운데는 학보 같은 신문 매체나 잡지의 기사들도 상당수 포함되어 있어, 학술연구논문은 상대적으로 적은 편이다.

없을 것이다. 인류가 시작된 이래로 승자와 패자는 언제나 있어왔고, 패자와 관련된 문화나 정서도 어느 사회에나 있어왔다. 하지만 그것이 하나의 복잡한 사회·문화적 함의를 지닌 용어로 사용되기 시작한 것은 사실 비교적 최근의 일이다. 1950년대 미국의 학생들 사이에서 '재수없는, 불운한 놈'이라는 의미의 속어로 사용되기 시작하면서 애초에 부정적인 함의를 지니고 있던 이 단어에는 따돌림과 놀림의 대상이 되는 약자나 타자에 대한 비하와 욕설의 뉘앙스가 가미되었다.[7]

이처럼 비하의 의미를 지닌 단어가 청년 문화의 중요한 코드로 사용되기 시작한 것은 1990년대 미국 대중문화에서 그 기원을 찾을 수 있을 것이다. 루저는 얼터너티브 록 또는 모던 록 뮤지션들의 클리셰가 되었는데, 이 무렵의 청년세대는 전후 베이비붐 세대를 부모로 둔 세대로 부모의 이혼이나 청년들의 실업 문제와 같이 기성 사회의 부조리와 모순을 겪었던 소위 'X세대'로 불리는 세대이다. 인디록 가수인 벡Beck의 "Loser"(1993)라는 곡이 이러한 문화코드의 대표적인 예라 할 수 있으며,[8] 국내에서도 잘 알려진 라디오헤드Radiohead의 "크립(Creep: 지질이)"(1993) 역시 그러한 배경 하에서 생겨난 문화텍스트들 가운데 하나이다.[9] 부모 세대의 히피문화나 68세대 저항문화와 일정 부분의 공통분모를 지니고 있었던 이들은 소위 루저를 중요한 청년

---

7   Online Etymology Dictionary (www.etymonline.com)
8   "Loser"라는 곡의 가사 가운데 "I'm a loser baby, so why don't you kill me"라는 후렴구가 반복되고 있는데, 우울하고 나른한 리듬의 곡조와 결합하여 어두운 현실에 대한 강렬한 저항의 코드를 담아내고 있다.
9   최지선 (2010: 122-123)

문화 코드 가운데 하나로 만들어냄으로써 자신들의 처지에 대한 비관과 세상에 대한 불만에서 기인한 우울과 분노의 정동을 표출해내기 시작하였던 것이다.[10]

이 같은 폄하의 의미를 담은 욕설로서의 의미와 함께 청년 하위문화적 코드까지도 내포하게 된 루저 개념이 1990년대와 2000년대의 미국 대중문화에서 자주 등장함에 따라 국내에서도 '패배자'나 '찌질이' 등과 같은 번역어로 소개되거나 간혹 언급되기 시작하였지만, 그리 커다란 주목을 받지는 못하였다. 하지만 그것이 번역어로 전환되지 않는 채 그냥 '루저'라는 말 자체가 그대로 사용되기 시작하고, 또한 그 개념이 한국적 맥락과 결합되면서 하나의 지역적 문화현상이자 유행어로서 크게 주목받기 시작한 것은 2000년대 후반의 일로, 이러한 문화번역의 과정을 통해 루저는 보다 복합적이면서도 중층적인 함의를 지니게 되었다.

그 중요한 전환점으로 상당수의 문화평론가나 연구자들이 공통적으로 지적하고 있는 것은 '장기하와 얼굴들'이라는 인디 그룹의 등장이다. 이들의 노래에는 '루저'라는 단어가 한마디도 나오지 않지만,

---

10   어찌 보자면 주류 사회를 비판하는 청년들의 저항문화나 하위문화라는 점에서 과거의 청년 문화들과 유사하거나 그 계보의 연장선 위에 있는 것처럼 보이기도 한다. 1960년대의 히피문화로부터 최근의 힙합문화에 이르기까지, 그리고 한국 사회의 경우 스스로를 '바보'라 지칭한 주인공들을 다룬 〈바보들의 행진〉이나 산울림 밴드 등으로 상징되는 비주류 저항문화나 운동문화도 있었다. 하지만 이는 억압적 체제와 그에 순응하는 주류사회에 저항하고 전복하고자 하는 반영웅 내지는 기인(광인)으로서의 이미지가 강했다.(이들의 반영웅적 이미지는 비극적 결말을 맞게 되는 경우가 대부분이라는 점에서 더욱 그러하다.) 그리고 이들의 저항 이면에는 전근대적 공동체에 대한 향수나 반근대적(탈근대적) 유토피아가 있었다는 점에서 별다른 대안이나 지향점이 부재한 현재의 루저 문화와는 차별성을 지니고 있다 하겠다.

그 가사 속에 묘사되고 있는 화자의 이미지는 소위 말하는 '루저' 그 자체의 현실이었다는 점에서, 그리고 그 루저가 다름 아닌 '나', 혹은 '우리'라고 공감할 수 있었다는 점에서, 누구나 서슴치 않고 루저문화에 대한 인식의 전환점 혹은 출발점으로 이들을 손꼽게 된 것이라 판단된다.

물론 그 이전에도 취업 준비생(혹은 고시생)이나 현실 부적응자, 찌질이 등의 이미지를 그려낸 다양한 만화나 소설, 인디음악, 인디영화 등을 통해 루저의 이미지는 자주 등장하였고, 대중음악이나 TV드라마, 상업영화 등과 같은 주류 문화매체에서도 간혹 등장하면서 다양한 방식으로 루저 이미지들이 재현되고 있었다. 대체로 〈개그콘서트〉 내의 '현대생활백수'(2006) 코너에서와 같이 희화화된 이미지로 그려지거나 〈메리 대구 공방전〉(2007, 원작은 신성진의 인터넷 소설 〈한심남녀 공방전〉(2003)) 같은 예외적인 드라마를 제외하면 주로 조연급의 부수적인 이미지 정도에 불과하기는 하였지만, 소위 '폐인' 문화와 같은 한정된 팬층 내에서이긴 하지만 지속적으로 소비되어왔던 것이 사실이다.

하지만 하나의 루저문화라는 틀 속에서 인식되기보다는 개별적인 루저 이미지로 인식되거나 산발적으로 소비되는 수준에 머물렀다고 할 수 있다. 그러던 것이 2008년 혜성같이 등장한 '장기하와 얼굴들'의 음악이 대중으로부터 폭발적인 인기를 얻고 이들의 음악이 '루저문화'의 아이콘으로 떠오르게 되면서, 이와 관련된 다양한 문화 상품과 문화 현상들 역시 이러한 범주 틀 속에서 인식되기 시작하면서 루저문화는 하나의 현상이 되었다. 그리고 2009년도 초반 일부 연구자

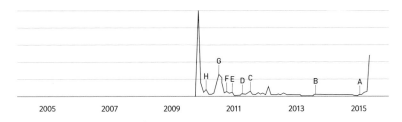

'루저' 키워드 검색에 대한 구글 트렌드 지수(2005~2015).

나 몇몇 언론들에 의해 주도되었던 루저문화에 대한 담론화는 그런 인식의 전환을 가져오는 데 일조하였는데,[11] 이를 통해 루저문화는 미국의 비주류문화나 반문화counter culture 전통의 연장선상에 놓여있는 청년하위문화로 다뤄지기 시작하였고 또한 이전의 관련 문화들까지 사후적으로 루저문화라는 틀 안에서 설명되고 인식되기 시작하였다.[12]

하지만 루저라는 용어를 대중적으로 각인시키고 널리 사용되도록 하였던 것은 한 해프닝을 통해서였다. 위의 도표에서도 확인할 수 있듯이 2009년 11월 한 여대생이 〈미녀들의 수다〉라는 TV프로그램

---

11 「루저문화, 한국 루저는 서구 루저와 다르다」(『데일리한국』, 2009.2.11), 김호기의 「『중앙 시평』 루저 문화와 청년실업」(『중앙일보』, 2009.2.18), 전수연의 「절망 속에서 피어난 루저문화」(『서강학보』, 2009.3.16) 등의 언론 기사를 통해 루저문화(loser culture)는 하나의 담론으로 자리 잡기 시작하였다.

12 루저문화는 그 범위가 매우 모호하기는 하지만, 기본적으로 사회적으로나 경제적으로 열악한 처지에 있는 이들에 관한 문화 전반을 가리킨다고 할 수 있을 것이다. 대표적인 대중문화 텍스트로는 밴드 '장기하와 얼굴들'로 대표되는 인디음악들, TV에서 방영되는 〈무한도전〉(2005~), 〈개그콘서트〉(특히 '현대생활백수'(2006), '오성과 한음'(2013) 코너)와 같은 예능 프로그램이나, 〈할 수 있는 자가 구하라〉(2010) 등과 같은 드라마나 그 속의 캐릭터들, 그리고 소위 병맛 만화(병신 맛이 나는 만화라는 의미의 아마추어 만화)로 대표되는 다수의 웹툰 등을 꼽을 수 있다.

에서 "키가 180이하인 남성은 루저"라는 발언을 하였던 것이 발단이 되어 인터넷을 통해 그 여대생에 대한 비난이나 소위 '신상털기' 등이 진행되면서 소위 '루저의 난'이 야기되었고,[13] 이는 '루저'라는 단어 자체의 유행과 함께 의미의 변용마저도 가져왔다. 이전까지의 사회적 성공과 실패라는 맥락과 관련이 깊었던 개념에 이성상대에 대한 신체적 조건이라는 맥락이 가미된 것이다.[14] 이처럼 개념의 확장과 함께 최근 한국 사회에서 루저는 기존에 비슷한 뉘앙스를 지니고 있던 일본의 '마케이누'·'오타쿠'·'히키코모리', 한국의 '왕따'·'낙오자'·'찌질이'·'룸펜'·'잉여인간'·'백수'·'니트족NEET; Not in Employment, Education or Training' 등과 같은 사회적·경제적·육체적 타자 내지는 하위 주체를 아우르는 매우 포괄적인 의미를 지니게 되었다.

이와 같은 루저 개념의 확장과 더불어, 암울해져가는 사회 현실 속에서 갈수록 '루저화'될 수밖에 없는 처지에 놓인 청년들을 그려내는 루저 문화 역시 더욱 유행하게 되었다. 그러한 루저 문화 가운데는 어차피 성공하긴 글러버린 현실에 좌절하며 느끼는 자괴감이나 자조적

---

13 한국에서 2012년 병무청의 신체검사를 받았던 1993년생 남자들의 평균 신장은 173.7cm였고, 180cm 이상의 비율은 11.9%였다. 이 결과를 놓고 보자면 대략 10명 중 9명은 루저가 되는 셈이니, 당시 여대생의 발언이 얼마나 많은 남성들을 자극했을지 짐작할 수 있을 것이다.

14 물론 그 이전에도 대체로 여성들이 꿈꾸는 이상적인 남성상에는 사회적 성공과 더불어 큰 키와 잘 생긴 외모가 중요한 조건으로 꼽혀왔고, 또한 영화나 드라마 등에 종종 등장하는 루저 이미지 가운데는 사회적 실패 이외에도 이성으로부터 인기가 없는 외모가 중요한 특징으로 그려져 왔다. 하지만 이처럼 여성의 입을 통해 직접적으로 키라는 신체적 기준이 루저를 판가름하는 기준으로 언급되고, 또한 그에 대한 남성들의 집단적인 반발과 공격이 이루어지면서 루저 개념에 개량화된 신체적 조건이 결합된 것은 최근의 변화라 하겠다.

자기비하를 담아내는 경우도 있지만, 다른 한편으로 욕설 내지는 비하의 의미를 지니고 있던 루저라는 단어를 "so what(그래서 뭐)"이라는 식으로 받아들이며 스스로 '루저'임을 자인하거나 자신들을 강제하는 주류사회의 현실논리를 전복시키면서 일종의 대안적 저항문화(counterculture; 혹은 반문화) 내지는 하위문화적 의미를 담아내는 경우도 적지 않다. 그리고 이런 루저 문화는 2015년 발표된 빅뱅의 신곡 '루저'를 비롯해, 청년 취업준비생들의 찌질한 삶을 코미디로 엮어낸 케이블TV 드라마 〈초인시대〉(2015)에 이르기까지 지금까지도 지속적으로 문화상품으로 재생산되고 있다.

3. 띠아오스, 문화현상이 되기까지

한국에 '루저'가 있다면 중국에는 '띠아오스'가 있다. 중국의 독특한 인터넷 문화 가운데 하나인 티에바贴吧[15]의 두 커뮤니티 사이의 설전에서 나온 비방용 용어였던 '屌丝'가 사회적·경제적으로 하층민의 신분에서 벗어나기 힘든 청년들이 자기 스스로를 가리키는 자조적인 개념으로 사용되고 이후로 인터넷 상에 널리 퍼지게 되면서 하나의 문화 현상으로까지 확산된 것이다.

---

15   '티에바'란 중국 최대 포털 사이트 바이두(百度)의 포럼형 인터넷 커뮤니티 서비스를 가리킨다. 吧主가 일정한 인물이나 주제에 관한 티에바를 개설하면 그 인물의 팬이거나 주제에 관심을 갖고 있는 이들이 그 티에바의 회원으로 가입하여 게시글과 이에 대한 댓글을 올리는 형태로 참여하게 된다.

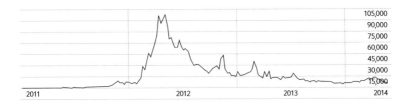

'屌丝' 키워드 검색에 대한 바이두 검색지수(百度搜索指數, 2011~2014)

애초에 글자 그대로는 'X털'을 의미하지만, 2011년 무렵부터 다른 티에바의 구성원들이 바이두 최대의 티에바 가운데 하나인 리이바李毅吧[16]의 바여우吧友[17]들을 가리켜 'X같은 놈의 팬들'이라는 의미로 남성의 성기를 의미하는 '屌'와 팬을 의미하는 '粉丝'를 결합하여 만들어낸 신조어로 사용되기 시작하였다. 하지만 리이바의 팬들이 오히려 이 욕설을 가지고 자신들을 지칭하면서부터 띠아오스라는 말은 소위 '까오푸슈아이(高富帥, 키 크고 잘 살고 잘 생긴 사람)'에 대비하여 '아이츙추어(矮穷矬 혹은 矮窮醜, 키 작고 가난한 사람)'들이 스스로를 가리키는 자조적인 의미로 사용되기 시작하였다.

---

16 한때 국가대표선수이기도 하였던 축구선수 리이(李毅)에 관한 티에바를 가리키는데, 2015년 5월 30일 현재 회원수가 1,693만 명이 넘고 관련 댓글(貼子)만 7억1,590만 개가 넘는 초대형 커뮤니티이다. 축구나 리이에 대한 이야기만을 나누는 것이 아니라 사회문제는 물론 유머나 재미있는 사진('움짤') 등에 이르기까지 다양한 주제를 다루고 있어, 회원 가운데는 리이의 팬인 경우도 있지만 그와는 상관없는 다양한 계층과 성향의 사람들도 참여하고 있는 것으로 파악된다.

17 '吧友'란 티에바 커뮤니티의 회원을 가리키는 표현으로, 네티즌을 가리키는 중국어인 '網友'의 일종이라 할 수 있다.

이후 띠아오스에 대해 수많은 이들이 스스로를 띠아오스라 자칭하면서 공감을 표시하거나 긍정적으로 평가하면서 인터넷 상에서 널리 유행하게 되었고, 또한 수많은 이들이 이와 관련된 담론들을 양산해내었다. 이를 둘러싼 각종 논쟁 역시 이러한 담론화 과정을 더욱 촉진시켰는데, 대표적인 비판론자 가운데 하나인 중국정치협상위원 겸 영화감독 펑샤오강馮小剛은 이러한 띠아오스 현상이 '자기 비하에 대해 부끄러워하기보다는 오히려 영광스럽게 생각하는 것'이라며 부정적인 견해와 우려를 표명하기도 하였지만, 옹호론자들은 이와는 반대로 띠아오스 문화를 가난한 일반 중국인들의 서민문화 내지는 평민주의의 반영물로 파악하기도 하고, 미국의 루저문화와 마찬가지인 하위문화의 일종으로 설명하며 긍정적으로 평가하기도 하였다.[18] 이러한 논쟁은 오히려 띠아오스를 더욱 이슈화하고 유행하도록 만드는 계기가 되었다.

이런 대중적인 공감 속에, 띠아오스와 관련하여 수많은 유머글, 사진, UCC 동영상들이 제작되어 인터넷을 통해 유포되었는데, 이는 소위 '어까오惡搞'[19]라 불리는 형식의 패러디나 풍자의 내용을 담고 있

---

18   미국의 루저문화와 비교하면서 '소인물의 평민주의'로 평가하고 있는 신문 기사인 「自嘲文化下的"屌丝"爭议」(『国际先驱导报』 2013年03月12日)을 비롯해, 중국 최대 포털 종합사이트 가운데 하나인 텅쉰(腾讯)의 평론 사이트에 '屌丝：庶民的文化胜利'라는 표제의 기획특집 (2012.3.1, http://view.news.qq.com/zt2012/diaosi/index.htm) 기사의 다양한 분석 가운데 '서민'문화라는 긍정적인 평가도 포함되어 있다.

19   '惡搞'는 글자 그대로 풀이하자면 '악의적인 유머(搞笑)'라고 할 수 있는데, 일본의 '쿠소(くそ)'를 비롯해, 홍콩의 '우리터우(無厘頭)' 등에서 유래한 것으로 보기도 한다. 과거 PC통신 시절의 패러디나 유머로부터 그 기원을 찾아볼 수 있을 텐데, 인터넷의 보급 이후로는 풍자와 재미를 위해 네티즌이 제작 유포하는 다양한 유머글, 패러디 사진, 움짤, 동영상 등을 가리키는 포괄적인 개념으로 사용되고 있다.

어 더욱 커다란 인기를 끌 수 있었다. 그리고 이와 같은 인기에 편승하여 중국의 대형 포털 사이트인 Sohu(搜狐)의 인터넷 TV 채널에서 〈미스터 띠아오스屌丝男士〉[20](2012)라는 인터넷 방송용 드라마가 제작된 것을 비롯하여, 인터넷 상에서 독일 드라마 〈Knallerfrauen (의역하자면 '폭탄녀')〉가 〈미세스 띠아오스屌丝女士〉라 번역 소개되어 커다란 인기를 끌기도 하였다. 최근에 와서는 초기의 맥락과는 다소 멀어지고 있고 또한 초기와 같은 폭발적 인기를 보여주고 있는 것은 아니지만, 띠아오스와 관련된 유행현상은 여전히 지속되고 있다.[21]

4. 루저와 띠아오스의 사회적 맥락들

이처럼 약 2~3년의 시간적 차이를 두고 한국과 중국에서 나타났던 이 두 문화 현상은 글로벌 차원에서의 사회 문화적 변화를 배경으로 하고 있다는 점에서 상당한 유사성과 함께 계보적 친연성을 지니

---

20 〈미스터 띠아오스〉는 중국 개그계의 대부라 할 수 있는 자오번산(趙本山)의 제자로도 잘 알려져 있는 80後 개그맨인 다펑(大鵬)이 감독 및 주연을 맡고 있는 10여 분 남짓한 길이의 짧은 코미디극 시리즈물로, 2012년부터 2014까지 총 4개의 시즌이 제작되어 인터넷TV인 Sohu TV를 통해 무료로 방영되었다. 매 회 평균 1억 뷰가 넘는 방영회수를 기록할 정도로 큰 인기를 끌고 있으며, 2015년 5월에는 시즌5의 제작을 발표하기도 하였다. 소위 띠아오스라고 할 만한 키 작고 못 생기고 직업도 변변치 못한 주인공이 매회 초청받은 유명 연예인(특히 섹시한 여성 연예인)을 상대역 삼아 황당하거나 엽기적인 에피소드들을 풀어내는 방식으로 진행된다.

21 최근 2015년 5월〈미스터 띠아오스〉의 시즌5의 제작에 관한 뉴스가 대중매체들로부터 큰 관심을 끌었는데, 이는 '띠아오스 문화'가 하나의 대중문화로서 여전히 유행하고 있음을 보여주는 한 사례라 할 수 있을 것이다.

고 있다. 하지만 동시에 지역적·사회적 맥락의 차이로 인해 각기 독특한 차별성과 이질성 또한 지니고 있다. 우선 사회적 배경과 맥락이라는 차원에서 그 계보적 친연성과 공통점, 그리고 상이성을 살펴보자면 다음과 같다.

1) 문화번역의 계보: 미국 루저문화와 일본 오타쿠문화

글로벌 대중문화의 종주국이라 할 수 있는 미국은 비록 루저문화하나의 범주화된 개념으로 자리 잡고 있지는 못하지만, 사실상 루저문화의 원형이라 할 만한 수많은 문화상품들을 통해 전 세계적으로 영향을 끼쳐왔다. 앞서 언급하였던 1990년대의 벡의 '루저'라는 곡을 비롯해 너바나Nirvana로 대변되는 그런지 락Grunge Rock이나 투팍·에미넴으로 대변되는 힙합음악 등이 음악 분야에서의 루저문화의 원형이라고 한다면, 취업하지 못했거나 찌질한 삶을 살아가는 청년 군상들을 그린 소위 '루저물'이라고 할 만한 수많은 영화나 드라마들은 영상분야에서의 루저문화의 원조 격이라 할 수 있을 것이다.[22]

한국에서 루저문화를 본격적으로 인식시키는 전환점이 되었던 '장

---

22 〈메리에겐 뭔가 특별한 것이 있다〉(1998)의 벤 스틸러나 〈스쿨 어브 락〉(2003)·〈비카인
드 리와인드〉(2008)의 잭 블랙과 같은 이들이 맡았던 역할이 주로 미국 영화 속에서 그
려지는 루저의 전형이라 할 만하다. 미국 영화가 아니기는 하지만 영국 영화인 〈트레인
스포팅〉(1996)이나 〈브리짓 존스의 일기〉(2001)의 경우도 루저를 그린 루저물 가운데
하나로 볼 수 있을 것이다.

기하와 얼굴들'을 비롯해 인디음악인들 가운데의 상당수가 미국의 그런지 락과 같은 얼터너티브 음악이나 힙합음악에 영향과 밀접한 관련이 있다고 할 수 있다.[23] 물론 이들의 음악은 미국 음악의 단순한 수입이나 번안이 아니라, '산울림'과 같은 국내의 음악 전통도 함께 녹여내어 독창적인 방식으로 재해석한 것이라는 점에서, 그리고 최근 한국 사회의 독특한 현실 속에서 나온 것이라는 점에서, 한국화된 창조적 문화번역으로 볼 수 있을 것이다.

중국의 경우 '띠아오스 음악'이라 할 만한 두드러진 음악적 성취가 아직까지는 보이지는 않는다는 점에서 한국과 다소 차이가 있기는 하지만, 영화나 드라마 분야에서는 다소 두드러진 사례들이 보이고 있다. 검열이나 엄숙문화의 영향이 강한 공중파 방송에서는 거의 보이지 않기는 하지만 인터넷 방송이나 동영상 서비스 채널의 경우에는 앞서 언급한 〈미세스 띠아오스〉의 유행 사례에서 볼 수 있듯이 인터넷을 통해 미국을 비롯한 서구에서 제작된 루저물 영화나 드라마를 손쉽게 접할 수 있고, 이를 모방하여 유사한 포맷에 중국의 개그맨이나 연예인들이 중국식 유머를 섞어 제작한 〈미스터 띠아오스〉같은 드라마들을 만들어내고 있다는 점에서 그 문화번역의 사례들을 살펴

---

23 장기하는 원래 '눈 뜨고 코베인'이라는 인디밴드의 드러머로 활동하였는데, 이들 스스로는 너바나의 리더 커트 코베인의 이름에서 따온 것이 아니라고는 하지만, 이 밴드 이름을 들으면 누구나 커트 코베인을 떠올리지 않을 수 없을 것이다. 이들은 음악적 색깔도 물론 다르고, 자살로서 아웃사이더로서의 철두철미함을 보여준 커트 코베인과는 다른 다소 장난스러운 미미크리(mimicry)적 측면도 보여주기는 하지만, 주류문화나 주류사회의 논리에 대한 거부나 비틀기를 보여준다는 점에서 미국의 그런지 락이나 루저문화적 요소와 연결되고 있다.

볼 수 있다.

하지만 여러 측면에서 미국이나 서구식의 루저문화보다 좀 더 다양한 측면에서 보다 직접적인 영향을 끼쳐왔던 것은 일본의 대중문화, 특히 오타쿠 문화였다. 사실 일본 오타쿠 문화의 기원이 애초에 미국에서 수입된 서브컬처와 관련이 있다는 점에서 보자면,[24] 계보학적으로 이 역시 미국 대중문화의 자장 안에 있다고 볼 수도 있을 것이다. 하지만 일본화의 과정을 통해서 일본적 정서와 문화적 특징들을 담아내고 있다는 점에서, 그리고 소위 ACGN Animation(아니메)와 Comic(망가), Game, light Novel 등을 중심으로 하는 장르적 특화와 오타쿠라는 독특한 문화소비 집단을 형성하였다는 점 등에서 미국의 그런지 락이나 할리우드식 루저 영화와는 다른 지역적 특징들을 지니고 있다.[25]

한국 루저문화 가운데 만화 장르, 특히 웹툰의 병맛('병신 같은 맛'의 줄임말) 만화 계열의 작가들은 청소년 시절 일본 망가의 세례를 받고 자라난 경우가 대부분이라 할 수 있을 텐데, 특히 일본이 장기침체로

---

24   아즈마 히로키는 만화나 애니메이션 모두 이미 1930년대로부터 미국의 영향을 받기 시작하여 2차 대전 후 1950~70년에 걸쳐 지속적으로 그 영향 하에 있었지만, 고도경제성장기의 국가적인 욕망 하에 이루어졌던 국산화의 과정을 통해 1980년대에 이르러 일본 애니메이션이 오타쿠 문화의 중핵으로 부상될 정도로 발전할 수 있었으며, 이와 동시에 미국과는 다른 독자적인 미학을 지닌 장르로 성장하게 되었다고 설명한다.(아즈마 히로키, 2007: 31-34)

25   미국의 그런지 락이나 힙합음악에는 인종갈등이나 계급갈등이 사회적 배경으로 깔려 있어 현실 비판적 성격이 강하고 주류 문화에 대한 반문화·저항문화적 전통이 강한 편이며, 루저 영화나 드라마의 경우 성장드라마나 코믹 멜로드라마와 같은 다소 낭만화된 할리우드식 문법이 강한 편인데 이는 2000년대 후반에 본격적으로 나타나기 시작한 동아시아의 루저 문화에서는 이런 특징들이 다소 약하게 드러나는 편이다.

접어든 이후인 1990년대 초중반의 만화 가운데 〈이나중 탁구부行け! 稲中卓球部〉(1993~95)나 〈멋지다! 마사루すごいよ!! マサルさん〉(1995~1997) 와 같은 루저들을 그린 엽기만화가 나타나고 있어 한국 루저만화에의 영향을 추측해볼 수 있다. 물론 한국의 경우 2000년대 초반에 불어닥친 인터넷 만화의 열풍 속에 수많은 작가들이 대거 등장하고[26] 일본의 종이인쇄 만화와는 달리 보다 짧고 아마추어적인 이야기 위주의 황당한 만화, 소위 '병맛만화'가 유행하면서 루저문화의 대표적 장르로 부상하였다는 점에서 다른 차이점을 보이고 있다.

또한 일본 오타쿠 문화를 잘 보여주는 대표적인 드라마 가운데 2005년 드라마와 영화로 제작되어 나왔던 〈덴샤 오토코電車男〉의 주인공은 비록 취업을 하기는 하였지만 적은 연봉에 작은 키, 못 생긴 외모, 내성적인 성격, 아니메와 게임에 빠져사는 오타쿠적 취향 등을 고루 갖춘 루저의 전형적인 이미지를 지니고 있는 반면, 그가 연모하는 상대역인 '에르메스'는 그런 오타쿠가 꿈조차 꾸기 힘든 이상적인 여성으로 그려지고 있다. 띠아오스 문화의 유행 이후 중국인들은 자주 〈덴샤 오토코〉의 남자 주인공과 여자 주인공은 띠아오스 이미지와 그 상대어인 여신 이미지의 원형으로 언급하곤 한다.

이 밖에도 인터넷 상의 루저문화와 띠아오스문화에서 사용되는 용어들이나 장난스런 캡처나 사진, 동영상 가운데 일본 대중문화나 오

26　야후, 다음, 네이버 등이 앞 다투어 웹툰 칼럼을 만들면서 신인 만화가들이 대거 등장하였는데 그 가운데 병맛만화나 루저만화의 성향이 강한 작가들로는 〈정렬맨〉의 귀귀, 〈폐인가족〉의 김풍, 〈마음의 소리〉의 조석, 〈이말년 씨리즈〉의 이말년 등을 예로 들 수 있다.

타쿠 문화에서 기원한 것들이 적지 않다는 점[27] 또한 그 계보적 친연성을 보여주기도 한다. 이처럼 상당 부분 일본에서 비롯된 다양한 대중문화 속에 녹아들어가 있는 루저문화나 오타쿠문화는 이미 일본의 ACGN에 익숙해 있는 한국과 중국 청년들에게 적지 않은 영향을 주었고, 인터넷의 보급 이후로는 누가 먼저이고 누가 원조라고 할 것 없이 거의 동시대적으로 상호 교류 번역되며 유사한 문화적 요소들을 공유하고 있는 상황이다.

이처럼 유사한 계보적 친연성을 보여주고 있기는 하지만 한국의 루저문화와 중국의 띠아오스 문화는 각기 다른 차이점들을 지니고 있다. 예를 들어 각기 한국에서는 음악장르가 먼저 부각되었고 또한 중요한 위치를 차지하고 있는 반면, 중국에서는 음악장르보다는 인터넷문화와 인터넷방송이 비교적 중요한 위치를 차지하고 있다. 또한 한국의 루저문화에서는 여성에 대한 공격적 성향이 좀 더 강한 반면,[28] 중국의 띠아오스 문화에서는 공격성보다는 '여신'[29]이라는 물화 혹은 대상화된 대상에 대한 추구의 성향이 좀 더 강한 편이다. 이는

---

27 대표적인 예로 오타쿠를 한국에서는 들리는 대로 음을 바꾸어서 덕후(德厚)라 부르기도 하고, 중국의 경우는 일본어의 한자인 "御宅"에서 "宅"자에 "男"자를 결합하여 오타쿠를 "宅男"이라 부른다.

28 한국에서 루저의 난을 야기했던 '루저녀'의 경우에서와 같이, 속물주의적인 여성에 대해 '된장녀', '김치녀', '개똥녀' 등과 같은 명명과 함께 무차별적인 비난과 공격이 이루어지는 데 이들 가운데 소위 루저라 할 만한 사람들도 적지 않을 것이라 판단된다.

29 '여신'은 말그대로 여신급 미모로 표현되는 예쁜 얼굴과 빼어난 몸매를 지닌 여성을 가리킨다. '아이충추어'인 띠아오스들은 '여신'을 놓고 '까오푸슈아이'와 경쟁하지만 결코 이들을 이길 수 없다. 간혹 '여신'을 차지한 띠아오스를 그린 드라마나 사진들이 더 인기인 이유는 거기에 있을 것이다.

계보적 친연성에도 불구하고 한국과 중국의 문화적 양상과 문화번역이 달라질 수밖에 없도록 만드는 각기 다른 사회적 배경과 맥락의 작용 때문일 것이다.

2) 신자유주의와 프레카리아트

우선 중국은 정치적으로는 공산당이 내새우고 있는 "소강小康사회"·"조화和諧사회" 건설이라는 슬로건과 "대국굴기大國崛起"의 비전 등이 중국 국민들을 동원하는 데 어느 정도 유효하게 작동하고 있기도 하고, 또한 , 그리고 강력한 언론 통제와 감시를 통해 여러 불만을 잠재우는 데 중요한 역할을 하고 있다. 또한 경제적으로 봤을 때 다른 국가들에 비해 월등히 높은 경제성장률을 유지하고 있어 지속 발전 가능성이나 성장 여력에 있어서 한국보다 나은 상황이라는 점에서나, 한국과는 달리 빈부 격차 이외에도 지역 간 격차나 도농 격차, 소수민족 갈등 같은 중층적인 모순들이 작용하고 있다는 점에서 청년 실업 문제가 상대적으로 크게 부각되고 있지는 않는 것으로 보인다. 이는 최근 청년실업문제가 심각해지고 있고, 더욱이 대졸 후 실업이나 취업준비상태에 있는 고학력 실업자들의 문제가 더욱 큰 문제로 부각되고 있는 한국과는 다소 다른 상황이라 할 수 있을 것이다. 이는 두 나라에서 루저문화와 띠아오스문화가 다소 다른 온도차와 양상을 보여주도록 만드는 중요한 배경 가운데 하나이다.

하지만 동시에 한국과 중국은 여러 가지 측면에서 유사한 배경을 지니고 있는데 이는 거의 비슷한 시기에 비슷한 형태의 문화가 나타나도록 한 공통의 배경이라 하겠다. 우선 역사적으로나 문화적으로 많은 부분을 공유하고 있기도 하고, 또한 최근 시기만을 놓고 봤을 때는 비록 10~20여년의 격차를 두고 겪기는 하였지만 두 지역 모두 '압축된 근대화' 경험을 공유하고 있다. 그러나 무엇보다도 2000년대 이후로 거의 동시대적으로 공유하고 있는 변화는 바로 전 세계적 신자유주의 열풍일 것이다.

신자유주의의 가장 큰 특징 가운데 하나인 노동유연화는 대규모 구조조정과 실업, 그리고 노동 처우 악화와 비정규직화를 가져와 불안정한 무산계급인 소위 '프레카리아트(precariat; precarious와 proletariat의 합성어)'를 대거 양산해내고 있다. 최근 한국에서 심각해지고 있는 청년 실업문제도 그 한 일부분이라 하겠다. 이는 2015년 2월 현재 청년층(15~29세) 실업률은 11.1%로, 7~8%대였던 2010~2012년에 비해 대략 150%정도나 급증한 것에도 잘 나타나고 있다. 비록 상대적인 체감온도에서 차이가 있기는 하지만 중국 역시 상황이 그리 크게 다르지는 않다. 물론 경제적 성장 여력이나 국가 체제의 특성 등으로 인해 청년 실업 문제의 심각성이나 그에 대한 인식에 있어서 다소 차이가 있기는 하지만,[30] 매년 지속적으로 새로운 노동인구가 증가하고 있고(2014년 기준 약 1300만 명 증가함), 1990년대 이래로 자본주의 시장경제체제로의 전환 과정에서 대규모 구조조정이 지속적으로 이루어져 실직한 인구가 많아졌으며(1998~2003년 사이의 실직 노동자만 2800여만 명에 달함), 또한 대학 졸업생이 지속적으로 증가하는 등(2003년 200여만 명 남짓하였던 것이 2013년에는 699만 명으로 급증) 여러 가지 요인으로 인해 취업난이 갈수록 심화되고 있고 청년 실업 문제의 심각성에 대한 인식도 점차 높아지고 있다.

이처럼 청년실업자나 취업준비생들이 갈수록 급증하고 있는 상황과 동시에 신자유주의의 또 다른 특징인 '무한경쟁'과 '승자독식'의 과정은 빈익빈부익부의 경제적 격차를 더욱 크게 만들어 상대적 박탈감이 더욱 커질 수밖에 없도록 만들고 있다. 승자가 된 이들은 그 승리를 바탕으로 더욱 승승장구해 가는 반면, 패자들은 패배와 실패의 악순환에서 벗어나지 못한 채 영영 신분상승을 꿈꿀 수 없는 처지로 전락해가고 있다. 때문에 인간의 가장 기본적인 욕망이자 행복 추구 행위인 연애,결혼에 있어서도 그러한 물질적인 조건들이 그대로

---

30   물론 중국의 상황이 한국과 완전히 똑같지만은 않다. 다른 국가들에 비해 월등히 높은 경제성장률을 유지하고 있어 지속 발전 가능성이나 성장 여력에 있어서 한국보다 나은 상황이기도 하고, 아직까지는 공산당이 내세우고 있는 "소강(小康)사회"·"조화(和諧)사회" 건설이라는 슬로건과 "대국굴기(大國崛起)"의 비전 등이 중국 국민들을 동원하는 데 유효하게 작동하고 있기도 하고, 또한 , 그리고 강력한 언론 통제와 감시를 통해 여러 불만을 잠재우는 데 중요한 역할을 하고 있으며, 이와 더불어 한국과는 달리 빈부 격차 이외에도 지역 간 격차나 도농 격차, 소수민족 갈등 같은 중층적인 모순들이 작용하고 있어 청년실업 문제가 상대적으로 크게 부각되고 있지는 않는 점 등은 한국과는 다소 다른 맥락과 양상을 보여주는 배경이 되고 있다.

반영되고 있는 것이다.[31] 결국 전쟁터가 되어버린 생존경쟁의 현실 속에서 위너가 아니면 루저라는 양자택일만이 가능한 사회가 되어가고 있고, 또한 소수의 위너는 계속 위너로 남지만 대다수의 사람들은 한번 루저가 되면 영원한 루저가 될 수밖에 없는 암울한 상황이 눈앞에 펼쳐지고 있는 것이다. 이는 최근 한국의 루저문화와 중국의 띠아오스 문화가 과거의 미국과 일본의 루저문화와는 달라질 수밖에 없는 차이점이기도 하다.

그리고 경기 침체 시기에는 구조조정과 채용인원 감축과 같은 상황으로 인해 청년층의 프레카리아트화는 더욱 극단적으로 가시화되곤 하는데, 이는 상대적으로 아직 젊고 부양가족이 많지 않은 청년층을 가장 손쉬운 희생양으로 삼곤 하기 때문이다. 이는 이 두 현상이 발생하였던 해에는 두 국가 모두 가장 낮은 GDP성장률을 보여주고 있다는 사실을 통해서도 확인할 수 있다. 한국의 경우 1998년 IMF사태와 2008년 금융위기를 제외하면 2009년도에 지난 30년 동안 가장 낮은 성장률을 보여주었고, 중국 역시 천안문 사건의 영향을 받았던 1989년과 1990년, 그리고 1998년 경제 위기의 여파를 겪었던 1999년을 제외하면 2012년도에 개혁개방 이래로 가장 낮은 GDP성장률을 보여주었다. 이처럼 경제 성장의 둔화와 경기 침체는 사회적으로 취업난을 가중시키고 개개인의 삶에도 타격을 줄 수밖에 없다는 점

---

31   윤영도, 「동아시아 루저문화의 계보 -뉴미디어시대 청년들의 반항과 절망 사이」, 『네이버 지식백과』(철학적 사건), 2015.3.26 (http://terms.naver.com/entry.nhn?docId=3579342&cid=59060&categoryId=59064)

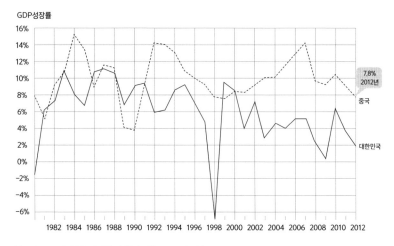

GDP성장률

한국과 중국의 GDP성장률 변화 추이(1982~2012)

에서, 청년 세대의 루저나 띠아오스 문화 확산에 중요한 요인으로 작용하고 있다. 더욱이 이후 지속적인 경제 침체와 하락이 예상되는 상황 속에서 루저 현상의 배경이 되어온 사회적 환경은 더욱 악화될 가능성이 높다. 그리고 지금과 같은 신자유주의 질서는 경제적 위기와 불안정을 빌미로 노동 유연화를 더욱 가속화시킬 것이라는 점에서 미래는 더욱 암울하다.

5. 정동의 리좀

일부 소수의 선택받은 자들만이 위너가 되고 나머지는 아무리 많은 스펙과 노력을 해도 안정적이고 양질의 직장을 구하리라는 보장이 거의 없어진 한국과 중국 사회에 주변화, 혹은 루저화되어가는 청년들의 정동은 과거 그 어느 시대보다 불안한 상태에 놓여있을 수밖에 없을 것이다. 이들의 정동이 문화적 형태로 코드화되거나 소비되는 과정에 있어서 이들을 둘러싼 다양한 정동적 맥락들은 들뢰즈가 말한 리좀과도 같은 형태로 배치되고 상호작용을 주고 받고 있다. 그 가운데 몇 가지를 살펴보자면 다음과 같다.

1) 여성시선과 몸

최근 일어났던 한국의 루저 담론의 유행이나 중국에서의 띠아오스 담론의 유행 모두 단지 사회 경제적 조건의 문제를 둘러싸고서 발생한 것이 아니라, 연애나 결혼의 상대자로 원하지 않는 키 작고 못생기고 가난한 남자를 지칭하는 단어로부터 시작되었다는 점에서 매우 흡사한 출발점과 배경을 지니고 있다. 물론 여성 루저나 띠아오스에 대한 담론도 있기는 하지만, 주로사회적으로 팽배한 신자유주의적 욕망의 내면화는 남성을 바라보는 여성의 시선을 매개로 하여 표출되고 있는 점이 그 공통점이라 할 수 있을 것이다. 여기에는 과거의 윤리적 잣대만으로는 설명되지 않는 청년들의 속물화, 혹은 소위 여성의 속물화라는 시대적·정동적 맥락이 작용하고 있다.

후기 산업사회에 와서 육체노동이 더 이상 별다른 가치를 지니기 힘들게 되고, 지식 정보 노동이나 정동 노동affective labor이 중요한 가치를 지니게 됨에 따라 남성의 여성화와 여성의 남성화, 즉 노동에서 성적인 경계의 모호화 추세는 더욱 가속화하고 있다. 이는 기존의 성 관념이나 담론을 고수하며 거스르거나, 몇몇 마초주의자들의 분노와 저항만으로 되돌이킬 수 있는 것이 아니다. 여자들을 성적으로 대상화하고 물화해왔던 과거의 남성 중심적 성 혹은 결혼 시장의 관점에서 보자면 이는 어쩌면 천륜을 거스르거나 속물적인 것처럼 보일지도, 그리고 과거에 비해 남성의 지위가 상대적으로 박탈된 것처럼 보일지도 모른다. 그런 탓에 루저 문화나 띠아오스 문화에서 여성에 대한 공격과 비난, 혹은 대상화와 물화('여신'이라는 시뮬라크르적 이미지로 고정된)가 두드러진 특징으로 나타나는 것으로 보인다. 하지만 이는 단지 되돌려놓아야만 할 윤리적 타락이나 남녀 지위의 전도 차원의 문제가 아닌 신자유주의적 후기 산업사회에서 진행되고 있는 근본적 관계의 해체 내지는 전환과 관련된 문제이다.

그리고 이와 동시에 이런 시선의 대상이 되어야만 하는 청년들의 몸은 대부분의 아우라가 사라져버린 시대, 물화된 가치와 규준화된 평가 기준에 맞춰져야만 하는 신자유주의 시대에 정동노동시장과 결혼·연애시장에 나온 상품이 되어야만 한다. 그런 경쟁에서 살아남기 위해 더 많은 투자와 훈련(성형수술이나 운동은 물론 패션 아이템을 구입하고 학원을 다니며 매너·댄스·요리 등을 배워 몸에 익혀야만 하는)을 통해 보다 높은 가치로 평가받을 수 있는 상품이 되어야만 하는 것이다. 과거 풍족함의 상징이었던 풍만한 몸은 이제 관리와 투자를 받지 못한 채 싸구려 정크푸드 밖에 즐길 수 없는 루저나 띠아오스적 몸의 상징이 되어버렸다. 이제 신자유주의적 가치를 온몸의 살과 뼈 속까지 새겨 넣어야만 이 위너와 루저의 이분법의 시대, 그것도 1:99의 이분법의 시대를 살아남을 수 있게 된 것이다.

다시 말해 몸은 후기 자본주의 사회 궁극의 문화상품 내지는 문화자본이다. '키'가 유전적 우열 구분의 인자이자 위너와 루저의 판단 기준이라고 한다면, '띠아오'는 남성성의 상징이자 비하되는 루저의 상징 그 자체이기도 하다. 잘 관리된 몸은 하나의 기호이자 문화자본이 되었다. 대중문화 시장에서뿐만 아니라, 결혼 '시장'이나 연애 '시장'에서까지도 말이다. 인간의 노동력뿐만 아니라 몸과 감정까지도 시장의 상품이 되고 있으며, 이 모든 것들이 이윤추구 타겟이 되고 있다. 소위 '루저의 난'을 촉발시켰던 '180 이하는 루저'라는 발언은 상등품과 하등품을 가르는 계량화된 기준이 한 여대생의 입을 통해 표면화된 것일 뿐이다.[32]

2) 뉴미디어와 탈육체화된 루저 정동

최근 성형이나 깔창, 운동이나 식스팩에 매달리는 청년들이 적지 않다. 스스로 기획하고 철저히 관리할 수 있는 새로운 신자유주의적 주체, 위너로 태어나기 위한 노력 가운데 하나일 것이다. 투자를 통해 쌓아가는 수많은 자격증이나 스펙들 가운데 하나인 것이다. 하지만 이런 주체로 재탄생, 혹은 재구성되는 데 모두가 성공하는 것은 아

---

32   윤영도, 앞의 글.

니며, 설사 스펙 쌓기에는 성공하더라도 자신의 의지와는 상관없이 진정한 위너의 반열에 들지 못하는 경우도 적지 않다. 그리고 그런 현실의 논리에 적극적으로 혹은 무의식적으로 저항하거나 맞서는 이들 또한 존재한다. 그러한 적극적 저항조차도 다양한 문화자본이나 스펙, 강한 의지가 필요하다는 점에서 아무나 할 수 있는 것은 아니라는 점에서 어찌 보자면 이런 이들을 루저귀족이라 할 수도 있겠지만 말이다.(사실 이는 음악적 재능과 서울대라는 스펙을 지닌 장기하가 비난을 받는 부분이기도 하다.)

최근 21세기에 들어서 그런 현실 속 루저들(그것이 일시적인 것이라 할지라도), 혹은 위너의 길을 가지 않는 이들이 찾을 수밖에 없거나, 아니면 주로 찾는 도피와 위안의 공간은 탈육체화된 공간이다. 그것은 과거에는 오타쿠들의 놀이터였던 만화, 애니메이션, 게임, 라이트노벨 등과 같은 대중문화상품이 대부분이었지만, 인터넷이 대부분의 문화상품에 있어서 생산 유통 소비의 매체 역할을 장악해버린 이후로는 인터넷이라는 탈육체화된 가상공간(그렇지만 온라인 되기 위해서는 그 라인이 연결된 한 자리에 고정되어 있어야만 했던)이 되어버렸다. 그리고 최근 스마트폰과 스마트패드, 그리고 웨어러블 기기wearable device들의 등장 이후로 청년들의 도피공간은 데스트탑과 같은 고정된 공간이 아니라 손끝과 몸 위로 무선 라인이 옮겨오면서 물리적으로 탈육체화에 탈영토화까지 가능해져버린 가상공간으로 확장되었다.

이런 가상공간 속에서 이들이 애착을 느끼고 자신의 존재감을 확인할 수 있는 것은 온라인을 통해 연결된 동지 루저들이다. 그것은 롤플레잉 게임에 한 팀으로 참여하는 친구들이 될 수도, 아니면 페이스북과 트윗터에 엄지를 올려주는 '좋아요 친구'나 팔로우어일 수도, 아니면 블로그나 게시글에 댓글을 달아주는 익명의 동지일 수도, 아니면 뷰카운트나 클릭카운트에서만 확인되는 스쳐지나가는 누군가일 수도 있다. 이들이 온라인을 통해서 느낄 수 있는 정동의 비중은 갈수록 오프라인에 육박해가거나 혹은 앞질러가고 있고, 이로 인해 갈수록 거기에 더욱 매달리도록 만들고 있다. 최근 인기를 얻고 있는 이른바 '먹방'과 같은 1인 미디어 방송들 역시 그런 온라인 정동을 보여주는 현상 가운데 하나라 할 수 있겠다. 그런 가상의 인기와 관심, 존재감을 느끼기 위해 이성적으로나 윤리적으로 도저히 이해할 수 없는 일들, 심지어는 살인까지도 저지르는 일들이 벌어지고 있다는 사실은 더 이상 놀라운 뉴스가 아니다.

몸이 절대적 기준이 되어가고 있는 시대, 사회 경제적 성공을 더욱 기대하기 힘들어지는 시대에 탈육체화는 루저의 탈출구이자 공동체적 위안과 끈끈함을 확인할 수 있는 몇 안 되는 공간이며, 그 속에서만 배설과 애착, 공격과 분노 등의 정동을 표출할 수 있는 자유를 누릴 수 있다. 이들에게 클릭수와 뷰카운트, 댓글, 포인트 점수 등은 중요한 정동적 매개물이다. 이들이 오타쿠와 다른 점은 오프라인의 애착물에 더 이상 그리 신경 쓰지 않는다는 점이다. 이들에게 있어서 가장 중요한 오프라인 상의 애착물은 아이러니하게도 자신을 온라인으로 연결될 수 있도록 만들어주는 오프라인 상의 실물인 휴대폰이 되어버렸다. 최근 중학생이 썼다는 잔혹동시는 바로 그런 루저적 정동을 상징적으로 보여준다.[33] 청년 루저들과 띠아오스들의 정동은 갈수록 육체를 떠나 뉴미디어 시대가 만들어낸 가상공간 속으로 빨려들어가고 있다.

6. 나오며

퀴어의 경우가 그러했던 것처럼 악의적 호명에 대한 전복으로부터 시작되었던 두 문화, 즉 한국의 루저문화와 중국의 띠아오스 문화는 그 출발점 자체가 전복의 가능성으로부터 시작되었다는 점에서 여러 평론가나 연구자들의 관심을 끌어왔다. 그리고 이 가운데 일부 논자는 루저들 간의 연대를 통한 정치적 각성, 혹은 혁명을 외치기도 하였다. 하지만 이들로부터 직접적인 정치적 혁명성을 찾는다는 것은 매우 힘든 일일 듯싶다. 그들이 딛고 서있는 현실 속의 발판은 매우 불안정하고precarious, 그들의 정동은 절망과 반항 사이를 방황하며 끊임없이 요동치고 있기 때문이다. 그리고 사실 그들의 정동이 스마트폰

---

33 국어 선생님은 / 세상에서 가장 소중한 열 가지를 쓰라고 했다. / 그 열 가지와 함께 배를 타는데 / 큰 파도를 만나 난파 직전에 있어서 / 한 가지씩 바다에 버려야만 한다고 했다. / 컴퓨터 자전거 일기장 이것저것 버리고 / 일곱 번째로 아빠를 버렸다. / 하나 더 버리라고 해서 / 나는 여친 명숙이를 버렸다. / 그런데 또 하나를 더 버리라 해서/엄마를 버렸다. / 마지막 가장 소중한 것으로 스마트폰을 남겼는데 / 다들 그 이유를 말하는 게 말하기 수행 평가다. / 나는 가족들과 연락하고 소통하기 위해서라고 말했는데 / 다들 웃었다. 어이없다는 듯 선생님도 웃었다. / (중략) 또 한다면 / 소중한 것 가운데 선생님도 넣었다가 / 가장 먼저 바다에 던져 버릴 것이다.(난파선 위에서) 「등단 시인들이 쓴 '잔혹' 청소년 시 어떻게 생각하십니까」(『서울신문』 2015.6.2, http://www.seoul.co.kr/news/newsView.php?id=20150602021001)

이라는 창구를 통해 뉴미디어의 가상공간 속에 소진되어버리고 마는 경우가 대부분이고, 현실 속에서 출구를 찾기는 갈수록 힘들어지고 있다.

스스로를 '루저'나 '띠아오스'라 자조自嘲하는 이들 젊은이들의 모습은, 더 이상 반항하거나 해결하고자 하지 않고 절망에 안주하는 것처럼 보이기도 하지만, 다른 한편으로는 자조와 풍자와 같은 방식으로 기득권 세력과 기성세대를 비꼬면서 사회 구조에 순응하기를 거부하는 측면도 없지 않다. 이 같은 문화현상은 비록 현 사회가 강제하는 욕망의 사다리의 위쪽(혹은 설국열차의 앞 칸)으로 올라가기 위해 안간힘을 다 쓰거나, 혹은 그런 현실의 모순에 적극적으로 맞서 저항하며 정치적 주체화의 길로 나서는 것은 아니다. 하지만, 소극적인 방식으로나마 자신들의 정서를 표출해내고자 하는 청년들의 양가적인 문화화의 형식이라 볼 수 있을 것이다.[34]

어쩌면 이들이 가진 전복의 가능성은 기존과는 다른, 기존의 틀 안에서는 상상되거나 설명되기 힘든 방식이 될 지도 모르겠다. 2002년 대선 때나 2008년 촛불집회 때 그러했던 것처럼 말이다. 사실 상상이 예상가능하거나 인식 가능한 형태로 드러나게 되는 그 순간 신자유주의는 순식간에 학습해버리고 모방하고 포섭해버린다. 그것은 수많은 욕망의 충돌 속에 시장이 되고, 권력이 되고, 또 하나의 틀로 고정되어 간다. 이런 틀을 깰 수 있는 것은 상상하기 힘든 그 무엇이어야만 한다. 더 이상 바깥을 상상하기 힘들어져버린 지금, 그나마 일반

---

34   윤영도, 앞의 글.

인들의 논리나 정동으로, 혹은 위너들의 논리나 정동으로 상상하기 힘든 그 무엇에서 가장 가까운 것이 바로 이들 루저일 것이다. 가장 엽기적이고 황당한 유머와 전복의 문화코드들이 늘상 그들에게서 나왔듯이 말이다. 그들에게 기대를 걸고 싶은 이유는 아마도 그들의 정치적 혁명성 때문이 아니라 그런 문화적 혁명성 때문일 것이다.

참고문헌

1. 저서

Gregg, Melissa and Seigworth, Gregory J. ed.,*Affect_Theory_Reader*, Duke University Press, 2010

Standing, Guy, *The Precariat: The New Dangerous Class*, Bloomsbury Academic, 2011

Wallerstein, Immanuel, *The End of the World as We Know It: Social Science for the Twenty-First Century*, Minneapolis: University of Minnesota Press, 1999

들뢰즈, 질·네그리, 안또니오 외 지음, 조정환 외 옮김, 『비물질 노동과 다중』, 갈무리, 2005

바랄, 에티엔(Etienne Barral), 『오타쿠: 가상 세계의 아이들』, 문학과지성사, 2002

스피노자 저, 강두식·김평옥 공역, 『에티카』, 박영사, 1976

아마미야 가린 지음, 김미정, 옮김, 『프레카리아트, 21세기 불안정한 청춘의 노동』, 미지북스, 2011

아즈마 히로키(東浩紀) 지음, 이은미 옮김, 『동물화하는 포스트모던: 오타쿠를 통해 본 일본사회』, 문학동네, 2007

헵디지, 딕 지음, 이동연 옮김, 『하위문화: 스타일의 의미』, 현실문화연구, 1998

2. 기간논문

李超民·李礼, 「"屌丝"现象的后现代话语检视」, 『中国青年研究』, 2013.1

소영현, 「한국사회와 청년들: '자기파괴적' 체제비판 또는 배제된 자들과의 조우」, 『한국근대문학연구』 제26호, 2012.10

王玉香, 「新媒体时代透视青少年"屌丝"文化现象」, 『中国青年研究』, 2012.9

장봄, 천주희, 「안녕, 프레카리아트」, 『문화연구』 78호, 2014

程和祥, 「新阿Q精神屌丝逆袭」, 『中国青年研究』, 2013.6

최지선(2010) 「루저문화의 얼굴들- 장기하와 얼굴들, 붕가붕가레코드를 중심으로」, 『오늘

의 문예비평』 2010 봄 통권 76호, 2010.2

한윤형, 「루저는 '세상 속의 자신'을 어떻게 인식하는가」, 『황해문화』 통권 제64호, 2009.9

管恩森, 「耶穌·撒旦·魯迅_魯迅与基督教关系发微」, 『魯迅研究月刊』, 2002年 第2期

3. 학위논문

안상욱, 「한국사회에서 '루저문화'의 등장과 남성성의 재구성」, 석사학위논문, 서울대학교
　　　대학원, 2011

4. 인터넷

윤영도, 「동아시아 루저문화의 계보 – 뉴미디어시대 청년들의 반항과 절망 사이」, 『네이버
　　　지식백과』(철학적 사건), 2015.3.26(http://terms.naver.com/entry.nhn?docl
　　　d=3579342&cid=59060&categoryId=59064)

10장

광장댄스廣場舞를 추는 젊은이들

구리(谷李)_시난정법대학(西南政法大學) 매스미디어학부 부교수
이영섭 옮김_건국대학교 아시아콘텐츠연구소 조교수

본 연구에 참여해준 모든 친구들에게 감사한다. 삼가 이 글을 현대 중국도시에서 "야만
스럽게 자라난" 이들에게 바친다. 이 글은 2015년 12월 한국 성공회대학교에서 열린 학
술대회인 '서울-상하이 청년학자 포럼'에서 발표한 글을 바탕으로 수정 보완되었다.

1. 광장의 군무群舞

저녁 9시쯤 광장에는 아직도 광장댄스를 추는 무리가 세 팀이나 있다. 그러나 이 정도면 많이 잠잠해진 편이다. 거의 일주일 내내(정확히는 쉬는 날 하루를 제외하고는) 이 시간이 되면 '부장'이 나타난다. 그는 진한 남색 점프슈트를 입고 있는데, 등 뒤에는 참신한 도안과 알파벳이 쓰여 있었다. 그는 이 검푸른 색 말고도 붉은 색으로 같은 옷을 한 벌 더 가지고 있는데, 이 옷은 요즘 유행하는 넉넉한 스타일이었다. 이 넉넉한 옷은 말라깽이 '부장'을 더 말라보이게 만들었고, 23세인 이 젊은이의 피부색을 더욱 깔끔하게 보이게 만들었다. 마찬가지로 그의 헤어스타일 역시 유행을 따르고 있어서, 정수리 부분은 펑크 스타일로 머리카락을 바짝 세웠고 앞머리 쪽은 회색빛이 도는 녹색으로 염색되어 있었다.

그는 춤을 추고 있는 동료를 지나서, 손에 든 가방을 나무 아래 옷가지가 쌓여 있는 곳에 그냥 던져버렸다. 옷가지가 쌓여있는 뒤쪽 화단에는 건전지로 작동하는 휴대용 스피커에서 경쾌한 음악이 흘러나

충칭 도심 광장에서 광장댄스를 추는 사람들

오고 있었다. 스피커 옆에서 황씨黃氏 아저씨(이후 그를 '황형黃兄'이라
고 부르게 되었다.)는 웃음을 띤 얼굴로 담배를 피우면서 '부장'에게 "왔
어?" 하며 인사를 건넸다. 황씨 아저씨의 아내 류씨劉氏 아주머니는
이 광장댄스 팀의 창단자이자 핵심멤버다. 류씨 아주머니는 50세 정
도의 나이에 등이 좀 굽었지만, 같은 연령대 중에서는 큰 키에 몸매가
날씬한 편이며, 다리가 곧고 길었다. 그녀는 이 팀에서 가장 베테랑
춤꾼이라고 할 수 있으며, 젊은이들 모두 그녀에게서 광장댄스를 배
워서, 그녀를 '사부'라고 불렀다. 지금은 새로 춤을 배우기 위해 들어
온 사람이 있으면, 류씨 아주머니가 자신의 '제자'에게 배우게끔 해주
었다. 류씨 아주머니는 매일 같이 광장댄스를 추는데, 특히 막 시작할
때 사람이 적거나, 그녀가 가장 좋아하는 음악이 나오거나, 새로 온
광장댄스 회원에게 보여줘야 할 때 춤을 춘다.

날씨가 나빠서 광장댄스가 취소되거나 장소를 다른 곳으로 옮겨야 할 때 말고는, 매일 저녁 7시 즈음 그녀는 남편과 광장댄스 팀에게 필요한 설비를 챙겨서 이곳 광장에 온다. 남편은 등에 스피커를 지고, 류씨 아주머니는 가방을 매고 있는데, 그 가방 안에는 팀원들의 옷을 한 곳에 쌓을 때 밑에 깔 보자기와 팀원의 회비 납부여부를 기록한 노트가 들어있다. 광장댄스 팀원들은 매달에 10위안을 내는데, '레슨해 줄 선생님'을 원하는 팀원이라면 10위안을 더 내면 된다. 류씨 아주머니가 춤을 출 때, 황씨 아저씨는 춤을 추지 않는다. 그는 광장댄스 팀의 DJ 역할을 하는데, 모든 댄스곡들은 그의 USB 안에 담겨있다. 그는 스피커를 건전지에 연결하고 USB 포트에 USB를 꽂은 뒤 이런 저런 버튼을 누르면서 음악을 틀고 볼륨을 조절하고 음악의 속도를 빠르게 하거나 느리게 한다. 황씨 아저씨는 음악을 틀면서, 동시에 팀원의 물건들을 보관해주는 역할도 한다. 그는 잠시도 자리를 뜨지 않고, 보자기 위에 쌓인 팀원들의 개인물품들을 지킨다.

"맞다! 이미 그 곡에 맞춰 춤을 췄나요?" 나무 아래서 휴식을 취하고 있던 여자 팀원에게 '부장'이 물었다.

"어떤 곡이요?"

"어, 그 곡은…… 아차차, 제목을 잊어버렸네. 이런 춤동작이 들어가는 곡이요!" '부장'이 두 팔을 들어 왼쪽으로 두 번 편 뒤 다시 오른쪽으로 두 번을 폈다.

"아마도……이미 춘 거 같아요."

"아, 그 곡!" 마침 곁에 쪼그리고 앉아 휴식을 취하던 랴오융廖勇이 몸을 일으켜 다가오면서 춤동작을 재현해 보였다. "그거 이미 췄어요, 췄어." 랴오융은 '부장'과 나이가 비슷해 보이는데, 참 열심인 사람이라, 옆에 들어 주는 누군가만 있다면 몇 번이고 손짓발짓해가며 설명을 해준다.

"아, 그 신나는 곡을 이미 춰버렸군요!" '부장'은 자기도 모르게 아쉬워했다.

"누가 이렇게 늦게 오래요?"

"퇴근하자마자 온 건데."

'부장'은 약간의 아쉬움이 남았지만 그렇다고 뭉그적대지는 않았다. '부장'은 곧바로 광장댄스 대열 속에 들어가 대담한 자세의 독특한 춤동작을 보여주었다. '부장'의 춤동작은 '패기 넘치게 휘두르는 칼날', 혹은 '강직함' 등의 느낌을 떠올리게 했다. 같은 음악이고 같은 춤동작이지만 다른 사람들은 모두들 팔과 등이 구부정한 반면, 그는 빳빳하게 편 팔을 휘두르고 꼿꼿하게 핀 다리를 차올리는 것이, 마치 열병식에서의 행진을 보는 것 같았다. 대부분 사람들이 각자 1평도 되지 않는 공간에서 움직일 때, 그는 춤 대오 속에서 빈 공간을 찾아내어 힘차게 큰 동작을 취했는데, 마치 큰 말을 타고 대오 사이를 돌아다니는 듯 보였다. 다른 젊은 남자 회원들도 즉흥적으로 가끔 그런 식의 동작을 취하긴 했지만, '부장'은 항상 그렇게 췄다.

랴오융의 춤 스타일은 간결해서, 자기 느낌대로 추는 데에 각별한 애정을 쏟는 것 같았다. 춤을 출 때, 그는 두 팔을 안쪽으로 약간 접은 상태를 취하고 얼굴은 약간 좌측으로 기울인다. 그리고 헐렁한 셔츠와 청바지를 입고 구두를 신은 마른 몸을 정확한 리듬에 맞춰 가볍게 틀고, 튕기고 점프한다. 자기가 좋아하는 음악이 아니면 그는 그냥 쪼

그리고 앉은 채로 휴식을 취하거나 나무 아래로 가서 자신이 챙겨온 콜라를 마시면서 다른 사람이 추는 춤 동작을 구경한다. 다른 사람들과 달리, 그는 이 팀에 유독 책임감을 갖고 있으며 기꺼이 자신이 가진 역량을 팀을 위해 사용하고자 했다. 어느 날 저녁. 마침 황씨 아저씨가 가져온 건전지가 다 닳았다. 몇 번을 바꿔서 연결해 봤지만 전력이 부족했고, 이에 따라 사람들의 흥도 점차 가라앉았다. 몇몇 팀원들이 아예 다른 팀에 가서 합류하자, 랴오융이 자발적으로 건전지를 사기 위해 달려 나갔다. 30여 분 후에 랴오융은 좀 과장되어 보일 정도로 숨을 헐떡거리며 돌아왔는데, 품에는 축전지 두 개를 안고 있었다. 그 날 저녁 이 광장댄스 팀은 평소보다 30분 늦은 10시까지 한껏 춤을 춘 뒤에야 흩어졌다.

'부장'이란 말은 '선전부장'의 줄임말이다. 팀에 대한 리페이쉬李沛叙의 책임감과 공헌을 선전부장이란 별명으로 개괄하는 것은 타당해 보인다. 팀원 중의 젊은이들, 그 중에서도 특히 나이가 좀 어린 남성들은 모두 리듬이 빠른 곡을 좋아하는데, 옆 팀에서 〈강남 스타일〉이나 〈노바디〉같은 곡을 틀면 일부 어린 사내 녀석들이나 아가씨들은 바로 옆 팀에 합류해버리곤 한다. 류씨 아주머니는 이를 크게 개의치 않는데다가, 가끔은 자기 자신도 옆 팀의 뒷줄에 서서 춤을 추곤 한다. 그러나 '부장'은 이를 '방치하지' 않는다. 나는 '부장'이 팀을 이탈한 사람들에게 다가가서 원래 자리로 돌아오라고 권하는 장면을 여러 차례 목도했다. 그러나 즉시 그의 말을 따르는 사람은 거의 없었다. 사람들은 그 곡이 다 끝나거나, 그 자리에서 몇 곡을 추고 나서야 본래 팀으로 돌아왔다. 한번은 '부장'이 범상치 않은 춤동작으로 사람들을 리드했는데, 다른 팀에 자기 팀원을 보내지 않으려는 '부장'의 속내가 드러나 보였다.

그날 저녁은 너무 느린 곡이 많은 탓인지, 아니면 새로운 팀원들이 많이 들어와서인지 몰라도, 팀의 분위기가 그다지 좋지 않았다. 거의 절반이나 되는 사람들이 엉거주춤하거나 어찌할 바를 모르고 우왕좌왕하고 있었다. 경험이 풍부한 핵심 팀원들조차 슬금슬금 나와서 주변의 다른 두 팀 사이를 배회하면서, 팀 분위기는 엉망이 되기 시작했다. 이런 상황은 치치琪琪가 나서면서 일신一新되었다. 치치는 키가 크고 늘씬하며 스텝에 탄력이 있는 젊은이다. 그는 청바지 단을 정성껏 접어 올려서 농구화와 바지 단 사이로 가느다란 발목이 드러나 있었다. 그의 목소리는 밝고 또렷했고, 말투는 느긋했다. 그는 늘 항상 점잖고 부드러운 말로 에두르는 듯하면서도 결국엔 신랄한 내용을 쏘아댔기에, 사람들은 그를 보고 "마음은 여려도 말은 매몰차게 하는" '엽기적인 그녀'를 떠올렸다. 한번은 치치가 한 여자 회원 앞에서 자기소개를 하면서 자기 이름을 말하려는데 그 여자 회원이 큰 소리로 말했다. "전 이미 당신 이름이 치치라는 것도 알고 있어요. 제가 당신 보려고 여기 온 거 알아요? 저번에 당신 춤추는 것을 봤는데 정말 멋지더라구요.……" 치치가 춤을 추는 모습이 얼마나 매력적인지 알 수 있는 대목이었다. 이날 저녁 중년으로 보이는 여자 회원이 치치가 오자 신이 나서 그를 꼭 안고는 그가 매고 있는 백팩을 끌어당겼다. 플라스틱 '도라에몽' 피규어 두 개가 매달린 백팩이었다. 그녀는 백팩을 끌어내린 뒤 치치의 팔을 붙잡아 광장댄스를 가르칠 선생님이 서야할 자리에 밀어 세웠다. 치치는 몇 번이고 사양하며 다시 대오 가운데 자기의 자리로 돌아가자 했지만, 번번이 열렬한 지지와 함께 떠밀려 선생님 자리로 나왔다. 결국 그는 광장댄스 팀을 이끌 수밖에 없었다. 젊다는 것이 이 팀의 특색이기도 하고, 광장댄스 팀 안에서 열정적인 젊은이들이 많은 만큼 이 광장댄스 팀의 춤도 확실히 생기발랄했지만, 그 중에서도 치치의 춤은 사람들을 매료시키기에 충분했다. 그의 동작은 사람들이 보기에 교과서라 느낄 만큼 완벽했으며, 그의 자세와 동작 하나하나가 생동감 있고 보기 좋았다. 광장댄스 팀원들이 이런 능력 있는 선생님한테 배우고 싶어한다는 것을 미루어 짐작할 수 있었다. 춤을 추면서 치치는 마성魔性의 매력으로 팀원들의 사기를 끌어올리고 수많은 사람들의 눈을 사로잡았다.

10시쯤 마칠 때가 되자, '부장'이 음악의 리듬에 맞춰 팀원 가운데로 나왔다. 그의 지시에 따라 팀원들은 그를 둘러싸면서 원형을 만들었다. 그리곤 마치 텔레비전에 나오는 어느 소수 민족의 '횃불춤'마냥 흥겨운 박자에 맞추어 경쾌하게 팔을 흔들었고, 네 박자를 주기로 모두가 좌우로 힘찬 걸음과 함께 발을 차올렸다. 그 원형이 '부장'이 있는 중심을 향해 모여들다가, 하늘을 향해 두 손을 치켜 올려 박수를 치면서 '허이'하고 함성을 지른 후, 또 바깥쪽으로 원형을 크게 만들었는데, 이 같이 몇 번을 반복했다. 이러한 '횃불춤'은 그날 밤의 클라이막스였다. 이 춤이 끝나자 그날의 광장댄스 모임이 마무리 되었다 이러한 횃불춤의 군무형태는 이 광장댄스 팀의 다른 춤들과 상당히 달랐다. 이 춤은 중심과 그 중심을 둘러싸고 있는 유기적 군체群體로 구성되어 있어서, 각자 저마다 전체 춤을 구성하는 일부분이 되고, 각자의 움직임과 이동은 다른 사람과 고도의 협동을 필요로 했다. 이 춤은 일종의 상징적인 의미를 가지고 있었다. 그것은 바로 통상적으로 '중심이 없는' 광장댄스를 '중심을 가진' 군무로 만든다는 것이었다. '부장'의 입장에서 말해보자면, 이 춤은 광장댄스 팀에 대한 그의 '충성도'를 자연스럽게 드러내 보여주는 것이었고, 다른 팀원 입장에서 말해보자면, 따로 안무를 짠 적은 없지만 혼연일체를 이루는 군무로써 모든 팀원이 함께 한다는 경험과 느낌으로 맺은 무언의 공감과 친밀감을 보여주는 것이었다. 그러나 이 춤을 자주 볼 수 없다는 사실은, 광장댄스 팀원 전체의 입장에 볼 때, 팀에 대한 '충성' 원칙의 중요성이 광장댄스 팀의 '자유' 원칙보다는 못하다는 사실을 보여주는 것이기도 했다.

2. 연구 동기

이상의 내용은 주로 2015년 11월 중순에서 하순까지 8일 동안 내가 젊은이들이 위주인 이 광장댄스 팀에 대한 현장조사와 직접참여에 근거한 것이다. 총 8차례 매번 1시간 30분에서 3시간 정도의 시간을 현장조사를 진행하며 직접 참여하기도 했다. 여기에는 평소 춤 모임과 전해 듣기에 팀 창립이래로 최대 규모의 회식(대략 40명의 팀원)도 포함된다. 그러나 이 광장댄스 팀과의 비공식 접촉 시간은 훨씬 더 많았다. 약 3년 전 어느 날, 나는 저녁 식사를 한 후 광장을 걷다가 우연히 광장댄스 팀의 춤을 보게 되었다. 이것이 바로 내가 처음 본 젊은이들이 무리를 이루어 추는 광장댄스였는데, 불현듯 아주 신기한 느낌이 들었다. "광장댄스는 중노년층 여성들의 '전유물'이 아니던가?" 호기심에 약 30분 정도를 지켜봤는데, 정말로 유쾌한 시간이었다. 젊은 사람들의 활발하고 생기발랄한 표정과 동작들, 그리고 힘차면서 자유분방한 춤 동작들은, 일반적으로 떠올리는 틀에 박힌 우중충한 광장댄스가 전혀 아니었다. 흥겨운 그들의 춤은 지나가는 사람들까지 흥미와 열정을 가지게 만들었다. 나 말고도 그 광장댄스를 지켜본 사람들이 아주 많았는데, 대부분이 핸드폰이나 사진기를 꺼내 들고 사진을 찍거나 동영상 촬영을 했다. 어떤 사람들은 아예 용기를 내서 군중무의 대오에 합류하여 같이 춤을 추기도 했는데, 대부분 청년층과 중년층이었고, 막 걸음마를 떼기 시작한 아이도 있었다. 눈 깜짝할 사이에 2년이 흘러가 버렸다. 여러 차례 광장에 와서 광장댄스 팀 옆에서 구경하면서 매번 같이 끼어서 춰보고 싶었지만 끝내 나서지는 못했었다. 이번 현장조사를 하게 되면서 관찰자로 며칠을 살펴보다 보니, 오히려 류씨 아주머니가 나를 주의 깊게 살펴보기 시작했다. 결국 자연스럽게 20위안을 내고 광장댄스에 참여하게 되었다. 그날 저녁 '부장'이 QR코드로 나를 이 광장댄스 팀의 큐큐 커뮤니티QQ群[1]에 가입시켜주면서, 나도 광장댄스 팀의 일원이 되었다.

한국 성공회대학교 학술대회의 아젠다가 〈정동하는 청춘情動的青春〉인 것을 알았을 때, 난 곧바로 이 광장댄스 팀의 젊은이들을 떠올렸다. 이 기회를 통해, 이 젊은이들에게 다가갈 수 있길 바랐고, 이 젊

---

1   (옮긴이) 큐큐 커뮤니티는 중국 포털사이트인 큐큐(www.qq.com)의 인터넷카페로, 주로 동호회가 사용한다.

은이들이 광장댄스 연구와 보다 더 광범위한 광장댄스 관련 담론과 도시청년의 사회담론에 참여할 수 있기를 바랐다. 주지하다시피 최근 몇 년 사이 광장댄스는 중국 도시 주민의 일상생활 속에서 아주 익숙한 광경이 되었고, 2013년 이래로 학계의 연구자들로부터 주목받아왔다.[2] 이런 연구들을 보면 광장댄스가 마치 오로지 여성의 활동에만 속한 것 같고, 심지어는 중년층, 노년층 여성의 활동에만 속한 것 같다. 광장댄스에 참여한 이들 중 중년층, 노년층 여성이 대다수를 점하고 있는 것은 어느 정도 분명한 사실이긴 하지만, 광장댄스에 참여한 이들 중 젊은이들과 남성들도 있다는 사실을 은폐해 버리고 만다.[3] 미리(米莉, 2016)의 연구는 광장댄스에 참여한 노년층, 중년층, 청년층 모두를 아우르며 세대 간 연구의 영역을 개척하면서, 광장댄스에 참여한 여성의 세대 차이를 보여주었다. 광장댄스의 젊은 참여자, 특히 남성에게 초점을 맞춘 연구는 여전히 부족한 것으로 판단된다. 이에 이 글에서는 앞서 기술한 청년층 위주로 구성된 광장댄스 팀의 현장조사에 대한 기초적인 연구성과를 공유해보고자 한다. 이 글의 목적은 (1) 이 광장댄스 팀의 광장댄스 활동과 구성, 메커니즘을 기술하고, (2) 청년층 중에서도 남성 팀원의 사회심리 메커니즘을 다루는 데에 있다. 예를 들어 "그들은 왜 광장댄스를 추는가?", "광장댄스는 그들

---

2   미리(米莉), 「정체성, 귀속감, 즐거움: 세대적 관점으로 본 광장댄스 여성의 자아순응과 주체확립(認同, 歸屬與愉悅: 代群視野下廣場舞女性的自我調適與主體建構)」, 『부녀연구논총(婦女研究論叢)』, 2016(2), 2-70쪽.

3   뤄샤오밍(羅小茗), 「'사회적 소음'의 탄생('社會噪音'的誕生)」, 『문화연구(文化研究)』, 2015(1), 277~294쪽.

에게 어떤 의미를 갖는가?" 등의 문제에 대해 탐색해보고자 한다. 앞서 이 광장댄스 팀에 대한 기초적인 감각적 인상에 대해 기술하였는데, 여기에 덧붙여 공간위치, 음악, 사운드, 현재 상황, 위기 등의 측면으로부터 이 집단에 대해 좀 더 살펴보고자 한다. 이는 2015년 11월의 관찰과 참여 이외에 2016년의 관찰과 두 차례의 심층 인터뷰를 바탕으로 한 것임을 밝혀둔다.

3. 공간적인 위치

이렇게 산이 많은 도시 충칭重慶에서, 시내 중심의 다소 평탄하고 탁 트인 곳에 위치하고 있는 이 광장은 보기 드문 공간이다. 이곳은 10여년 전에 간선도로를 막아 도로의 양쪽 지역이 합쳐지면서 새로운 쇼핑 보행자거리가 형성된 곳이다. 남북으로는 차들이 광장지하의 터널을 통해 오가고, 동서로는 차들이 쇼핑 보행자거리를 에둘러서 오간다. 사람들은 쇼핑 보행자거리에서 걸어다닐 수도 있고, 지하통로나 육교를 통해 쇼핑 보행자거리와 주위의 거리를 오갈 수 있다.

도시의 새로운 공간이 개발됨에 따라, 이 보행자거리는 도시에서 가장 활기 넘치는 쇼핑 중심 지역 중 한 곳이 되었다. 광장에는 대형 백화점 3곳, 쇼핑센터 2곳, 대형 슈퍼마켓 3곳이 있다. 국유 및 민영 대형은행, 현지은행, 전신電信 기업들은 모두 앞 다투어 광장에 포진했고, 스타벅스, 맥도널드, KFC, 피자헛 등 외국 메이커들도 이곳에 "화려하게 등장했다." 5성급 호텔 2곳이 광장의 동북쪽과 서북쪽에

나뉘어 자리 잡았고, 사람이 붐비는 지하철 3호선이 광장 지하를 통과하고 있으며, 광장 지하에는 나이트클럽, 헬스장, 극장 등이 위치해 있다. 이 광장과 주위 지역을 "크게 휘도는" 도로의 다른 편엔 1980년대 말에 세워졌던 거리가 철거 중이고, 새로이 좀 더 유행을 따르고 "매우 가치가 있는" 공간들은 한창 건설 중이다. 이처럼 많은 재화財貨와 자본이 이 광장 주위로 집중되고 있다.

재화와 자본이 집중되면서 광장 역시 대량의 인구유동이 생겨나게 되었다. 3차 산업의 발달은 수많은 젊은 노동력과 소비자를 끌어들였지만, 이곳의 치솟은 땅값 때문에 정작 여기서 근무하는 젊은이들은 이곳에서 살 엄두도 내지 못한다. 낮에는 형형색색의 옷차림의 젊은이들이 이 광장을 지나다닌다. 그들 대부분은 광장 남단과 중앙에 위치한 지하철역에서 나와서는 사무실 건물과 상점이 있는 길목으로 총총히 사라진다. 저녁에 해가 질 때면, 많은 젊은이들이 아까 왔던 방향의 정반대로 움직이기 시작한다. 퇴근 피크 시간대가 지나고 저녁식사 시간이 막 지나고 나면 중년층과 노년층 사람들이 광장에 모여들기 시작하고, 광장댄스 역시 이때부터 시작된다.

광장의 동북부와 남쪽은 인구 유동이 가장 집중되는 주요통로라서, 비록 짧은 시간의 활동이라 할지라도 광장댄스 팀은 광장의 북부와 서부의 일부분만 사용할 수 있었다. 2015년의 일정 기간 동안 이 협소한 공간은 광장댄스 팀 5개 팀의 활동무대였다. 광장 북쪽에는 넓은 무대가 있는데, 이 무대 앞 동쪽과 서쪽에는 각기 거대한 스피커가 있어서, 광장댄스 한 팀이 이를 기준으로 무대의 동서로 죽 늘어설 수 있었다. 무대 스피커의 엄청난 사운드는 300명에 달하는 사람들이 동시에 춤을 출 수 있을 정도였기에, 무대에 오른 광장댄스 팀은 광장의 '절반'을 차지하는 최대 광장댄스 팀이 되고, 나머지 네 팀은 광장의 왼편과 뒤편을 비좁게 나눠 쓰는 수밖에 없었다.

무대를 기점으로 삼아, 최대 광장댄스 팀을 A팀이라고 한 뒤, 시계 반대방향으로 순서를 매겨보면, 이 글에서 주목하고 있는 광장댄스 팀은 네 번째라서 D팀이 된다. B팀과, C팀은 A팀과 마찬가지로 모두 북쪽을 향해 있다. 다른 광장댄스 팀에게 영향을 받지 않기 위해 D팀은 서쪽을 향해 서는 것 같았다. 광장댄스 팀의 몇 미터 앞에 계단이 있는데, 계단 아래엔 작은 공원이 있다. 공원 동북쪽에는 음악에 반응하는 분수가 있고, 계절과 명절에 따라 다른 연출을 기획하여 수많은 사람들의 눈길을 사로잡는다. 음악에 반응하는 분수의 서북쪽은 오성급 호텔 중 하나다. 공원 지하에는 여러 오락시설(나이트클럽, 노래방,

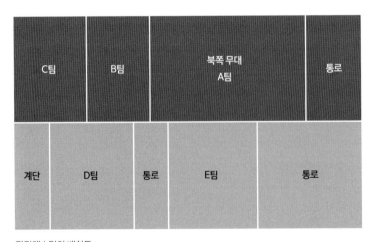

광장댄스팀의 배치도

극장, 술집, PC방 등), 헬스장, 쇼핑가, 식당가가 모여있는 '불야성'이라는 지하 아케이드가 있다. 사람들은 공원 안에서 노래 부르고, 산보를 즐기고, 개와 산책한다. 저녁엔 젊은이들이 롤러스케이트를 탄다. D팀의 왼편은 보행자거리의 중심이다. '불야성'의 출입구가 30미터 거리에 위치해 있었고, 그 밖은 맥도널드, 은행, 백화점, 슈퍼마켓, 지하철 입구 등이 있다. 지하 '불야성' 출입구 옆에 눈에 띄지 않는 자그마한 건물이 있는데, 바로 지역 공안국(公安局: 경찰서)의 파출소다. D팀의 뒤에는 동쪽을 바라보고 춤을 추는 E팀이 있는데, 두 팀의 끝자락은 서로 10미터 정도만 떨어져 있었다. 이 팀의 오른편(북쪽) 화단에는 황갈용 나무(黃葛榕: 벵골보리수나무)가 심어져 있었고, 원형의 화단 울타리는 50센티 정도 높이였는데, D팀의 스피커가 바로 이 위에 놓여 있었다. 이 황갈용 나무의 다른 쪽에는 C팀이 있었다. C팀과 D팀의 거리는 불과 몇 미터에 지나지 않는데, 매 팀은 매일 정해진 각자의 자리에서 춤을 춘다. 그러나 사실 D팀의 핵심 팀원들도 곧잘 C팀이나 E팀으로 가버리곤 한다.

4. 춤

D팀의 참여인원은 많을 때는 40명 정도가 된다. 그 가운데 30세 이하의 젊은이들은 80%정도다. 전체적으로 남성이 여성보다 약간 적어서 약 40% 정도이다. 특히 눈길을 끄는 것은 광장댄스는 보통 저녁 7시정도부터 시작해 10시정도에 끝나는데, D팀은 늘 가장 먼저 시작

하고 가장 늦게 끝난다는 점이다. 음악을 한번 시작하면 한 곡 한 곡 연달아 흘러나오면서 파장까지 계속된다. 음악이 멎을 때는 곡이 바뀔 때마다 발생하는 몇 초의 틈 말고는 없다. 9시 30분이 되면 다른 광장댄스 팀들은 속속 끝마치고, 광장에는 D팀만 남게 된다. 다른 광장댄스 팀들에게 방해를 받지 않게 되다보니, 이때부터 시작되는 춤은 가장 흥겹고 즐거운 춤이 되곤 한다.

　D팀과 다른 광장댄스 팀 사이에 가장 눈에 띄게 차이점은 D팀의 춤동작이 남달리 역동적이고 활력이 넘친다는 것이다. 트는 음악은 구미歐美, 한국, 발리우드, 중국 유행가 말고도, 중국 5~60년대 혁명가곡을 편집한 곡까지 포함되어 있다. 매 곡마다 흔히 통용되는 특정 안무에 맞춰져 있다. 이는 모든 춤들을 파악하기 위해서는 반드시 진지하게 배우고 많이 연습해야만 한다는 것을 의미한다. 그리고 통용되는 안무란, 서로 다른 광장댄스 팀들 사이에서도 특정한 춤곡의 안무는 대체적으로 같을 수밖에 없다는 것을 의미하기도 한다. 이는 옆 팀에서 익숙한 춤곡을 틀었을 때 D팀의 유동적인 팀원들이 너무나 손쉽게 그 팀으로 들어가 버리는 이유이기도 하다. 그런데 반대로 다른 팀의 팀원이 D팀에 끼어들기는 쉽지 않다. D팀의 안무에는 살사, 차차차, 힙합, 중국 소수민족 춤, 한족漢族 춤과 같은 여러 요소들이 혼합되어 있고, 리듬이 빠른 곡이 다른 팀에 비에 훨씬 많은 편이어서, 춤추는 사람에게 좀 더 높은 수준의 춤 능력과 강한 체력을 요구한다. 그래서 대다수 중년층, 노년층 광장댄스 팀원들은 아무래도 끼어들기가 좀 어렵다.

　물론 D팀 안에서도 초급자, 중급자, 상급자의 구분이 존재한다. 초

광장댄스 D팀에서 춤을 추는 젊은이들

급자는 안무를 익히려 노력하면서 종종 낯설어하는 몸의 완강한 저항에 부딪힌다. 이 때문에 동작이 아무래도 어색하고, 부자연스럽다. 그래서 몸과 음악, 그리고 신체 각 부분의 조율을 부단하게 증진해야만 한다. 중급자들은 이미 몸이 춤에 익숙해져 있고, 춤곡에 대해서는 더 익숙하기 때문에, 신체 각 부분을 때맞춰 정확하게 움직이면서 춤곡에 맞추어 동작을 완성할 수 있긴지만, 아직 살얼음판 위를 내딛듯이 조심하면서 완전히 자유자재로 움직이지는 못한다. 상급자들은 이미 모든 안무에 완전히 익숙해져 있어서, 춤곡과 안무를 억지로 짜 맞출 필요가 없다. 이 같은 경지는 그들이 별 생각 없이 추는 듯하면서도 새로운 면모를 드러내거나, 스텝이 조밀하면서 위아래로 두루 살펴볼수록 매력을 갖추어서, 춤 속에 자기 스스로를 녹여내고 자신을 표현하고 있음을 보여주는 것이다. 앞서서 이미 '부장'의 호방한 스타일, 랴오융의 세련된 스타일, 치치의 아름다운 스타일에 대해서 언급한 바가 있다. 이들과 비교하자면, 붉은 셔츠를 입은 젊은이는 또 다른 자유분방한 스타일이었다. '부장'이 큰 폭의 움직임을 강조하는 것과는 달리, 붉은 셔츠 젊은이의 춤은 스피드를 중시했다. 다른 사람이 4박자로 춤을 출 때, 그는 이를 쪼개 8박자로 출 수 있었다. 다른 사람이 한 스텝을 내딛을 때 그의 다리는 이미 땅을 세 번 튀길 수 있었다. '부장'은 단순명료하게 팔다리를 공간에서 펼치는 스타일인데, 붉은 셔츠의 젊은이는 촘촘하고 빠른 동작으로 박자를 채운다. '부장'이 힘껏 몸을 펼치는 데 반해, 붉은 셔츠의 젊은이는 춤동작을 세밀하고 정확하게 통제한다. 두 사람의 공통점은 모두 팔다리를 최대치로 뻗친다는 점이다. '부장'에게 두드러지는 것은 공간을 넓게 쓴다는 점이고, 붉은 셔츠의 젊은이가 강조하는 것은 시간을 치밀하게 쪼갠다는 느낌이다. 초급자와 중급자에게 춤이란 정해진 표준에 맞추는 것이란 의미가 강하다. 그러나 상급자에게 춤이란 개성과 스타일을 찾는 가운데 신체의 자유를 체험하는 것이다. 치치, '부장', 랴오융, 붉은 셔츠 젊은이의 스타일은 D팀 젊은이들 춤의 대표적인 네 갈래 유형이라고 할 수 있다. 여타 스타일들은 정도의 차이는 있겠지만, 이네 사람의 스타일을 모델로 종합한 것이다. 물론 상급자라고 모두가 개성을 가진 스타일을 갖게 되는 것은 아니지만, 모두가 자신만의 방식으로 주도하는 성향을 드러내 보인다. 그들의 신체는 더 이상 엄격한 규칙에 얽매이지 않기 때문에, 스스로도 더 이상 수동적으로 춤곡이 정해놓은 동작의 틀에 구애받지 않는다. 오히려 그들은 스스로 춤곡을 선택할 수 있기에, 자신이 좋아하는 춤곡이 나오거나 내킬 때만 춤을 춘다. 그들은 춤곡이 그다지 당기지 않으면 그들은 휴식을 취하거나 담배를 피우면서 다음 곡을 기다린다. 그리고 다른 팀에서 자신이 좋아하는 곡을 틀면 바로 '팀을 갈아타서' 잠시나마 다른 팀의 팀원이 되기도 한다.

5. 음악, 사운드, 공간

이 광장댄스 팀(전체 광장댄스 팀들이라고도 할 수 있다)에게 있어서 음악의 중요성은 멜로디나 리듬에만 국한되는 것이 아니다. 여기서 강조할 것은, 광장댄스의 음악은 스피커로 퍼지는 음악의 성량을 가리킨다. 우선 이런 음악의 물질적인 성량은 여러 소리들로 가득한 이 넓은 공공의 공간을 속에서 춤추는 이들에게 그들만의 공간을 만들어주면서, 광장댄스의 활동이 가능하도록 해준다. 이처럼 공간의 매개체인 음악을 물질적 에너지로 삼고 있기에, 넓은 광장에서 여러 광장댄스 팀들은 더더욱 강한 출력 사운드로 주변의 각종 소리, 특히 다른 네 팀의 음악소리(와 기타 소리들)에 효과적으로 맞설 필요가 있다. 음악은 광장댄스 팀이 존재하게 해주는 기초다. 강력한 음악 사운드는 일정 범위 내에서 다른 팀의 음악을 '묻히게' 하면서, 상대적으로 자기들만의 사운드 공간을 만들어, 그 팀이 '생존'할 공간을 개척해 준다. 음악 사운드가 작아져서 음악이 끊길 듯 말듯하게 되면, 언제라도 다른 팀의 음악소리에 묻히게 된다. 그리되면 음악이 사라지면서 그 팀도 생존의 위기를 맞는다. 이런 생존의 문제는 스피커에 끼는 축전지의 전력이 모자라게 되는 사건이 빈발하면서 도드라졌고, 이에 많은 팀원들이 자발적으로 사운드 출력이 더 큰 스피커를 사기 위해 돈을 모을 것을 건의했다. 류씨 아주머니는 전원이 문제라고 말했다. 지속적으로 전류를 공급해줄 전원이 없기 때문에, 광장댄스 팀이 살 수 있는 스피커의 종류와 사운드 출력에는 엄청난 제약이 있을 수밖에 없다는 지적이었다. 한 가지 해결 방안은 부근에 있는 상점에 양해를 구하고 긴 전선을 이용해 전원을 빌려 쓰는 것이다. 또 다른 방안은 관공서의 지원을 받는 것으로, 광장을 관리하는 부서에게 광장의 전원을 사용할 수 있도록 허가를 받는 것이다. 첫 번째 방안은 상점 주인을 찾아 해결하는 것이고, 두 번째 방안은 관공서의 역할에 기대는 것인데, 이 부분에 있어서는 A팀이 우월하다. A팀은 어떻게 이 광장에 있는 무대와 무대 스피커를 사용할 자격을 갖게 되었으며, 어떻게 지속적인 전류 공급이 가능한 전원을 두 개의 스피커에 공급할 수 있게 된 것일까? 다른 팀들도 일정한 수속을 통해 이 같은 지원을 얻을 수 있을까? 관공서가 광장댄스 팀의 존재를 암묵적으로 허락한 것에 그치지 않고, 보다 적극적인 역할을 해줄 수 있을까?

상대적으로 관공서의 간섭이 없는 상황에서 광장댄스 팀들은 이 광장에서 '자유경쟁'을 통해 각자 광장의 공간을 획득했다. 주변을 에워싸고 구경하는 관중들이 죽 늘어서서 구경하는 것 외에는 광장댄스 팀들 사이에 어떤 경계도 없다. 음악 사운드(출력)와 춤곡(흡인력)은 비록 가상의 벽이긴 하지만, 현실에서는 효과적인 집단 간의 경계를 만들어 낸다. 전자는 춤 / 집단의 존재와 관련 있고, 후자는 춤의 형식과 관련이 있다. D팀의 열혈 팀원들에게 집단의 경계는 탄력적이고, 상호 교류가 가능한 것이다. 그들의 높은 춤 숙련도는 그들이 언제라도 기존의 팀을 벗어나 다른 팀에 합류할 수 있도록 만들어 주었는데, 이 과정에서 그들은 좀 더 많은 집단 공간을 체험했다.

6. 위기

2015년 이 글의 초고를 완성하기 하루 전날 저녁, 나는 다시 광장으로 가서 광장댄스 팀을 관찰하다가, 매우 중요하다고 생각되는 세 장면을 목도했다. 첫 번째는 D팀이 스피커를 새것으로 교환한 장면이었다. 새 스피커는 이전 것보다 사운드 출력이 약간 컸다. 그러나 새것 역시 여전히 축전지를 끼우는 것이지, 플러그를 꽂아 전원을 공급하는 것이 아니었다. 이는 상가나 관공서의 담당 부서, 이 두 쪽에서 모두 류씨 아주머니가 바라던 지원을 얻지 못했음을 보여주는 것이었다. A팀의 춤곡 사운드는 여전히 수시로 나머지 4팀의 춤곡을 묻히게 만들었다. 이는 반박의 여지없이 A팀이 흔들리지 않는 압도적 우세를 점하고 있음을 확인시켜주었다. 두 번째는 이날 저녁 춤을 추면서 류씨 아주머니가 광장댄스 팀의 공간을 확보하려고 하는 와중에 행인들과 마찰이 생겨서, 결국 쌍방이 파출소까지 가게 되었던 장면이었다. 마지막으로 세 번째는 어떤 의미에서 가장 중요하다고 판단되는데, 다른 광장댄스 팀들이 모두 자리를 떠난 뒤, 원래 광장 한 쪽 구석에서 브레이크댄스를 연습하고 있던 두 소년이 D팀의 뒤에서 춤을 추기 시작한 장면이었다. 이때 이미 광장은 거의 조용해졌고, 브레이크댄스를 추는 소년들의 스피커는 매우 작았지만, 그들의 춤은 D팀을 구경하던 대부분의 광중들을 뺏어갔다. 류씨 아주머니가 새로운 팀원을 가르칠 때처럼 한 소년이 브레이크댄스를 추고난 뒤 자기 뒤에서 흥미진진하게 지켜보던 관중들을 가르치기 시작했는데, 그 소년 뒤에 있던 사람들은 모두 빠른 스텝에 익숙한 D팀의 상급자들이었다. 그 중에는 꼼꼼한 스텝이 장기인 붉은 셔츠의 젊은이 예신菜鑫도 포함되어 있었다. 춤곡의 사운드는 작았고, 심지어 어떤 때는 아예 음악이 없기도 했지만, 관중들은 여러 차례 박수와 갈채를 보냈다.

기초적 분석을 놓고 봤을 때, 이 세 장면 중 첫 번째 장면과 세 번째 장면은 D팀에게 지속적으로 존재해온 불확정 요소를 보여준다. 이 두 장면 중 전자는 관공서의 관리라는, 그리고 후자는 '자유' 경쟁이라는 서로 다른 논리에 기반하고 있다. 내가 예상치 못했던 것은 반년 정도의 시간이 흐른 뒤, D팀이 없어져 버린 것이다. 사실 없어진 것은 D팀만이 아니었다. 2016년 6월부터 일정 시간이 흐른 뒤, 광장에 남은 광장댄스 팀은 A팀뿐이었고, 나머지 팀들은 모두 사라져 버렸다. A팀의 규모는 이전보다도 훨씬 커졌다.(류씨 아주머니도 A팀에서 춤추고 있는 것이 눈에 띄었다.) 이후 원래 E팀이 있던 위치에는 발리댄스 팀이 등장했다. 흥미로운 것은 A팀이 춤을 출 때 F팀은 자신들의 음악을 틀지 않고 A팀의 음악에 맞춰 춤을 추다가, A팀이 흩어지고 난 뒤에야 자신들의 휴대용 스피커로 자신들의 음악을 튼다는 점이었다.

큐큐 커뮤니티에서의 우선적인 준비 및 소통 과정을 거친 뒤, 2016년 12월에 나는 먼저 '부장'과 인터뷰를 했다. 안타까운 것은 뜻하지 않았던 업무가 생겨서 이때의 인터뷰를 40분 정도밖에 진행하지 못했다는 점이다. 그 다음날 오전, 나는 '부장'과 그를 통해 약속을 잡은 류씨 아주머니, 황씨 아저씨, 츄츄秋秋 씨를 만났다. 원래 나오기로 했던 치치는 나오지 않았다. 1년 정도 못 봤지만 류씨 아주머니는 바로 나를 알아봤다. D팀이 춤을 추던 황갈용 나무 아래서 만난 후, 우리는 광장 남쪽에 있는 피자헛으로 가서 아침메뉴를 주문하고 곧바로 인터뷰를 시작했다.

　류씨 아주머니와 황씨 아저씨의 말에 따르면, 2016년 5월 26일 저녁에 그들은 이전처럼 스피커를 가지고 늘 춤추던 장소에 왔다. 그러나 춤을 추기도 전에 2~30명이나 되는 공무원들의 제지를 받았다. 공무원들은 그들에게 더 이상 이곳에서 음악을 틀 수 없고, 만약 춤을 추려면 가장 큰 광장댄스 팀과 함께 춰야 하며(즉 이 글에서 말한 A팀에 들어가라는 말이다), 그렇지 않으면 그들의 스피커를 압수해 버릴 것이라고 말했다. 류씨 아주머니와 황씨 아저씨는 며칠 뒤 '샤오미펑'小蜜蜂 미니 뮤직 플레이어를 가지고 갔지만, 마찬가지로 여기서 음악을 틀 수 없다는 말을 들었다. 그래서 이 두 사람은 스피커와 팀원을 데리고 보행자거리 밖으로 나갔다. 그들이 간 곳은 보행자거리에서 북쪽으로 300미터정도 떨어진 상가 앞의 조그마한 공간이었는데, 곧바로 공무원들이 쫓아와서 류씨 아주머니가 손에 들고 있던 '샤오미펑'을 압수해 버렸다. 류씨 아주머니는 광장 파출소로 가서 공무원들을 강탈죄로 신고하려 했다. 파출소가 개입해서 이 일로 법적인 문제를 제기하지 않는다는 조건 하에 '샤오미펑'를 류씨 아주머니에게 돌려주었다. 류씨 아주머니와 황씨 아저씨가 장베이구청江北區廳에 문의

한 결과, 이 일은 장베이구 체육국體育局 소관이란 얘길 들었다. 이에 그들은 다시 장베이구 체육국으로 갔다. 류씨 아주머니가 말하길, 체육국에서 이 일의 발단이 된 사람을 언급했을 때 그녀는 "말문이 막히고 말았다." 체육국에서 언급한 사람은 바로 뚱순이란 별명으로 불리는 젊은 지체장애자였다. 류씨 아주머니에 따르면, 뚱순이는 젊은 이들과 노는 것을 좋아해 늘 그들이 춤추는 것을 구경했고, 때로는 광장댄스 팀의 경계와 질서를 유지하는 것을 도와주었다. 그러나 뚱순이의 덜렁대는 제스처는 쉬이 남에게 무례하게 비춰졌다. 그러나 류씨 아주머니조차 뚱순이를 관리(혹은 통제)할 수 없었다. 류씨 아주머니는 이것이 꼬투리가 된 것 같다고 보았다. 이것이 파출소 입장에서 은근한 골칫거리였기에 활동을 제지당했다는 것이다. 그러나 이 같은 추정은 다른 광장댄스 팀들까지 제지당하게 된 상황을 설명할 수 없었다. 황씨 아저씨의 추정이 좀 더 설득력이 있었다. 그가 보기에, 이 글의 앞부분에서 언급했던 보행자거리 서쪽의 공원에는 하루 24시간 내내 늘 아주 많은 사람들이 모이는데, 어떤 사람들은 그곳에서 작은 동아리를 만들어 휴대용 노래방기계를 가져와 노래를 불렀다. 그런데 이것이 때때로 공원 북쪽 오성급 호텔의 투숙객들에게 불평 대상이 되었다. 황씨 아저씨가 보기에, 오성급 호텔의 투숙객이 이 같은 불편사항을 제기하자, 호텔은 주위 주민들에게 불편사항을 신고하는 연판장을 돌렸고, 이때부터 광장 관리 부서가 광장에서 노래하거나 춤추는 활동을 정리하기 시작했고, 또한 바로 이런 배경 아래서, D팀은 자신들의 음악을 틀 권리를 빼앗겼고, 다른 여러 광장댄스 팀들과 원래 공원에서 노래를 부르던 사람들까지 제지당했으며, A팀만

구청 체육국의 지원 아래 계속 유지되면서 나머지 광장댄스 팀들을 병합하게 되었다는 것이다. 듣기에, 류씨 아주머니가 다른 광장댄스 팀의 수장들과 연대해서 A팀의 수장에게 매일 저녁 A팀의 춤곡에 다른 광장댄스 팀의 춤곡도 넣어서 각 광장댄스 팀이 선호하는 음악과 춤을 포함시키자는 절충안을 제시하기도 했지만, A팀은 이런 제안에 부정적이었다고 한다.[4]

　이러한 과정 속에서, D팀은 점차 흩어져 버렸다. D팀의 팀원은 충칭 출신도 있었고 외지 출신도 있었다.(헤이룽장성黑龍江省, 푸젠성福建省, 후난성湖南省, 쓰촨성四川省 등과 미국과 러시아 등에서 온 사람들까지 포함되어 있었다) 이전에 광장댄스 팀 활동을 할 때, 어떤 팀원은 충칭시의 다른 구에 살면서도 일부러 춤을 추러 이곳까지 왔었는데, 이젠 각자 다른 곳들로 흩어져 버렸다. 듣기에 팀원 중 어떤 사람들은 이제 런민회관人民大禮堂 앞 런민人民광장에서 춤을 추고 있긴 한데, 그곳의 너비나 규모는 매우 작은 편이다. 또 어떤 사람들은 10여 키로미터나 떨어진 자동차박람회센터에서 춤을 추고 있다. 어찌 되었든 D팀은 이제 흩어져 버렸다.

4　2016년 12월 22일 류씨 아주머니, 황씨 아저씨와의 인터뷰. 그들의 이러한 진술이 사실인지 여부는 보다 정확한 확인이 필요하지만, 이 글의 소임은 류씨 아주머니와 황씨 아저씨의 기억을 기록하는 것으로 이미 충분하다고 생각된다.

7. 팀원

인터뷰 중, 광장댄스에 대한 관공서의 관리 및 광장댄스 팀 간의 경쟁 문제를 다룰 적에, 츄츄씨의 표정은 자신이 얼마나 소외감을 느끼고 있는지를 보여주었다. 그녀의 피부는 희고 매끈했으며, 체형은 약간 통통한 편이었다. 갓 20이 넘은 그녀는 인터뷰 당시 광장댄스 팀에 가입한지 이미 3년이 넘었었다. 춤을 추는 것에 대해 얘기할 때, 그녀는 신이 나서 끊임없이 말을 이어갔다. "이전에 저는 제 스스로 춤을 추는 날이 올 것이라고 상상한 적조차 없었어요. 전 지금도 이렇게 뚱뚱하지만, 이전엔 지금보다 더 뚱뚱했거든요.……그러나 그날 저녁 이 광장댄스 팀의 젊은이들이 춤추는 것을 보고는 춤을 좋아하게 되었어요. 그래도 한 달여 동안은 그저 구경만 하다가 가입했죠. 이전의 저는 전혀 규칙적인 생활을 하지 않았어요. 아침도 늘 안 먹었죠. 직장도 지긋하게 한 곳에 있지 못하고 곧잘 옮겨 다녔죠. 줄곧 한 직정에서 3개월 이상 일한 적이 없었어요. 그러나 제가 춤을 추기 시작한 뒤로는 제 생활이 규칙적으로 변했죠. 매일 계획적으로 시간을 배분하고, 나머지 일들은 최대한 빨리 마쳐서 저녁에 춤추러 갈 수 있게 준비했어요. 그리고 식사도 규칙적으로 하게 되었어요. 이전에 저는 매우 뚱뚱했는데, 춤을 추면서 5킬로그램 정도가 줄었어요. 지금 일(극장 매표원) 역시 아주 오랫동안 해오고 있죠. 줄곧 직장을 바꾸지 않았어요." 츄츄씨의 설명 속에서, 광장댄스 팀이 젊은 팀원들에게 어떤 의미인지가 점점 드러났다. 빠른 인구유동이 특징인 도시 생활 속에서 각 개인들은 일엽편주—葉片舟와 같아서, 오가다 우연히 광장댄스 팀을 맞닥뜨리게 된 이후로 점차 광장댄스 팀은 본래 별 생각 없이 사회조류에 휩쓸려가던 팀원들에게 신뢰할 수 있고, 기대할 수 있고, 소속감을 가질 수 있는 항구가 되었다. 츄츄씨에게 광장댄스 팀이 가지는 '항구'로서의 기능은 그 어떤 것으로도 대체할 수가 없었다. "요사이 춤을 추지 않으니 바로 요요현상이 오더라구요.……한번은 제가 '춤을 추지 않는다면 내가 뭘 할 수 있을까?' 생각해 보다가 최근 헬스장의 회원증을 끊었지만 아직 가지는 않고 있어요. 만약 광장댄스 팀이 다시 만들어 진다면 전 다시 돌아와 춤을 추겠어요. 왜냐하면 여기서는 아무도 절 일깨워주지 않아도 전 춤추는 것을 잊지도 않고, 지속할 수 있기 때문이죠."[5]

앞서 치치의 춤이 구경하던 사람들을 광장댄스 팀에 가입하도록 만들었던 것을 언급했었다. 사실 남이 추는 춤을 구경한 후 광장댄스 팀에 끌리게 되는 것은 많은 이들의 공통된 경험일 것이다. '부장'도 샤오제小杰가 춤추는 것을 보고 끌려서 광장댄스 팀에 가입했다고 말했다. 그는 자신이 춤을 출 줄 몰랐을 때엔 매일 퇴근하면 집에 돌아가 스마트폰을 가지고 놀거나, TV를 보거나, 잠을 자거나, 어쩔 땐 영화를 봤지만, 언제나 '무료'했다고 말했다. '부장'에게 춤이란 아주 절실한 대상이었다. '부장'은 내게 자신의 춤이 "남에게 보여지고 남에

---

5   2016년 12월 22일 츄츄씨와의 인터뷰.

게 기억될 수 있기를" 바란다고 말했다.[6] 그의 독특한 복장과 춤동작은 바로 이런 그의 바람을 실현하기 위한 것이었다.

　서로 다른 사람들이 서로 다른 기대를 가지고 광장댄스 팀에 오지만(혹은 떠나지만), 광장댄스 팀은 아무런 조건 없이 모두를 받아들였다. 혹자는 다이어트하려고, 혹자는 연애상대를 찾으려고, 혹자는 건강을 챙기려고, 혹자는 '부장' 리페이쉬처럼 그저 춤을 주고 그것을 남에게 보이이려고 광장댄스 팀에 가입했다. 류씨 아주머니의 두 번째 제자 리타오李濤는 내가 이 광장댄스팀 에 가입했을 때 류씨 아주머니가 지정해준 내 춤 선생님이었다. 그는 원래 다이어트를 위해 류씨 아주머니에게 춤을 배우기 시작했다. 듣기에 그는 춤을 춘지 얼마 지나지 않아 5킬로그램 정도 체중이 빠지자 그 뒤로는 나오지 않았다. 그런데 곧바로 요요현상으로 살이 다시 찌자 광장댄스 팀에 다시 나왔다. 내가 리타오를 만난 것이 그가 다시 돌아왔을 무렵이었다고 류씨 아주머니가 알려주었다.

　사실 류씨 아주머니 본인이 광장댄스를 처음 추게 된 목적은 신체단련이었다. 그녀는 원래 요추간판탈출증 때문에 반신불수처럼 몸의 절반을 쓰기 불편해지자, 건강을 위해 4년 전부터 광장에서 춤을 시

6　엥겔스의 「영국 노동자 계급의 상태」에 담긴 도시경험에 대한 기술은, 서로 바라보거나 남에게 보이는 것의 중요성을 반증해 준다. "……그들은 마치 서로 아무런 공통점이 없다는 듯이, 서로 아무런 상관도 없다는 듯이, 서로 몸을 스치며 바삐 지나간다. 사람들 사이엔 오로지 행인은 반드시 인도의 오른쪽으로 통행해야한다는 묵계만이 존재했는데, 그나마 마주 걸어오는 사람을 막아서더라도 서로 바라볼 생각을 하지 않았다."(런민(人民)출판사, 1957, 304쪽), 뤄샤오밍, 『최후의 날 뱃표: 일상생활의 문화분석(末日船票: 日常生活中的文化分析)』, 상하이런민(上海人民)출판사, 2015, 23쪽에서 재인용.

작했다고 하였다. 춤을 시작한지 어느 정도 시간이 흐른 뒤, 그녀는 휴대용 스피커를 사서 자신의 팀을 만들었다. 곧바로 몇 명의 젊은이들이 가입했고, 그들은 더 많은 젊은이들을 끌어왔다.(예를 들어 리타오의 경우 광장댄스 팀에 가입한 뒤 몇 명의 젊은 여자들을 데려왔다.)

그러나 광장댄스 팀의 성장은 류씨 아주머니, 황씨 아저씨의 인간적인 매력과 불가분의 관계가 있다. 류씨 아주머니는 스스로를 '한량'이라고 불렀는데, 한마디로 놀기 좋아한다는 의미였다. 그러나 사실 그녀는 사회생활 경험이 풍부한, 꼼꼼하면서도 명랑한 큰누나 같은 사람이었다. 그녀는 각양각색의 젊은이들이나 이후로 점차 가입하기 시작한 비교적 나이 많은 사람들을 넉넉하게 포용했기에, 팀원들은 자신들의 느낌을 아무런 압박도 없이 광장댄스 팀 안에서 자연스레 펼칠 수가 있었다. 매번 춤 연습을 마치고나면, 상급자이자 핵심 팀원인 몇몇 이들은 늘 한참을 담배를 피우고 유쾌하게 웃고 떠들었다. 하루는 스피커 고장으로 광장댄스 팀이 원래 마감시간보다 1시간 정도 일찍 춤 연습을 마치게 되자, 랴오융이 이렇게 말했다. "시간이 아직 이렇게 이른데 갈 데가 없네!" 여자들은 약혼남을 데려와서 류씨 아주머니에게 소개시켜 주었다. 류씨 아주머니는 이 때 젊은이들과 담소를 나누면서 그들이 결혼식에 참석할 건지, 축의금은 얼마나 낼 건지를 짓궂게 따져 물었다. 리타오의 집은 광장에서 아주 멀다보니, 춤추다가 너무 늦어서 직장 사무실에서 잤다가는 상관에게 들켜서 연장근무를 하게 될까봐, 동료들에게 소파에서라도 하룻밤 잘 수 있는 집이 있는지를 수소문 했다. 천쓰위陳思宇는 왼쪽 귀에 귀걸이를 했고, 양쪽 볼엔 늘 귀여운 보조개가 있었다. 그는 친구사귀기를 좋아하고 명랑했는데, 때로는 친구의 겨드랑이를 긁기도 하고, 때로는 동료의 얼굴을 들어 올리거나, 가볍게 동료의 얼굴을 어루만졌다. '부장'은 팀원들 끼리 너무 서먹해지는 것이 싫어서, 적극적으로 춤 이외의 여러 차례 소풍이나 회식 등 모임을 마련했다. 류씨 아주머니는 '부장'의 이러한 의도를 충분히 이해했지만, 혹시나 하는 마음에 '부장'에겐 젊은이들은 너무 엄격하게 간섭하는 것을 좋아하지 않는다고 귀띔해 주었다. 이처럼 느슨한 분위기 속에서 팀원 간의 유대감과 애정이 자라났다. 츄츄씨는 자신이 광장댄스 팀에서 아주 좋은 친구들을 사귀게 되었으며, 그들과의 우정은 학생시절 학우들과의 우정보다도 강렬하고 지속적이라고 말했다. 류씨 아주머니는 광장댄스 팀 내에서 연애하다 결혼한 커플이 세 쌍이나 되고 연애 중인 한 쌍은 현재 혼담이 오가고 있을 정도라고 말했다. 츄츄씨는 이런 상황을 속속들이 알고 있었지만, '부장'은 그제야 알고서는 크게 놀라 할 말을 잊었다. 그는 자질구레한 인간관계를 싫어했기에, 팀원 간의 연애 상황에 대해서는 전혀 모르고 있었기 때문이다.

류씨 아주머니가 받던 월 회비 10위안은 다른 광장댄스 팀에 비해 가장 낮았다. 내 생각에 이 역시 광장댄스 팀의 젊은이들에 대한 류씨 아주머니의 너그러움을 여실히 보여주는 것이다. 인터뷰 중에 광장댄스 팀원의 직업을 자세히 열거해 보면서, 팀원 중 젊은이들은 판매원, 식당주방보조, 이발사, 지하철 노동자, 행사 사회자 등 블루 컬러 계층이 위주인데 반해, 약간 나이가 있는 팀원들은 의사, 교사, 변호사 등 화이트 컬러이거나 자영업자라는 점을 확인할 수 있었다. '부장' 본인은 이발사인데, 줄곧 리타오를 부러워했다. 왜냐하면 리타오는 명문대학 학부를 졸업한 후 반도체 설계 일을 하고 있다. '부장'이 알기로 리타오는 팀원 중 학력이 가장 높은 사람이었다.

8. 나오며

중국 대륙의 광장댄스 붐은 지금이 한창이다. 현재까지 광장댄스를 즐기는 사람들은 여전히 중년층과 노년층 여성 위주로 조직되어 있으며, 젊은 여성이 좀 늘었다. 젊은 남성은 보기 드물어서, 광장댄스의 소수자라고 말할 수 있다. 이 글은 젊은이를 위주로 하는 광장댄스 팀에 대한 초보적인 연구이다. 이 연구의 목적은 광장댄스 팀의 구성, 운영방식, 그리고 광장댄스에 참가하는 젊은 팀원(그 중에서도 남성)이 갖는 의미를 밝히는 것이었다. 지금까지 확보한 자료를 통해 광장댄스 팀의 구성과 메커니즘은 확실히 드러낼 수 있었다. 그 '의미'를 밝히기에는 상대적으로 데이터에 한계가 있기는 하지만, 제한적이나마 확보한 데이터에 근거하여 추론을 통해 문제를 제기해보는 것은 가능할 것이다. 미리(2016)의 세대에 대한 연구에서는, 젊은 여성에게 광장댄스(구체적으로는 발리댄스를 가리킨다)의 '여성성'이나 '여성미'라는 의미를 부여했다. 미리가 강조했던 것은 고도의 성별, 자신감, 전통에 대한 도전이라는 의미로서의 현대여성의 이미지였다. 이에 비해 츄츄씨의 자술 중 두드러졌던 내용은 아무래도 사회적 귀속감이었다. 이러한 귀속감은 정처 없이 떠도는 느낌에 대한 극복이자, 이런 기초 위에서의 생활방식, 자기정체성, 사회적 신분의 구축이다.

'부장'은 광장댄스에서 자신에 대한 외부의 인정을 추구하는 동시에 적극적으로 보다 강력한 집단의식을 구축한다. 츄츄씨와 '부장'이 광장댄스에 부여한 의미를 살펴본다면, 자유로이 오갈 수 있는 항구이든 탄탄하게 결성된 집단이든 상관없이, 그들은 약속이나 한 듯이 도시의 원자화原子化되는 개체 경험에 저항할 수 있는 길을 찾는 것이라 말할 수 있겠다.

이 글은 중국 도시의 광장이라는 공공의 공간 안에서 춤으로 인해 자생적으로 모이기 시작한 집단에 관한 이야기다. 이 글을 쓰기 시작할 때 난 이 일이 '이야기'가 되리라고는 상상조차 하지 못했다. 여기서 '이야기'란 이미 발생한, 이미 과거가 되어버린 일을 가리킨다. 비록 문화연구를 통해 어떤 대상이든 언젠가는 과거의 역사가 되어버릴 수 있다는 것을 알고는 있었지만, D팀을 연구할 때만해도 D팀이 이미 과거의 역사가 되는 중이었다는 것을 알지 못했다. 이 광장댄스 팀에 젊은이들이 다시 돌아올 수 있을까? 그 황갈용 나무 밑에 다시 모일 수 있을까? 정말이지 사람을 감상에 젖게 만드는 물음이다. 이 물음에 대한 답은 "확실하지 않다"이다. 당시 D팀이 춤을 추던 장면을 떠올려보면, 이 도시 속에서 아주 짧게 꽃피웠던 그들의 모습에, 이젠 비장한 느낌마저 든다. 일찍이 춤을 추던 사람들 한 무리가 이 충칭시의 시목市木인 황갈용 나무처럼, 자신의 뿌리를 내리고, 자신의 가지나 잎을 펼칠 기회를 잡아 튼튼하게 자라나 자리를 잡았었다. 그러나 현재와 미래의 상황을 생각해보면, 우려를 금할 수 없다. 이런 성장 중에 있던 젊은이들은 뿌리를 뽑힌 듯이 흩어져버렸다. 이제 삶의 물줄기는 어디로 흐르게 될 것인가? 나는 어느 유행가의 내용처럼[7] 젊은이들이 '보이지 않는 날개'를 빌어 어디든 꿈을 향해 멀리멀리 날아갈 수 있기를 진심으로 바란다. 그러나 동시에 이렇게 되묻고 싶다. 이 도시는 어째서 이 청년들에게 더 많은 공간을 내어주지 않는 걸까?

"만약 되돌아갈 수 있다면(음악을 틀 수 있다면) 한 두 주 안에 돌아올 수 있는 사람들은 모두 돌아올 겁니다."[8] 희망에 찬 '부장'의 이 말로 삼가 이 글을 끝맺고자 한다.

참고문헌은 각주로 대신함

---

7   (옮긴이) 〈보이지 않는 날개(隱形的翅膀)〉는 왕야쥔(王雅君)이 작사/작곡하고 장사오한(張韶涵)이 부른 노래로, 2006년 발매한 그녀의 앨범 〈판도라〉에 수록되어 있다.

8   2016년 12월 22일 리페이쉬와의 인터뷰.

4부

동 動하는
아시아의
청춘들

11장

2008, 2016 촛불시위와 사회운동

김연수_성공회대학교 사회학과 박사 수료

1. 촛불시위와 민주주의, 그리고 사회운동

12월 24일 방영된 〈그것이 알고 싶다〉(이하 '그알')의 '어둠은 빛을 이길 수 없다'편은 모든 촛불시위를 대체로 긍정적인 것으로 다루면서도 2016 촛불시위의 성과가 2008 촛불시위와의 차이로 인해 가능했다고 보는 듯하다. 그 핵심은 2008 촛불시위에는 시위를 주도하는 전문적인 꾼들이 있었고 시민들이 그것을 쫓았다면 2016 촛불시위는 일반 시민이 모여 있고 운동조직은 행사 진행의 조력자일 뿐이라는 것이다. '그알'은 2008 촛불시위를 축제 형식의 대규모 촛불시위가 운동조직의 참여로 인해 폭력시위가 되었기 때문에 좌절했다고 평가한다. 과격한 운동권과 순수한 비폭력 시민이라는 상상의 대립 구도가 사실인양 재생산된다.

이러한 관점은 2016 촛불 시민들이 이전의 촛불시위에서의 반(제도)정치 경향과는 달리 강경파를 배제하는 비폭력 노선을 통해 입법부를 결정적 수단으로 작동시켜 성공을 거둠으로써 정치적 시민으로 거듭났다는 일각의 주장과도 일맥상통한다. 이러한 입장에 따르

2016년 광화문광장의 촛불시위 현장

면 2016 촛불시위는 주권자로서의 시민의식의 발현이자 정치참여로써 박근혜 대통령과 최순실의 국정농단에 의해 드러난 형해화 된 민주주의를 온전한 민주주의로 대체하고자 하는 목표를 가진다. 다시 말해 2016 촛불시위가 대의민주주의를 제대로 작동하도록 만들고자 한다는 것이다. 이러한 관점에서 보면 거대한 촛불시위의 일관성 있는 압박 속에서 국회가 탄핵하고, 국회의 청문회와 특검이 국정농단을 조사하고, 헌법재판소가 탄핵 인용을 결정하게 된 과정은 촛불 시민들이 대의민주주의의 작동을 경험하게 된 것이다. 2016 촛불시위는 어떤 측면에서 역설적으로 보이지만 대의민주주의를 옹호하는 사람들이 열광하는 한국 역사상 가장 큰 규모의 대중직접행동이었다.

이러한 입장은 일어난 사건들의 현상적인 측면들만 보면 가장 적합한 것으로 보인다. 여기에서 시민들을 구성원으로 하는 촛불시위는 대의민주주의의 완성을 위한 보완물 내지는 구원투수로 위치지어 진다. 그리고 촛불시위 이전부터 민중총궐기를 진행해왔고, 촛불시 위를 묵묵히 준비하고 진행해온 사회운동 연대체는 이전의 실패에 대한 책임을 지고 벌을 받고 있는 것인지 2016 촛불시위에 대한 열광 속에서 보이질 않는다. 2016 촛불시위에서의 사회운동의 위치와 역 할은 어떻게 봐야 할 것인가?

반면 2008 촛불시위에 비해서 훨씬 덜 활발하긴 하지만 2016 촛 불시위를 직접민주주의의 발현으로 보고자 하는 입장들도 있다. 직 접민주주의를 전면으로 내세워 촛불시위를 분석하는 담론은 아직 찾 아보기 어렵지만, 2016 촛불시위에서의 직접민주주의에 대한 용어법 들을 살펴봄으로써 이러한 입장에 접근해 볼 수 있다. 첫째, 촛불시위 의 구성원으로서의 시민들이 광장에 나와 있는 자신들, 인터넷 공간 에서 정치적 실천을 하고 있는 자신들, 그리고 실천들 그 자체를 가리 켜 직접민주주의라 표현한다. 이러한 관점은 대의민주주의와 대립해 서 그것을 넘어서려는 의미가 아니라 대의민주주의를 보완하고 완성 하기 위한 차원으로 위치지어진다. 물론 이제 제도정치가 알아서 할 테이니 이제 그만하고 일상으로 돌아가라는 말에는 동의하지 않고 감시하고 훈수 두고 압박하고 견제하는 위치이기도 하다. 둘째, 사회 운동 활동가나 지식인들이 대의민주주의, 자본주의 등의 현 체제를 넘어서고자 하는 흐름이 맹아로 발현된 것이 촛불시위라며, 이를 직 접민주주의라 표현한다. 혹은 현 체제 너머의 이상향을 지칭하기도 한다. 이는 현 체제 너머의 더 진보된 체제를 꿈꾸는 혁명적 시각과 친화성이 높다. 셋째, 촛불시위에서 드러난 직접행동의 역동성을 기존에 없던 새로운 형태로 제도화, 조직화 하는 것을 직접민주주의로 표현한다. 시민의회를 만들고자 시도한 것이 그 사례이다.

세 가지 용어법이 공통적으로 가지고 있는 것은 강력한 대중직접 행동의 힘에 대한 긍정이다. 이를 대의민주주의의 정상 작동을 위한 동력으로 생각하거나 혹은 대의민주주의 너머의 이상향으로 넘어가기 위한 동력이나 그 맹아의 표현으로 생각하는 차이가 있을 따름이다. 세 번째 용어법은 대의민주주의 틀 내에서 대의민주제를 발전시키기 위한 동력으로 생각하거나 대의민주주의를 넘어가는 이행기로서의 제도화, 조직화로 생각할 수 있다는 점에서 양 방향 어디에도 위치할 수 있다. 이 글에서는 현실에서의 대의민주주의론에서의 대립쌍으로서의 직접민주주의론인 두 번째 입장을 주로 염두에 두고 논의를 전개하겠다.

직접민주주의를 강조하는 입장에서 촛불시위를 보는 사람들은 대개 사회운동이 촛불시위를 충분히 주도하지 못하고 의제를 급진화하지 못하고 있다고 불만을 토로한다. 이러한 관점에서는 사회운동이 직접민주주의를 이미 체현하고 있거나 혹은 진전을 위한 매개로 설정된다. 촛불시위의 기저에 신자유주의 체제의 노동 계급 착취가 깔려 있기 때문에 노동운동의 지도하에 노동자 계급 투쟁으로 전화해야 한다는 관점을 하나의 사례로 들 수 있겠다. 직접민주주의의 관점에서 더 멀리 간 논의는 사회운동 또한 제도정치와 마찬가지로 또 다른 대의에 불과하기 때문에 발전된 정보통신기술에 입각한 촛불 대중 전체에 의한 민주주의로 나아가야 한다고 주장하기도 했다. 이러한 관점의 한 사례는 2008 촛불시위 당시 '다중'이라는 개념으로 일정정도 영향력을 발휘하며 등장했지만 2016년 현재는 그렇지 못하다. 대의민주주의론이 주로 논하듯이 대의나 매개가 전혀 존재하지 않는 민주주의는 현대의 맥락에서 현실화되기 어렵기 때문이다. 현재의 제도정치를 넘어서는 전혀 새로운 대안적인 형태의 대의나 매개를 생각하더라도 그것 역시 생겨나기도 어렵고 유지되기도 어려웠기 때문이다. 이는 2008 촛불시위에서 온오프라인에서 응집되어 세력화 된 인터넷 집단들의 쇠퇴 과정을 통해 확인할 수 있다.

그럼에도 불구하고 기존의 제도정치와 기존의 사회운동에 의한 대의의 한계에 대한 문제제기는 일정 부분 적절한 것이다. 대의민주주의론은 촛불시위의 주체들을 정치적 시민으로 환원하여 촛불시위의 힘을 제도정치 내에서의 변화의 추동력으로 제한하여 다양한 가능성들을 막는 경향이 있다. 2016 촛불시위 과정에서의 직접민주주의에 대한 언급들은 촛불시위의 주체들을 노동자계급이나 민중 등으로 환원하여 촛불시위의 힘을 자본주의나 대의민주주의를 넘어설 힘으로 너무 쉽게 동일시하는 경향이 있다. 제도정치 차원에서의 변화든, 체제를 넘어서는 맹아의 발견과 그것의 조직화 및 제도화든, 촛불시위에서 나타나는 주체들의 성격과 이전과는 변화된 모습들, 그리고 조직화 방식들, 특히 인터넷 공간에서의 담론들 및 집합행위의 동학에 대한 분석을 전제로 하여, 논의가 일관성 있게 이루어질 때에만 충분히 의미를 가지게 될 것이다.

하지만 지금까지의 2016 촛불시위에 대한 분석들은 제도정치와 순수한 비폭력 시민의 이성과 연결시켜 한 축에 두고 사회운동을 폭력을 조장하는 운동권의 감정으로 위치시켜 한 축에 두는 식으로 구분하거나, 사회운동 조직의 이성과 촛불시위의 새로운 청년세대 주체의 감정과 공감과 같은 식으로 구분하거나, 광장에서의 평화를 이성으로 보고 온라인에서의 정치 의견 표출을 감정 내지는 비이성으로 구분하는 등, 암묵적으로 이성에 우위를 부여하는 무비판적인 이분법을 내재하고 있는 듯하다. 이러한 이분법들은 거대한 대중직접행동이 일어날 때마다 주체들이 표현하고 있는 정치성, 그것과 관련된 새로운 문화적 실천들을 배제하고 주변화 하거나 종속시키는 방식으로 작동한다. 기존의 담론들을 촛불시위에 무비판적으로 투영하여 운동의 힘을 특정한 차원으로 환원하여 버리는 것이다. 이러한 문제점은 대의민주주의의 접근이든 직접민주주의의 접근이든 공통적으로 발견되는 것이다.

모든 이성적·합리적 행위는 다양한 감정들과 결합하여 동시에 작동한다. 대중직접행동에서의 집합적 감정, 개개인들의 다양한 감정들의 공존과 이와 결합되어 나타나는 이성적 행위라는 차원에서 바라보아야 한다. 대중직접행동에 참여하는 구성원들의 일관성 있는 담론으로 완전히 정리되어 정립되지 못한 정치성은 기존의 제도정치로는 대의되지 못한 것으로써 개인의 감정, 대중의 집합적인 감정, 다양한 문화적 실천 등을 통해 맹아적으로 표현된다. 이러한 점을 주목한다는 것은 기존의 접근들이 충분하게 보지 못하고 있는 촛불시위에서의 주체들의 새로운 특징들과 문화적 차원을 더욱 강조하여 주의 깊게 보고 기존의 담론들과 일관성이 있게 생산적으로 결합하여 제시해야 한다는 것을 의미하는 것이다. 당연한 것이지만 기존의 담론들을 크게 수정해야 하거나 새로운 담론들을 만들어야 할 필요가 생기기도 한다.

지금까지의 논의를 토대로 하여 '2016 촛불시위와 이를 통한 한국 민주주의의 진전'이라는 주제를 다루기 위해 '제도정치-사회운동-대중직접행동' 간의 관계를 살펴보고자 한다. 2016 촛불시위에서는 국회에서의 탄핵과 같은 제도정치, '퇴진행동'과 같은 사회운동 연대체, 그리고 촛불시위라는 대중직접행동 간의 관계를 살펴보는 것을 통해 이루어질 것이다. 그리고 이를 2008 촛불시위에서의 제도정치와 사회운동과 촛불시위 간의 관계와 비교하여 살펴 볼 때 더 많은, 혹은 더 깊은 함의를 발견할 수 있을 것이다. 그리고 이에 더하여 2008, 2016 촛불시위에서의 주체들의 문화적 특징, 담론, 인터넷 공간을 통한 조직 및 동원 방식 등을 살펴보아야 할 것이다.

2. 2008 촛불시위와 사회운동

1) 2008 촛불시위에서의 대중직접행동과 사회운동

'그알'의 주장과는 달리 2008 촛불시위는 새로운 주체들의 급진적인 항쟁에 사회운동연대체인 대책회의가 따라가기에 급급한 사건이었다. 2008 촛불시위는 PD수첩의 광우병 보도를 계기로 촉발되었다. 하지만 촛불시위의 원인은 이명박 정부의 정책들로 인해 쌓인 불만과 분노였으며 광우병에 대한 공포는 그 중 한 요인으로 위치시키는 것이 적합하다. 이는 5월 중순부터 온/오프라인 공론장에서 논의

2008년 서울시청 앞 촛불시위 현장

를 거친 시민들에 의한 의제의 확장으로 빠르게 나타났다. "0교시 수
업으로 밥 못 먹고 대학 가서 등록금 때문에 골병 들면 의료 시장 개
방으로 의료보험 혜택도 못 받고, 10년 뒤에 광우병 걸려 죽으면 뼛
가루를 대운하에 뿌려 달라"는 당시의 유명한 문구는 이를 잘 보여준
다. 대책회의는 당시 촛불시위의 정점을 찍은 6월 10일에서 6일이나
더 지난 6월 16일에서야 '교육 자율화, 대운하 건설, 공기업 민영화,
물 사유화, 공영방송 장악 기도 반대'로 의제를 확장했다. 이 또한 대
책회의가 촛불 시민들을 뒤늦게 따라가고 있음을 보여주는 것이다.

5월 2일 첫 집회는 '안티이명박 카페', 두 번째 집회는 '미친소닷
넷', '정책반대시민연대'에 의해 시작되었다. 사회운동조직들의 연대
체인 '광우병국민대책회의'는 며칠 후인 5월 6일에 출범했다. 이후

벌어진 집회는 대책회의 주도로 청계광장에서 문화제 형태로 이어졌다. 5월 25일 인근의 다른 장소에서 집회를 연 '다음 아고라'의 주도로 거리 행진이 시작되었다. 촛불시위가 촛불 시민들에 의해 문화제에서 행진으로 전화되면서 급진화 된 것이다. 여기서 주목해야 할 점은 '다음 아고라'가 온라인 공론장으로 기능하면서 오프라인으로 세력화 되어 시위를 주도하기 시작했다는 것이다. 그리고 수많은 인터넷 커뮤니티들이 다음 아고라와의 유기적 관계 속에서 소규모 공론장 및 온라인에서의 조직 단위로 기능했다. 대표적으로 '안티이명박카페'를 들 수 있다. 온라인 공론장으로서의 다음 아고라와 인터넷 커뮤니티 안티이명박카페의 구성원들은 오프라인에서 수많은 깃발을 들고 대책회의와는 대체로 긴장 관계를 가지며 항쟁을 주도하는 또 다른 구심점이 되었다.

2008 촛불시위는 7월 5일 천주교, 불교 등 종교계가 나서서 촛불시위의 승리를 말하고, 대책회의도 '국민승리선언'이라는 이름으로 집회를 진행함으로써 이렇다 할 가시적인 성과 없이 정리 국면으로 접어들었다. 이후에도 이에 반발하여 이어진 투쟁들을 끝까지 주도한 것은 인터넷 커뮤니티들이었다. 이후 사회운동연대체를 중심으로 민생민주국민회의가 발족했고 누리꾼들을 중심으로 촛불애국시민전국연대와 촛불시민연석회의가 발족했다. 이는 양 구심점에 의한 촛불시위의 일상화, 조직화, 제도화의 시도였지만 오래 지속되지 못했다.

2) 2008 촛불시위에서의 주체들의 특징

2008 촛불시위의 주체들은 어떤 모습으로 나타났을까? 이를 촛불시위의 특징을 설명하는 방식으로 접근해보겠다. 첫째, 이전의 저항들과는 달리 자발성과 자율성이 강하게 나타났다. 자발성과 자율성은 어떤 대중직접행동에서든 항상 존재하는 것이지만 2008년을 기점으로 질적으로 다른 차원이 되었다. 촛불시위 이전부터 제도화 되어 존재하던 사회운동 연대체는 촛불시위를 주도하지 못하고 간접적으로 지원하는 도우미 역할을 할 수밖에 없었다. 제도권 정당도 그러했다. 해산을 제의해도 거부하는 시위대, 지휘 차량 운용에 대한 항의, 사회운동 조직의 확성기 지도 시도 비판 등 다양한 사례는 그러한 상황을 잘 보여준다. 조직의 지도가 자발성의 대립쌍이라면 후자가 우위에 서게 되었다고 말할 수 있을 것이다. 이러한 자발성은 자율성으로 연결된다. 시민들을 보호하겠다며 나선 예비군 부대, 인터넷 동호회를 중심으로 구성된 시민기자단, 폭력시위 감시 자원봉사단 등은 이를 잘 보여준다. 무엇보다 앞서 언급한 다음 아고라와 안티MB 카페의 시위 주도는 촛불시위에서의 주체들의 자율성의 결정체라고 할 수 있을 것이다. 이들은 인터넷 공론장으로서의 다음 아고라를 중심으로 각종 커뮤니티와 블로그 등 인터넷 공간에서 토론하고 댓글과 추천을 통해 여론을 형성하여 운동의 방향, 운동의 방법 등을 자체적으로 결정하여 거리로 나왔다.

둘째, 발전된 정보통신기술이 대중직접행동에서의 중요한 소통 형태가 되었다. 이는 앞서의 자발성과 자율성이 극대화 될 수 있게 된 조건이기도 하다. 다음 아고라에서의 집합행위의 동학에 대한 사례는 이를 가장 잘 보여준다. 핸드폰과 문자 메시지를 통한 소통, 노트북과 아프리카TV를 중심으로 하는 와이브로와 웹캠을 활용한 실시간 시위 중계, 진중권의 진보신당 칼라TV, 한나라당과 경찰청 홈페이지의 해킹 등은 이를 잘 보여준다. 이러한 특징은 부가적으로 저항의 일상화 현상을 가져왔다. 시위에 나왔다가 집으로 귀가 한 사람은 인터넷 동영상 중계를 보고 아고라에서 토론하고 커뮤니티에 글을 올린다. 미처 사정이 있어서 못나갔던 사람도 중계를 보다가 분노하여 밤에 광화문으로 달려간다. 온/오프라인 공간에서의 저항의 상호작용이 일어나는 것이다. 인터넷의 발전이라는 조건에 입각한 대중직접행동 주체들 간의 소통 증대는 앞으로의 직접행동에서의 주체들의 자발성과 자율성이 지속적으로 강력한 형태로 나타나도록 하는 조건을 형성하고 주체들의 촛불시위 경험 또한 그러한 문화적 정체성을 형성할 것이다.

셋째, 저항의 놀이화, 축제화 현상이 일어났다. 이전의 저항에서도 놀이의 요소나 축제의 요소가 없었던 것은 아니지만 대체로 엄숙하고 진지한 분위기가 중심이 되었다고 봐야 할 것이다. 하지만 2008 촛불시위는 '국민MT'라는 호칭이 잘 보여주듯 광화문 네거리를 일종의 해방구로 하여 즐거운 분위기 속에서 한 바탕 축제를 벌인 것과 같았다. 경찰저지선에서는 충돌을 벌이고 그 바로 뒤에서는 구호를 외치고, 인근에서는 온갖 해학이 담긴 창의적인 피켓이나 시위 용품들로 주장을 표현하고, 그 뒤에서는 시민밴드가 '헌법 제1조', '광야에서' 등을 연주하고, 드럼서클이 북을 치고, 풍물패가 난장을 펴고, 술자리가 벌어지고, 발언들을 하거나 토론을 벌이고, 데이트를 한다. 문화예술인들은 '문화행동'이라는 이름으로 문화제를 연다. 당연한 이야기지만 이 또한 강력한 자발성 내지는 자율성과 밀접한 연관성이 있을 것이다.

넷째, 앞서 잠깐 언급했지만 청소년, 여성이 핵심 주체로 등장했다는 점이다. 2008 촛불시위 초기, 집회에 몰려든 사람들의 70%가 청소년이었고, 그 중 70%가 여성이었다. 이명박정부의 0교시, 강제 야간 자율학습, 우열반 편성, 영어몰입 교육 등 교육 시장화와 경쟁을 강화하는 '공교육 자율화' 조처가 그 배경이다. 광우병 쇠고기, 즉 먹거리의 위험성이라는 생활세계 이슈는 이에 관하여 감수성이 높은 여성으로 하여금 저항에 나서게 했다는 분석도 있다. 동방신기 팬클럽 '카시오페이아', 인터넷 얼짱의 비리를 캐던 '쭉빵클럽', 온라인 요리정보 사이트 '82cook닷컴', 인테리어·가구 정보 사이트 '레몬테라스', 성형수술 커뮤니티 '쌍코', 패션 커뮤니티 '소울드레서' 등의 온라인 커뮤니티에서 토론이 벌어지고 여론이 형성되어 집단적으로 참여한 것 또한 촛불시위의 핵심 주체로서의 여성의 모습을 보여준다. 이는 여성 청(소)년의 주체성 실현 욕구가 강화된 문화적 조건을 반영하고 있는 것이기도 하다. 또 한 가지 중요한 것은 이 청소년, 여성 주체들을 중심으로 '비폭력' 저항 담론이 촛불시위의 핵심 가치 내지는 방법론으로 자리 잡게 된다는 점이다.

3) 2008 촛불시위에서의 폭력-비폭력 논쟁의 귀결

'그알' 등 일각의 주장과는 달리 인터넷 공론장과 광화문 광장에서 교차되어 논의된 (때로는 폭력적이기도 한) 청와대 진격 주장과 비폭력 평화 시위 주장은 둘 다 시민들에 의해서 이루어졌다. 특히 첫 거리 행진이 벌어진 날 두 의견의 격돌은 인터넷 생중계를 통해 네티즌들에게 전달되었고 다음 아고라를 중심으로 온라인 공간에서도 열띤 논쟁이 벌어졌다. 일부는 거리로 나서고 일부는 광장을 지켰다. 한동안 이러한 논쟁은 반복되었다. 한 경찰간부의 운동권보다 무서운 놈들이 나타났다는 탄식은 새로운 주체의 등장을 뒷받침하는 것이다. 대책회의는 이를 주도할 수 없었다.

경찰과 긴장 속의 대치 상황에서 주로 터져나온 여성 청(소)년들의 '비폭력' 구호로부터 시작되어 다음 아고라를 통해 '비폭력 무저항' 담론이 광범하게 퍼져 나갔고, 이는 광장에서 '자발적 연행', '닭장차 투어', '촛불 인간 띠 잇기', '횡단보도 시위', '폭력시위 감시 자원봉사단', '마스크 안 쓰기 운동', '비폭력 시위 지침서 발간' 등의 실천 전략으로 이어졌다. 폭력집회의 배후를 찾는 정부와 언론에 분노해 유모차 끌고 나온 '유모차부대' 엄마들은 비폭력평화라는 촛불시위의 성격을 상징적으로 보여주려고 하는 듯 했다. 평화시위를 지키고 보호하겠다며 군복을 입고 나온 '예비군부대'는 비폭력 전략의 역설적인 측면을 보여주는 것 같아 보였다. 여성 청년들이 하이힐을 신고 예비군들에게 그런 선의의 보호는 필요 없다며 앞에 서는 모습은 아직은 온전하게 표현되기 어려운 상황이지만 촛불시위에 주요한 힘으로 내재된 여성의 주체성을 보여주는 것이었다.

　반면 폭력적인 진압으로 막아서는 경찰과 맞서 경찰버스를 끌어내서라도 차벽을 뚫고 청와대로 향해야 한다는 흐름도 일관되게 유지되었다. 이는 현장에서 폭력 / 비폭력 구도로 대립되는 것처럼 보였지만 큰 갈등 없이 공존했다. 이러한 상황을 좀 더 정확하게 파악하기 위해서는 5월 31일의 상황을 살펴볼 필요가 있다. 이 날에는 민주노총 등 조직운동세력이 대거 참여하였고 촛불 시민들이 이를 환영해준 날이다. 금속노조 중심의 노동운동 대오의 주도로 4.19 혁명 이후 처음으로 청와대 인근까지 진출할 수 있었고 촛불 시민들은 이를 과격한 폭력 시위가 아니라 촛불시위의 진전으로 받아들였다. 내적으로 긴장 관계에 있던 흐름들 사이에서의 연대감이 형성된 것이다. 촛불 시민들은 제한적이었지만 기쁨과 승리감을 얻을 수 있었고 자신감을 얻을 수 있었다. 이는 촛불시위가 더 커지고 오래 지속될 수 있도록 하는 동력으로 작동하였다. 이때를 기점으로 적어도 청와대로 향해야 한다는 방향성만큼은 폭력 그 자체로 여겨지지 않게 되었다. 청와대로 가기 위한 최소한의 물리적 행사는 정당한 저항권의 행사로 여겨졌던 것이다.

　촛불시위 내에서의 폭력 / 비폭력 논쟁의 대립이 해소되고 촛불 시민들의 일관성 있는 실천 방향이 만들어진 또 다른 하나의 계기는 '명박산성 논쟁'이다. 6월 10일 70만이 모였을 때 이명박 정권은 광화문 광장을 컨테이너를 쌓아 막았다. 명박산성에는 "이것이 MB식 소통인가?"라는 플래카드가 걸렸으며, 그것은 이명박 정부의 소통 부재를 상징적으로 보여준 것으로 여겨졌다. 시민들은 스티로폼 연단

2008년 광화문 '명박산성' 앞 풍경

을 쌓고 위에 올라 명박산성을 넘을 것인가 말 것인가를 두고 밤새 토론했다. 날이 밝고서야 명박산성 위로 올라가서 깃발을 흔들고 내려오는 것으로 정리되었다. '대한민국은 민주공화국이다'를 내세우며 소통의 부재를 문제 삼는 촛불 시민들은 명박산성을 넘어 무엇을 할 것인가에 대해 대답하기 어려웠다. 청와대로 향한다는 일관성 있는 방향성은 협소하게 해석된 법과 제도 너머에 무엇이 있고 무엇을 할 수 있는가에 대한 실체를 확인할 수 없었다. 이는 차후 촛불 시민들로 하여금 제도정치 차원에서의 실천들과 결합되어 제도정치 차원에서의 변화를 이끌어내지 못한다면 의미 있는 진전을 이루기 어렵다는 생각을 하도록 만들었다. 폭력 / 비폭력 논쟁의 옳고 그름이나 비생산성 여부와는 상관없이 촛불 시민의 일관성 있는 실천 전략으로서의 비폭력은 이때를 계기로 고정화 되어 받아들여진 것으로 보인다.

3. 2016 촛불시위와 사회운동

1) 2016 촛불시위에서의 대중직접행동과 사회운동

2016 촛불시위는 노동운동, 민중운동이 중심이 되어 결성된 사회운동연대체인 '민중총궐기투쟁본부'에 의해 진행되어온 민중총궐기를 빼고 말할 수 없다. 노동 개악 반대, 재벌 책임 강화, 농업 문제 해결, 민생 문제 해결, 청년 문제 해결, 세월호 참사 진상 규명, 사회공공성 강화, 위안부 합의 무효화, 박근혜 대통령 퇴진 등을 요구했다. 민중총궐기는 2015년 말 3차례, 2016년 초 두 차례 총 5차까지 진행되었다. 13만명이 참여한 1차 민중총궐기 때 백남기 농민이 물대포를 맞아 중태에 빠졌고, 이후 한상균 민주노총 위원장이 구속되었고 점차 동력을 상실했다. 하지만 이는 시민들로 하여금 국가의 억압과 폭력을 다시 한 번 각인하였고 이후 벌어질 촛불시위에서 노동운동 내지는 민중운동에 대한 지지에 영향을 미치게 된다.

이후 7월 27일 TV조선의 보도, 9월 20일 한겨레의 보도, 10월 24일 JTBC의 태블릿PC 관련 보도를 거쳐 박근혜-최순실 게이트가 전면화 되면서 투쟁본부는 다시 민중총궐기를 준비한다. 10월 29일 박근혜 퇴진 촉구 집회, 즉 1차 범국민행동 집회(5만)를 개최하고 11월 1일부터 청계광장에서 매일 촛불집회를 연다. 11월 5일 2차 범국민행동 집회(30만), 11월 12일 3차 범국민행동 집회(100만)는 대규모로 개최된다. 특히 3차 범국민행동 집회의 경우 동시에 6차 민중총궐기와 공동으로 개최되었다. 이때 이미 역사상 최대 규모가 되었으며 12월

3일 6차 범국민행동 집회 때 232만명으로 정점을 찍었다. 11월 30일에는 민주노총 주도로 6만이 집회에 참여하고 22만명이 파업에 참여하는 총파업을 벌였다.

사회운동 연대체의 조직 과정을 살펴보면 다음과 같다. 11월 2일 민중총궐기투쟁본부 / 백남기투쟁본부 / 시민사회단체연대회의 / 416연대 / 민주주의국민행동 5개 연대단체의 총연합으로 비상시국회의가 열렸고 11월 9일 1500여개 단체가 참여하는 '박근혜정권 퇴진 비상국민행동'(약칭 '퇴진행동')으로 사회운동 연대체를 구성하였다. 이는 노동운동 / 민중운동 주도의 '민중총궐기'에서 시민사회운동이 결합하여 '범국민행동'으로 전환되었음을 의미하는 것이다. 이제 대중직접행동의 주체는 민중에서 국민 혹은 시민으로 바뀌어 호명된다. 여기에는 계급적 문제틀을 넘어 보편성을 획득하기 위한 의도가 담겨 있다.

거칠게 단순화 하면 퇴진행동의 두 축은 민주노총과 전국농민회총연맹 등이 속한 민중총궐기투쟁본부와 참여연대, 경실련, 환경운동연합 등이 있는 시민사회단체 연대회의이다. 즉 퇴진행동은 한국 사회운동의 핵심 두 축인 민중운동과 시민운동의 연대체, 사회운동조직들의 연대체이다. 한 집행부는 민중운동 그룹의 실무능력, 헌신성과 시민단체의 기획력과 대중적 확장력이 결합되어 균형을 잡고 있다고 평가했다. 특기할만한 점은 퇴진행동이 대표를 세우지 않았다는 점과 목표를 시민들의 의견이 반영되도록 하는 것이라고 소극적으로 제시하고 있다는 점이다.

2008 촛불시위 때 대책회의 조직팀장을 맡기도 했던 퇴진행동 안

진걸 상임운영위원의 인터뷰 내용은 2016 촛불시위에서의 사회운동 조직 연대체와 촛불 시민들 사이의 관계를 잘 드러내준다. 안진걸 상임운영위원은 2008 촛불시위 때에는 시민들의 흐름이 주도적이었고 활동가들이 비판을 많이 받은 반면 2016 촛불시위에서는 서로 존중하며 시민들의 자발성과 운동권의 조직력이 시너지 효과를 내고 있다고 평가한다. 그리고 퇴진행동이 시민들을 대표한다고 생각하지 않고 함께 집회를 잘할 수 있도록 판을 열고, 연대하도록 돕는다는 생각으로 활동하고 있다고 한다. 퇴진행동은 DJ DOC가 무대에서 부르려고 했던 노래의 가사가 여성혐오를 담고 있다는 여성들의 문제제기에 따라 공연을 취소하기도 했고 사회자가 "모두 일어나 주십시오" 대신 "일어날 수 있는 분들만 일어나주십시오"라는 표현을 써 소수자를 배려하기도 했다. 퇴진행동은 2016 촛불시위에서 시민들과 소통, 상호작용하며 제도정치를 활용한 탄핵안 통과에 핵심적인 역할을 수행했다고 평가할 수 있다. 하지만 이는 의제의 전면적 확장을 배제하고 박근혜 대통령 하야·즉각 퇴진이라는 하나의 의제로 집중하고 이를 위한 시민들의 직접행동에 철저하게 서포트하는 것으로 역할을 한정지음으로써 이루어졌다. 퇴진행동의 독자적인 실천이나 급진화에 대한 시도는 시민들의 시야에서 보이지 않고 촛불 시민들과 제도정치가 매개 없이 연결되어 있는 것처럼 보이게 되었다. 제도정치와 대중직접행동의 생산적 연관에 사회운동 연대체가 핵심적인 역할을 수행할 수 있었던 것은 독자적이고 적극적인 리더십을 발휘하는 것을 배제하고서야 가능했던 것이다.

대의민주주의론이나 언론들은 2016 촛불시위의 힘과 성과에 열광을 하면서도 촛불시위가 어떻게 시작되고 누가 준비했는지에 대해서는 주목하지 않는 경향이 있다. 하지만 2016 촛불시위가 거대한 항쟁이 되도록 불씨를 지핀 사회운동 연대체 퇴진행동의 역할은 아무리 강조해도 지나침이 없다. 퇴진행동이 여러 형태의 실천이 벌어질 수 있도록 판을 깔아줬기 때문에 촛불시위가 지속성을 지니고 커져나가고 최대한의 힘을 발휘할 수 있었다. 구심점으로서의 사회운동과 잘 결합된 대중직접행동이 탄핵이나 헌재와 같은 제도정치 차원의 정치적 실천과 결합되어 최선의 결과를 이끌어낼 수 있었던 것이다. 다시 말해 제도정치가 대의하지 못하는 시민사회의 요구를 대중직접행동이 대의하고, 사회운동 연대체가 촛불시위라는 대중직접행동을 대의함으로써 제도정치가 그 모두를 대의하도록 강제하였고 이는 박근혜 대통령 탄핵이라는 결과를 가져올 수 있었던 것이다.

하지만 이 과정에서 노동운동이나 민중운동은 기존부터 이어오던 자신들의 사회경제적 모순에 대한 문제제기를 뒤로 미뤄둘 수밖에 없었다. 사회경제적 불평등의 모순이 촛불시위의 기저에 깔려 있고 노동운동과 민중운동이 이에 대한 문제의식을 이미 가지고 이를 해결하기 위한 저항을 벌여왔었다는 것은 민중총궐기가 잘 보여주고 있다. 촛불 시민들도 대체로 이에 대해 공감하고 있다. 촛불시위 과정에서의 수많은 부문 행사들과 발언들과 이에 대한 시민들의 지지는 이를 반영한다. 하지만 그러한 문제들을 해결하는 방법에 대한 방향성이 다양하며 다를 것이다. 촛불 시민들 대다수가 공유하고 있는 것은 탄핵 후 정권 교체이다. 문제는 정권 교체가 그러한 문제를 자동으로 해결해주는 것이 아니라는 것에 있다. 어떤 당이 혹은 누가 권력을 잡아야 하는지. 체제나 제도 자체를 바꾸어야 하는 것인지. 어떤 제도나 정책을 필요로 하는지에 대해 다양한 견해들이 존재한다. 제도권 정당은 제도정치 내에서의 문제 해결로 생각하고자 할 것.이며, 사회운동은 급진적으로 체제의 변형부터 가깝게는 새로운 인물의 제도정치로의 진출을 통한 문제 해결을 생각할 것이다. 그리고 정치인들이나 사회운동 활동가들이 어떻게 생각하든 촛불시위의 과정에서 보이는 시민들의 새로운 가치와 특성들은 충분히 대의 되는 것이 쉽지 않을 것이다.

2) 2016 촛불시위에서의 주체들의 특징

그렇다면 2016 촛불시위에 참여한 시민들은 2008 촛불시위와 비교해 어땠을까? 2016 촛불시위에서는 2008 촛불시위와 달리 항쟁의 구심점으로서의 퇴진행동에 준하는 시민들의 자발적이고 독자적인 세력화가 일어나지 않았다. 온라인 공간에서도 2008년의 다음 아고라와 같이 절대 다수가 한 곳에 모여 소통하는 중심 공론장 역할을 하고 있는 곳이 없었다. 하지만 그럼에도 불구하고 2008년과 유사하게 인터넷 공간의 수많은 커뮤니티(오늘의 유머, 클리앙, MLB파크, 디씨인사이드 주갤 등)에서 익명의 구성원들이 의견을 나누고 서로 참여를 독려하며 촛불시위에 개별적으로 참여했다. 그리고 트위터, 페이스북 등 SNS를 통해서도 참여가 이루어졌다. 커뮤니티 게시판이나 SNS에 국정농단과 관련된 자료들을 퍼날라 공유하고 추천하고 논쟁하는 등의 과정을 거쳐서 여론을 형성하는데 기여하고 개별적으로 집회에 참여한다. 2008년보다 참여주체의 개별화가 이루어진 것은 동원 방식이 인터넷 커뮤니티로부터 SNS로 무게추가 이동한 영향일 수도 있을 것이다. 그리고 2008년 경험에서의 자체적인 집단화의 좌절이 미친 영향도 있을 것이다. 이러한 관점에서 2016 촛불시위의 주요 참여 단위는 자발적인 개인 '혼참러'이다. 기존의 사회운동 활동가들조차도 깃발 아래 조직에 속해서 집단적으로 참여하기보다는 점점 더 개별적으로 참여하고 있다.

촛불시위 참여에서도 중요하지만 일상에서도 인터넷은 정치주체화의 핵심 매개 공간이 되었다는 점을 주목해야 한다. 이를테면 인터넷 커뮤니티에서 네티즌들은 운영자-정보생산자-정보유통자-눈팅족으로 구분된다. 각각의 역할과 위치는 익명성 속에서 자유롭게 상호 전화 된다. 이는 그 자체로 놀이이며 참여자의 자발성을 높인다. 특히 정보생산자의 경우 정합적, 체계적 자료를 생산하여 큰 영향을 미친다. 이들은 인터넷 공간에서 다수의 익명의 실체 없이 존재하는 리더들이다. 이들은 일종의 유기적 지식인의 역할을 수행한다. 체계적인 지식을 전달하고자 하는 유기적 지식인과 즐거움을 전제로 눈팅하고 퍼나르는 네티즌 대중의 생산적 결합을 통한 정치적 주체화는 응집화, 집단화를 이루고 때로는 조직화 되기도 한다.

이를테면 온라인 공간에서 남성 청년의 극우화 경향을 보여주는 일베, 반여성주의 / 반극우세력 자유주의 성향의 남성 청년들을 보여주는 오유, 그리고 '미러링'이라는 논란이 된 방법론을 내세우며 등장한 여성주의를 지향하는 여성 청년들을 보여주는 메갈리아, 모두 내용은 대립적이지만 유사한 방식으로 정치주체화 되고 집단적인 정체성을 형성하고 있다. 이렇게 형성된 집합 정체성을 토대로 일베처럼 촛불시위를 비판하거나 다른 커뮤니티들처럼 적극적으로 결합하기도 한다. 촛불시위에 참여하는 네티즌들은 인터넷 커뮤니티에서 일정과 목표 및 내용을 공유하고 참여를 제안하고 참여 경험을 인증하며 소감을 남긴다. 인터넷 커뮤니티는 조직 단위이기도 하다.

2016 촛불시위의 주 참여 형태가 개별적 참여임에도 불구하고 새로운 조직 형태를 발견할 수 있다. 첫 번째는 크게 이슈가 된 조직 아닌 조직이다. 장수풍뎅이연구회, 민주묘총, 햄네스티, 범야옹연대, 한국고산지발기부전연구회 등의 깃발의 등장은 저항의 축제화, 문화화와 관련되는 것이기도 하지만 SNS를 통한 소통 및 네트워크에 힘입은 주체의 개별화와 관련되는 것이기도 하다. 깃발 아래의 구성원들은 특정한 정체성을 기반으로 하는 것도 어떤 공통된 구조적 억압을 당하는 저항 주체인 것도 아니다. 이는 개개인이 개별성을 유지하면서도 촛불시위라는 대중직접행동에 집합적으로 연결되기 위한 하나의 방식이다. 두 번째는 기존의 사회운동들에 속하지 않던 새로운 공동체나 운동조직들이다. 전국청소년혁명, 중고생연대, 지옥에서 온 페미니스트, 박하여행(박근혜 하야를 만드는 여성주의자행동), 페미당당, 민주팬덤연대 등이다. 보면 알겠지만 거의 청소년이나 여성과 관련된다는 것을 확인할 수 있다. 2008 촛불시위와 마찬가지로 촛불시위의 핵심 주체는 청소년과 여성이다. 좀더 정확하게 말하자면 대의 되지 않던 여성과 청소년의 정치성의 직접적 표현이 촛불시위에서 두드러졌다.

2016년 세종문화회관 앞 촛불시위 현장

또 한 가지 주목해야 할 점은 2008년과는 달리 시민들이 인기 높은 야당 정치인들을 지지하는 경우가 많고 SNS로 직접 연결되어 있었다는 점이다. 온라인에서 공유된 연락처를 통해 각기 해당 지역구 의원들에게 탄핵 압박을 집단적으로 넣은 네티즌들의 사례와 청문회에서 김기춘 전 실장이 최순실을 모른다고 발언하는 것을 보고 인터넷에서 한나라당 내 경선 당시 박근혜 후보와 최순실의 관계에 대해 묻는 자리에 김기춘 전 실장이 앉아 있는 영상을 박영선 국회의원에게 SNS를 통해 보내주어 거짓말을 드러낸 DC인사이드 주식갤러리 유저의 사례는 이를 잘 보여준다. 이들은 사회운동조직을 매개할 필요성도 자신들의 독자적인 집단을 만들 필요성도 못느낀다. 그렇기 때문에 2016 촛불시위에서 사회운동조직 연대체도, 촛불시위 내부의 지도 관련 갈등도 보이지 않고 촛불 대중 일반이 제도정치와 매개 없이 강력하게 결합되어 탄핵을 이끌어낸 것처럼 보이는 것이다. 또 한 가지 흥미로운 점은 여성들과는 달리 별도로 집단화 되지 않았지만 열심히 촛불시위에 참여하고 있는 남성 청년들이 이러한 흐름에 주로 속한다는 점이다. 이들은 대체로 메갈리아를 싫어한다고 주장하며 그간 여성운동이 주장해 오던 내용들을 메갈리아와 동일시하며 민주당과 문재인을 지지하는 입장을 취하는 경향이 있다.

이 지점에서 촛불시위에 내재되어 있는 중요한 내부 갈등 중 한 가지를 확인할 수 있다. 청년 및 청소년들 사이에서의 남녀갈등이 격화되고 있고, 이는 앞으로 한국사회에 심각한 균열을 보이는 문제가 될 가능성이 높다는 것이다. 촛불시위가 터지기 전만 해도 2016년은 여성문제의 부각 및 온라인 청년 페미니스트의 등장의 해로 여겨지고 있었다. 여성혐오 범죄 이후 벌어진 여성들의 강남역 추모집회는 이를 상징적으로 보여준다. 2016 촛불시위에서도 DJ DOC의 '수취인 분명' 노래 가사 안 여성혐오에 대한 문제제기, 문제의 본질에서 빗겨난 박근혜 대통령의 여성성에 대한 비난에 대한 문제제기, 촛불시위 내의 성추행 경험 드러내기 등 여성문제와 이에 대한 문제제기가 이슈가 되고 있다.

특히 눈여겨봐야 할 것은 반反보수 내의 청년들이 자유주의를 지향하는 반여성주의적인 남성과 급진적이고 때로는 공격적인 여성주의를 지향하는 여성으로 이분화 되는 경향이 있다는 것이다. 물론 이런 양 경향은 이론적으로 정합성이 높거나 집단적으로 응집성이 높지는 않다. 하지만 인터넷 공간에서의 남녀 전쟁의 폭발성은 그 어느 때보다 격렬하다. 충분하지는 않다고 하더라도 신좌파의 적녹보 연대(노동운동, 환경운동, 여성운동의 연대) 원칙이 어느 정도 받아들여진 진보정당의 입장에서 양쪽 모두로부터 공격을 받아 고립되어 지지의 확장이 쉽지 않은 상황이 벌어졌다. 민주당과 정의당 사이에 있는 청년들로부터 꽤 지지를 확장해 오던 정의당이 중식이 밴드 사건 이후 남성 청년들로부터 '메갈당'으로, 여성 청년들로부터 '반여성주의정당'으로 불리며 이중으로 공격을 받아 고립되어 지지율이 떨어진 사건은 문제의 심각성을 잘 보여준다. 이는 정의당뿐만 아니라 모든 진보정당에 공통적으로 해당되는 것이다. 메갈리아에 대해 아무런 말을 하지 않는 민주당은 남성 청년들로부터 지지를 얻고 있다. 이렇듯 촛불시위에 내재하고 있는 강력한 성 갈등 문제가 차후 중요한 갈등축으로 전면화 될 것임을 인식할 필요가 있다.

그리고 촛불 시민들은 2008 촛불시위의 연장선상에서 비폭력을 핵심 전략으로 채택하고 있다. 이는 암묵적인 것이지만 동시에 강력하게 채택하고 있다. 이는 차벽 없이 청와대 앞까지 집회가 보장되었기 때문이기도 하지만 2008 촛불시위의 연장선상에서 촛불 시민들에게 주요한 가치로 채택되어 있기 때문이기도 하다. 무엇보다 대의민주주의를 넘어가고자 하는 것이 아니라 박근혜 정권의 퇴진, 그리고 아마도 그 이후의 정권 교체를 통한 대의민주주의의 정상화가 목표이기 때문이다. 이는 법적 테두리 내에서 비폭력적으로 관철되어야 할 목표이다. 광화문에 걸린 "박대통령의 비대통령화가 비정상의 정상화"라는 현수막의 문구는 이를 상징적으로 보여준다. 시민사회단체의 일각에서 '촛불시위가 불러온 대안정치 실험, 직접민주주의 프로젝트'라고 설명하며 온라인 시민의회 대표단을 직접 선출하자고 제안했다. 하지만 촛불 시민들은 대표성은 선거를 통한 제도정치를 통해서만 부여될 수 있는 것이라며 완장질 할 생각하지 말라고 비판했고 결국 사이트는 폐쇄될 수밖에 없었다. 시민의회가 직접민주주의의 관점에서 운동의 조직화, 제도화를 추구한 것이라면 촛불 시민은 이를 거부하고 대의민주주의 정상화, 복원으로 목표를 제한했다고 볼 수 있을 것이다. 촛불 시민들은 직접민주주의라고 할 순 없지만 체제를 변형하는 차원으로 생각할 수 있는 개헌도 보수나 기득권 정치세력의 권력 재창출의 꼼수라고 비판하며 현재 대의민주주의의 룰대로 대통령 선거를 조속히 치를 것을 요구하고 있다.

또 한 가지 중요한 것은 여소야대라는 4.16 총선결과 이후의 보수세력의 분열이라는 조건이다. 조선일보의 목소리로 대변되는 보수세력 재편 시도 속에서 박근혜 정권이 절대적으로 고립되었기 때문에 촛불시위는 95%의 지지 속에서 법원의 청와대 앞 진출 허가라는 지원(?)을 받을 수 있었고, 경찰의 폭력을 피해 비폭력 전략을 상대적으로 쉽게 유지하며 지속성을 담보할 수 있었다. 법원의 청와대 앞 진출 판결은 경찰의 제한 통고에 퇴진행동이 가처분 신청을 해서 내려진 것이라는 점에서 사회운동의 성과이기도 하지만 이전까지의 일에 비춰봤을 때 지배의 균열과 95%의 절대적 지지라는 조건이 존재하지 않았다면 이루어지기 어려운 일이었을 것이다. 지배의 균열이 없었다면 현재와 같은 결과가 가능했을까? 다당제로의 길을 점치는 입장도 있고 확신할 수는 없지만 최소한 강력한 권위주의적 보수정당의 일당 지배와 같은 상황은 불가능해진 것으로 보인다는 점에서 한국의 민주주의는 일보 진전하게 된 것 같다.

4. 투 트랙 민주주의: 제도정치와 사회운동의 병행 접근

1) 촛불시위에 대한 대의민주주의 / 직접민주주의 관점 비판

대의민주주의론은 대체로 직접행동을 가로막는 이데올로기적 효과를 가지는 경향이 있다. 하지만 제대로 작동하지 않는 형식적인 대의민주주의를 제대로 작동하게 하거나 혹은 좀더 나은 것으로 업그레이드 되도록 하는 것, 혹은 체제 내 지형을 변화시키는 것은 바로 운동정치의 힘일 수밖에 없다는 점을 이번 촛불시위가 증명하고 있다. 대중의 직접행동이 없을 경우에는 대중의 지지를 받는 사회운동정치의 힘일 것이며, 대중의 직접행동이 있을 경우에는 사회운동과 생산적으로 결합된 대중의 직접행동이 더 큰 힘을 미칠 것이다. 이렇듯 운동정치가 역동적으로 존재하는 것이야말로 민주주의 발전의 동력이다.

반면 직접민주주의론은 대체로 현 사회의 구조로부터 비롯되는 저항과 얽혀있는 맹아의 실체화로 달성될 체제 너머의 이상향을 대중의 직접행동 그 자체와 동일시하는 경향이 있다. 하지만 촛불시위는 경험의 영역 너머에 존재하는 그 기제를 실체화 할 매개 없이 그것은 가능하지 않다는 것을, 그러한 매개의 획득 과정 속에서 대의민주주의

의 제도는 거부해야 할 적이 아니라 필수적으로 활용해야 하는 수단
이며, 때로는 방어해야만 하는 목적이 되기도 한다는 것을 증명하고
있다. 대의민주주의는 민주주의를 특정한 형태로 물상화하여 새로운
정치성들을 배제하기도 하지만 지금까지의 민주주의 투쟁들의 성과
로 다양한 정치성들을 반영하여 고정한 것이기도 하기 때문이다.

2008 촛불시위는 87년체제의 완성 내지는 보완을 시도한 것이라
고 보는 입장과 그것을 넘어 새로운 체제로 나아가야 한다는 것을 드
러낸 사건이라고 보는 시각이 대립했었다. 대체로 전자는 자유주의
혹은 사회민주주의 관점에서 대의민주주의를 옹호하는 입장과 친화
성이 있으며, 후자는 자본주의 너머 대안사회를 추구하거나 직접민
주주의를 옹호하는 입장과 관련되었다. 혹은 87년을 기점으로 세우
고자 했던 이념형으로서의 정치체제와 만들어져 작동하고 있는 현실
로서의 정치체제라는 구분과 관련되는 것이기도 하다. 이러한 평가
의 구도는 2016 촛불시위에도 유사하게 적용되고 있는 듯하다.

하지만 수많은 분노들과 가치 지향의 복합적 분출로서의 촛불시위
는 양 방향성을 동시에 가지고 있다. 촛불시위는 명시적으로 대의민
주주의의 완성 혹은 복원을 지향한다. 모두가 공유할 수 있는 이미 가
진 언어, 그리고 그것에 입각한 전략이 바로 그것이고 그 외의 정치성
들을 아직 일관된 언어로 표현할 수 없고 전략을 짤 수 없기 때문이
다. 하지만 동시에 대의민주주의를 넘어서고자 하는 지향성을 여러
방향으로 전화 할 수 있는 가능성을 지니는 맹아로 가지고 있다. 기존
의 제도정치의 대의로는 촛불시위에 드러나는 다양한 정치성들을 대
의할 수 없기 때문이다. 큰 성과 없이 해소되는 것처럼 보이게 될 가

능성이 높지만 끊임없이 다시 나타나서 제대로 된 대의를 요구하거나 심지어 직접 대의자가 되고자 시도할 것이다.

대의민주주의를 넘어서 다른 무언가를 만들고자 하는 직접민주주의의 경향은 별도의 매개 없이 저절로 경험의 영역으로 실체화 되지 않으며 경향으로서의 기제로 잠재되어 존재한다. 지식인들의 직접민주주의 지향의 평가들은 각각 나름의 구조 분석에 입각하여 이해한 맹아의 현실화를 추동하기 위한 시도로 읽을 수 있다. 하지만 이는 기존의 제도정치 틀 밖에 있는 조직화 된 사회운동, 체제 너머 존재하는 이상을 체현하고 추구하는 진보정당, 혹은 그에 준하는 그 무언가가 촛불시위와 유기적으로 결합될 때 가능한 것이다. 물론 사회운동이든 진보정당이든 억압적인 사회구조로부터 비롯된 대중들의 잠재적인 불만을 체현하는 정치성들을 적절하게 표현할 수 있어야 한다는 것이 전제이다.

2) 제도정치와 운동정치의 병행 접근

대의민주주의 혹은 직접민주주의로 환원하기보다는 제도정치와 운동정치의 병행 접근을 채택하여 제도정치와 사회운동, 사회운동과 대중직접행동, 제도정치와 대중직접행동의 관계라는 차원으로 접근할 필요가 있다. 조희연의 의해 발전된 제도정치와 운동정치의 병행 접근 논의를 따라가보도록 하자.

제도정치의 중심성을 전제하고 사회운동을 의제적 정치로 보는 인식으로부터, 제도정치와 사회적 정치를 정치의 두 가지 형태로 보는 인식으로 나가야 한다. 제도정치가 근대 민주주의에서 제도적으로 위임받은 정치적 활동이라고 한다면, 운동정치는 사회운동에 의해서 수행되는 비제도적 정치로서 제도정치가 반영하지 못하는 다양한 사회적 요구와 이슈들을 쟁점화하고 대변하는 활동이라고 할 수 있다.

제도정치와 운동정치의 병행 접근은 제도정치와 운동정치를 정치에 동등하게 속하는 일부로 위치시키며 두 정치의 관계에 대해 논의하는 것이 중요함을 강조한다. 이 관점은 대의민주주의론에 대한 비판 속에서 발전한다. 대의민주주의 체제를 민주주의 그 자체로 동일시하는 관점은 민주주의를 물신화하는 것이다. 대의민주주의는 대의체계 외부의 정치를 비정치로 외부화 하거나 반정치로 적대하거나 제도정치로 종속시키는 제도정치중심주의이다. 제도정치중심주의에서는 기존의 지형 위에서 선거를 통한 지지 경쟁을 하는 국가장치로서의 정당만이 정치의 영역으로 여겨져 대의되지 않은 사회운동과 대중의 직접행동은 없는 것으로 치부되거나 심지어는 억압해야 할 것으로 여겨지게 되기도 한다.

하지만 제도정치는 언제나 어떤 식으로든 운동정치, 대중의 직접행동정치에 직면하게 된다. 운동정치, 대중의 직접행동정치는 제도정치와 상관없이 그 자체로 필연적으로 존재하기 때문이다. 운동정치, 대중의 직접행동정치는 제도정치가 대의하지 못하던 사회구성원들의 요구를 대의한다는 점에서 부차화 하거나 외면해서는 안 된다. 그것은 2016 촛불시위에서 확인했듯이 제도정치가 잘 작동하는데 필수적인 힘이기도 하며 그것을 넘어 대의민주주의가 더 나은 것으로 재구성 될 수 있는 맹아로서의 잠재적인 힘이기도 하기 때문이다.

제도정치와 운동정치의 병행 접근의 관점에 선다는 것은 운동정치를 대의민주주의 틀 내에서 보완물로 긍정하는 것을 넘어 대의민주주의의 민주적 변형 가능성을 염두에 둔다는 것이다. 대의민주주의의 민주적 변형은 대의민주주의의 외적 요소의 인입과 내적 요소의 재구성 둘 다를 포함하며 이를 통해 민주주의 체제 자체를 변형한다는 의미이다. 외적 요소의 인입이란 대중의 잠재적 불만을 체현하는 정치성을 대의하고 제도화한다는 의미이며 내적 요소의 재구성이란 제도정치의 지형을 변화시키거나 더 나아가 대의민주주의 제도 자체의 변형을 의미하는 것이다.

오해하지 말아야 할 것은 변형이라는 개념이 현존하는 것을 무너뜨리고 전혀 다른 새것으로 대체한다는 의미가 아니라는 것이다. 대의민주주의는 그것이 비록 불완전한 타협이더라도 시민들의 생활을 개선하기 위한 조건으로 작동하며, 그 내용이 형식화 될 때조차 지배의 균열을 낳아 투쟁의 근거이자 공간으로 작동한다는 점에서 민주주의 투쟁의 성취이기도 하다. 다만 그것을 변하지 않는 체제로 물신화 하면 그 이상의 민주주의적 진전을 가로막는다는 점이 문제라는 것이다. 제도정치와 운동정치의 병행 접근은 대의민주주의와 함께 대의민주주의를 넘어서려 한다는 점에서 이중 전망을 가진다.

이러한 논의는 대의민주주의론의 그것과는 다른 민주주의에 대한 정의를 요청한다. 민주주의는 체제이기도 하지만 인간의 실천을 매개로 작동하며 그것에 의해 재생산되는 역사적 구성물이기도 하다. 민주주의는 인간의 사회적·계급적 투쟁을 통해 민주주의 요소, 관계, 원리 등이 끊임없이 새롭게 특정 형태로 구조화 되는 역사적 구성물이다. 이러한 정의에 따르면 우리는 실천을 통해 민주주의를 재생산하며, 때로는 더 나은 것으로 변형할 수 있다.

또 한 가지 중요한 것은 제도정치와 운동정치의 병행접근이 구조적 억압으로 인한 사람들의 잠재적 불만이 예측할 수 없는 형태로 다양한 변화의 가능성을 지닌 무정형성의 정치성으로 나타나며 그것의 중요한 일면을 보여주는 것이 대중의 직접행동이라는 생각을 포함하고 있다는 것이다. 이러한 관점에서 민주주의는 대중의 정치성을 제도정치의 차원에서 받아들여 반영하고, 때로는 제도정치를 넘어서는 차원에서 재구성하는 것이라고 보아야 한다.

3) 제도정치와 운동정치의 병행접근 관점에서 본 촛불시위

앞서 어느 정도 경험적 차원에서 살펴보았지만 제도정치와 운동정치의 병행접근 논의를 염두에 두고 몇 가지를 되짚어 보도록 하자. 2008 촛불시위는 사회운동조직의 연대체인 대책회의가 구심점으로써 촛불 시민을 충분히 대의하지 못하며 촛불 시민 자체의 구심점으로 집단화 된 '다음 아고라' 및 '안티이명박'과 대립하였고, 이런 촛불시위 내부의 갈등 속에서 제도정치와도 생산적인 관계를 맺지 못했다. 대중직접행동은 이전의 민주정부와 새로 들어선 이명박 정부 초기를 거치면서 그간 이루어졌던 제도정치로 대의되지 않는 정치성을 폭발적으로 분출하여 대중을 대의하였으나 기존의 사회운동조직 연대체인 대책회의는 이를 충분히 대의하지 못했다는 것이다.

직접민주주의의 관점에서 주로 과제로 제기되는 운동의 일상화, 조직화, 제도화는 촛불 시민들에 의한 촛불시민연석회의나 촛불애국 시민전국연대와 기존의 시민사회운동조직들에 의해 조직된 민생민주국회의로 분할되어 발족하는 것으로 시도 되었다. 하지만 서로간의 긴장 및 갈등과 대중으로부터의 지지 부재, 전문성의 부족 문제 등으로 와해되고 말았다는 점에서 사회운동이 대중직접행동, 그리고 대중직접행동에서 자생적으로 발생한 운동의 조직화 경향과 생산적 연관을 맺지 못하고 있음을 여실히 보여주었다.

이는 정보통신기술의 발전을 토대로 대중직접행동의 동학에서 대중의 자발성과 자율성이 질적으로 강화된 조건에 사회운동이 적응을 못하고 있음을 보여주는 것이기도 하다. 뿐만 아니라 무엇보다 가장 대의되지 못한 주체성인 청소년, 여성과 관련한 대의 및 조직화 혹은 제도화 역시 이렇다 할 성과가 없었다.

2016 촛불시위에서 사회운동조직의 연대체인 퇴진행동은 구심점으로써 대중직접행동에 나선 시민들과 유기적으로 연결되어 맺어 촛불시위가 발전하고 제도정치가 작동할 수 있도록 강제하는데 핵심적인 역할을 수행할 수 있었다. 이는 민주주의에서 사회운동, 대중직접행동이 필수적인 것임을 경험적으로 증명한 사건이었다. 하지만 이것은 급진화 및 의제 확장 등을 자제하고 철저한 서포트의 역할로 제

한했기 때문에 가능한 것이었다. 촛불 시민들은 2008 촛불시위와는 달리 자체적으로 집단화 하지 않았고 개별화 되어 결합하였다. 사회운동조직은 가시적으로 드러나지 않았고 제도정치와 무정형의 촛불대중의 직접 연결되어 탄핵안 가결이라는 성과를 낸 것으로 여겨지게 되었다. 사회운동은 제도정치와 대중직접행동을 보이지 않게 매개하여 연결하였다.

2016 촛불시위의 목표가 대통령의 즉각 퇴진이었다고 하더라도 그 기저에는 신자유주의 체제의 구조적 영향으로 인한 다양한 분노들, 세월호 사건의 진실 규명 등이 누적되었기 때문에 역동적인 분출이 가능했을 것인데, 그 에너지가 조기 대선이라는 제도정치 차원의 환원에 직면하여 에너지가 소진 되어버릴지도 모른다는 우려를 낳고 있다. 퇴진행동이 촛불시위로 하여금 의제의 확장 및 급진화를 위한 힘으로 전화되는 것에 큰 영향을 미치지 못하고 있는 것이라고 볼 수 있다. 하지만 이는 사회운동이 변화된 조건에 어느 정도 적응했기 때문에 벌어진 현상이기도 하다. 정보통신기술의 발전 속에서 자발성과 자율성이 극대로 강해진 대중들의 직접행동에 적합한 리더십을 발휘하고자 했던 것이다. 물론 그것은 또 다른 요인의 제약 조건 속에서의 합리적인 전략이었다. 또 다른 요인은 박근혜 정권 퇴진을 넘어서는 의제들과 관련한 기존의 제도정치에서의 대의의 부재 혹은 불충분함이다. 하나의 가능성이지만 사회구조로의 억압으로 인한 잠재적 불만을 체현하는 정치성들을 잘 대의하는 하나의 진보정당이 존재하고 있었다면 대중직접행동의 방향은 더욱 급진화 되어 힘을 발휘할 수 있었을지도 모른다. 이런 조건을 비추어 본다면 사회운동 연

대체는 열악한 조건 속에서 최선의 전략으로 최선의 결과를 낸 것인지도 모른다.

2016년에 등장한 새로운 청소년, 여성 집단의 존재 자체가 2008년 이후에도 그러한 주체들의 정치성들이 대의 되고 있지 못하다는 것을 증명한다. 이는 촛불시위와는 별개로 온오프라인 공간에서 터져 나오는 여성들의 직접행동들에서도 확인할 수 있다. 앞서 분석했듯이 남녀갈등은 앞으로 핵심 갈등 축으로 작동할 가능성이 높다. 이러한 정치성이 기존의 제도정치나 사회운동에 의해 대의 되고 있다는 징후는 보이지 않는다. 정당은 쉬쉬할 뿐이다. 사회운동 역시 일부 여성운동을 제외하고서는 마찬가지이다. 여성 청년들이 독자적 세력화, 조직화를 시도하고 있고 이를 지켜볼 필요가 있다. 청소년들의 독자적 조직화는 시도되었으나 내부 갈등에 시달리고 있는 것으로 보인다.

그리고 촛불시위라는 대중직접행동의 전략으로서의 비폭력에 대해 살펴볼 필요가 있다. 비폭력 전략은 여성들로부터 시작되었다는 점에서 여성 주체성의 정치성의 실체화의 한 측면이다. 급진적 관점에서 이를 무작정 체제를 못 넘어설 주체의 보수주의적 한계로 해석하는 것은 손쉬운 오류이다. 2008 촛불시위에서 버스들을 끌어내서라도 청와대로 향하는 어느 정도는 폭력적일 수 있는 일관된 흐름과 모순 없이 공존했다는 점을 기억한다면 정당한 저항권의 행사는 더욱 급진적으로 진전될 수 있다는 가능성을 보여준 것이기도 하다. 문제는 폭력 / 비폭력이 아니라 물리적 행위가 저항권의 행사로 여겨질 수 있도록 할 만한 대항헤게모니의 존재 여부이다. 그리고 그것을 담지할 만한 진보적 정치세력의 부재일 수 있다. 명박산성 논쟁 후 깃발을 흔들고 내려온 것은 비폭력 전략이 무의미함을 보여준 것도 촛불시위의 주체들이 폭력에 대한 강박증적 반대를 보여준 것도 아니다. 그것은 대항헤게모니와 그것을 담보하는 진보적 정치세력의 부재를 보여주고 있다.

이러한 과정을 거치면서 2008 촛불시위에서 어느 정도 고정화 된 비폭력 전략은 2016 촛불시위에도 이어졌다. 이는 보수의 균열이라는 요인 때문에 국가권력의 폭력적 진압이 최대한 배제되고 집회의 자유가 최대한 보장되는 조건에 힘입은 바가 크다. 하지만 이는 동시에 체제 넘어로 나아갈 가능성을 담은 대항헤게모니와 이를 담보할 만한 진보정치세력의 부재 속에서 현실주의적 관점에서의 정권 교체, 대의민주주의의 정상화로 목표가 한정되는 것과 조응하는 것이기도 하다.

대중직접행동으로서의 촛불시위는 한국사회에서의 민주주의의 진전과 관련된 변화를 가능하게 하는 역동성이 강력하게 잠재되어 있음을 보여준다. 물론 그것이 어떤 방향으로 나아갈지 확실하게 알 수는 없다. 민주주의의 진전이라는 차원에서 사회는 하나의 절대적 법칙에 의해 저절로 진보하지는 않으며 그것은 경험의 영역 너머에 경향으로 존재하는 기제를 인간 주체가 실천을 통해 실체화 시킬 때 가능한 것이다. 이는 정치사회학의 차원에서 보면 대중직접행동을 잘 대의할 정당과 그것을 매개할 사회운동을 요청하는 것이다. 대의민주주의론은 좋은 정당이 필요하다고 강변하지만 제도정치와 사회운동의 병행접근 입장에서 보면 좋은 사회운동들도 똑같이 필요하다.

그리고 촛불시위의 현상적 측면들은 어떤 점을 중요하게 여겨 논의해야 할지 보여주고 있다. 여성과 청소년 주체의 정치성을 눈여겨봐야 한다. 뿐만 아니라 대중직접행동의 작동방식은 정당과 사회운동이 대중과 어떤 식으로 소통하고 관계를 맺어야 할지 보여주고 있다. 인터넷 공간에서의 정치주체화는 이제 기본적인 사회화 형태 중 하나가 되었다. 이 또한 눈여겨봐야 한다. 촛불시위 이후에도 우리가 가야할 길이 멀지만 잡아야 할 지푸라기들이 보인다.

참고문헌

고민택, 2017, 「박근혜정권 퇴진정국의 정치학」, 『진보평론 2016년 겨울호(제70호)』 진보평론

김시웅, 2017, 「박근혜정권 퇴진투쟁, 민주주의 투쟁을 넘어 반자본주의 투쟁으로 발전시키자」, 『진보평론 2016년 겨울호(제70호)』 진보평론

김연수, 2010, 「2008 촛불항쟁 담론 연구-인터넷 응집주체와 진보적 지식인의 담론을 중심으로」 성공회대 석사학위 논문

김연수, 2013, 「일베의 정치적 주체화 작동원리에 대한 고찰」 2013 비판사회학대회 "다중전환의 도전과 비판사회학" 특별세션 "새로운 파시즘의 출현" 발표문

박상훈, 2017, 「촛불과 정치 변화: 무엇이 바뀌었으며, 무엇을 바꿔야 하는가」, 『양손잡이 민주주의』 후마니타스

박찬표, 2017, 「촛불과 민주주의: 촛불 시위에서 드러난 한국 시민사회의 장점과 한계」, 『양손잡이 민주주의』 후마니타스

배성인, 2017, 「촛불항쟁과 박근혜퇴진의 정치사회학」, 『진보평론 2016년 겨울호(제70호)』 진보평론

조희연, 2016, 『투 트랙 민주주의 1권-제도정치와 운동정치의 병행 접근』 서강대학교 출판부

최장집, 박상훈, 2017, 「박정희 패러다임의 붕괴: 최장집 교수와의 대화」, 『양손잡이 민주주의』 후마니타스

로이 바스카, 2007, 『비판적 실재론과 해방의 사회과학』 이기홍 옮김, 후마니타스

제프 굿윈 외, 2012, 『열정적 정치』 박형신·이진희 옮김, 한울아카데미

"민심은 아직 폭발하지 않았다" 주간경향, 『주간경향』 2016. 11. 23.

"새 세상에 대한 기획, 광장서 나오리란 기대 든다", 『한겨레』 2016. 12. 6.

"20대 총선의 여소야대 탄핵 촛불 더욱 확산시켰다", 『오마이뉴스』 2016. 12. 18.

"광장의 촛불은 6월 항쟁 완결판", 『시사IN』 2016. 12. 23.

"촛불 민주주의와 인터넷 민주주의는 대립한다", 『주간경향』 2017. 1. 25.

위키백과 민중총궐기 항목 ko.wikipedia.org/wiki/민중총궐기

12장

'일국 평화주의'의 균열

: SEALDs의 운동과 정동

조경희_성공회대학교 동아시아연구소 HK교수

1. 들어가며

'전후' 70년을 맞은 2015년, 일본사회에서 평화헌법을 둘러싼 갈등이 급속히 표면화되었다. 아베정권은 약 4개월간의 논란 끝에 9월 19일 집단적 자위권 행사를 포함한 안전보장관련 법안[1]을 최종 통과시켰다. 아베신조安倍晋三는 숙원이었던 집단적자위권 행사를 결국 해석개헌 방식으로 실현시켰다. 보수적인 헌법학자마저도 위헌으로 판단한 안보법안 통과를 강행 추진한 그의 만행은 동시에 일본에서 이미 사라진 것으로 생각됐던 많은 청년들이 정치에 관심을 갖게 하는 결과를 낳았다. SEALDs(Students Emergency Action for Liberal

---

[1]　다국적군에 대한 후방지원을 수시로 가능하게 한 1개의 신법('국제평화지원법') 법안과 10개의 현행법('자위대법', '무력공격사태법', '주변사태법', '평화유지활동협력법' 등)을 묶어서 개정하는 '평화안전법제정비' 법안의 2개의 법안으로 구성되었다. 일본이 직접 공격을 당하지 않아도 타국에서의 공격으로 '존립위기사태'가 인정되면 자위대 해외에서의 무력행사가 가능해진다. 자위대의 후방지원활동은 '중요영향사태'나 '국제평화공동대체사태'라고 정부가 판단하면 파견할 수 있다. 한반도의 유사를 염두에 둔 기존 '주변사태법'과 비교하면 파견 범위는 '일본주변'에서 세계규모로 확대되었고 지원대상은 '미군'에서 '타국군'으로 확대되었다.

Democracy-s, 자유와 민주주의를 위한 학생 긴급 행동)는 그 대표격이다.

3.11 대지진과 후쿠시마 원전사고를 통해 일본사회의 밑바닥을 보게 된 일본 젊은이들에게 최근 몇 년간 진행된 일본의 열화劣化 현상은 위기감을 갖게 하기에 충분했다. 2015년 8월 30일 국회 앞에 모인 약 12만 명의 사람들을 비롯하여 전국각지에서 수십만 명의 사람들이 거리로 나갔다. 전후 일본 최초의 시민운동인 1960년 미일안보조약 반대투쟁을 방불케 하는 시위의 광경이 55년 만에 일본의 거리를 뒤덮었다. 2016년 7월의 참의원 선거를 앞두고 최근에 그들은 정책 싱크탱크 ReDEMOS를 만들었고 그동안 SEALDs 운동을 지켜본 각계 대표 인사들과 함께 시민단체 '입헌정치를 회복하는 국민운동위원회'도 결성하였다. 2015년 SEALDs가 주도한 안보법안 반대운동은 아베의 최종목표인 헌법 개정을 반대하는 일련의 움직임의 기폭제가 되었음이 틀림없다.

한국에서도 화려한 패션과 음악, 일상적인 언어를 랩에 실어 구호를 외치는 SEALDs의 모습들이 적극적으로 소개되면서 그들은 2015년 일본 사회운동의 아이콘으로 부각되었다. 일본에서 '사운드 데모'로 불리는, 청년들이 주도하는 시위형태는 이미 세계각지에서 동시대적으로 진행된 것으로 특별히 새로운 것은 아니다. 2000년대 미국의 새로운 패권주의와 세계적인 신자유주의를 배경으로 각지에서는 전쟁과 금융위기, 시장주의와 노동력의 비정규직화에 대항하는 수많은 운동들이 벌어졌다. 지난 10년 간 한국에서도 수차례 촛불시위를 경험하였고 일본에서는 2011년의 후쿠시마 원전사고 이후 반 원전시위가 급속히 고조되었다. 또 뉴욕 월가점거, 아랍의 봄, 홍콩 우산혁명과 대만 해바라기혁명에 이르기까지 최근 5년 동안 세계각지에서 민주화를 요구하는 움직임들이 동시적으로 나타나고 있다.

이와 같은 새로운 사회운동의 동시대적 흐름을 전제로 하면서 이 글에서는 2015년 일본에서 진행된 SEALDs의 안보법안 반대운동에 초점을 맞춘다. 특히 운동 그 자체와 함께 운동을 둘러싼 각 세력들의 반응에 주목하고자 한다. 이 글의 관점에 따르면 SEALDs 운동이 확대될 수 있었던 것은 대학생 특유의 활발한 시위 형식에 대한 주목도 그렇거니와 그런 젊은 세대가 입헌주의와 민주주의, 평화주의의 근본을 묻고 "리버럴 세력의 결집"을 호소하는 원칙적인 방침을 고수했기 때문이었다. 즉 그들의 주장은 운동경험이 있는 기성세대의 죄책감과 자존심에 강하게 어필할 수 있었던 것으로 보인다. 한편, SEALDs의 운동이 고조되는 과정에서는 그들의 역사의식과 평화주의의 내용을 둘러싸고 기존 좌우대립뿐만 아니라 세대와 당파, 젠더와 국적 차이로 인한 다양한 갈등요소들이 분출되었다. 이와 같은 SEALDs를 둘러싼 공감과 전유, 갈등의 과정에서 무엇을 읽어낼 수 있는가? 헌법 개정이라는 최대의 위기 앞에서 임계점에 달한 일본의 평화주의는 과연 어떤 모습인가?

먼저 2절에서 '전후'를 말하는 일본사회의 정치·사회적 맥락을 살펴보고, 3절에서는 2000년대 이후 새로운 사회운동 속에 SEALDs를 자리매김하고 그 성격을 분석한다. 4절 이하에서는 2015년 SEALDs를 둘러싼 담론적 지형을 보면서 여러 세력들이 SEALDs를 전유하거나 반목하는 과정을 검토한다. 이와 같은 논의를 통해 전후 70년을 맞은 시점에서 분출된 일본 평화주의 내부의 갈등과 균열을 살펴보고, 사회운동을 둘러싼 정동적affective 반응도 함께 고찰함으로써 전후 일본에 축적된 서로 다른 평화주의의 모습을 드러낼 것을 목표로 삼는다.

국회 앞 시위의 모습

2. '공허한 주체'에서 벗어나기

'전후'라는 말에는 항상 독특한 난해함이 있다. 그것은 이 말이 포함하는 가치(평화헌법, 민주주의, 경제성장 등) 그 자체에 대한 보수와 진보 사이의 양가적 평가 때문이기도 하지만 그 이상으로 '전후'라는 말 자체에 축적되어 온 중층적인 의미 때문일 것이다. 다시 말하면 시기로서의 '전후'와 체제로서의 '전후', 또 담론으로서의 '전후'가 서로 얽혀있기 때문이다.

시기적 구분으로 볼 때 '전후'는 1945년 일본의 패전 후의 역사를 가리키지만 체제로서의 '전후'는 그것보다 나중에 성립된다. 마침 1956년에 경제기획청이 "전후는 끝났다もはや戦後ではない"고 선언한 바로 그 시기에 체제로서의 전후는 본격적으로 시작되었다. 하지만 전후라는 말이 이처럼 문제적인 의미를 지닌 것은 그보다 훨씬 후인 90년대이다. 80년대 후반부터 90년대 초반에 걸쳐 진행된 정치경제적 변동(버블경제와 냉전체제의 해체, 히로히토의 죽음, 55년 체제의 균열, 동아시아 북핵문제 부상, 역사문제 표면화 등)으로 인해 전후질서가 붕괴되기 시작한 바로 그 시기에 '전후'가 요란하게 거론되기 시작했다.

필자가 대학생활을 보낸 1990년대 초반 '전후'는 주로 총괄과 성찰의 대상이었다. 전후 50주년인 1995년에 그야말로 '전후'론이 홍수처럼 쏟아져 나온 것은 영원할 것만 같았던 호경기와 냉전체제, 55년 체제가 흔들리는 속에서 새로운 사회질서를 만들어가고자 하는 유동적인 시대상황을 반영한 것이었다. 그러나 그 후 자민당이 정권복귀를 하고 미일동맹 강화를 배경으로 한 일본정치의 급속한 우경화, 대중들의 보수화로 인한 평화주의적 가치의 후퇴가 우려되자 '전후'는 또다시 회복과 계승의 대상이 되기도 했다. 즉 우경화에 대항하기 위해 '전후 민주주의'의 내용을 성찰하거나 점검하는 것이 아니라, 거꾸로 '전후'일본이 지켜온 평화주의를 긍정하는 방향으로 흘러

간 것이다.[2]

그 결과 특히 제1차 아베내각이 성립한 2006년경부터 보수 / 리버럴의 대립구도는 개헌 / 호헌이라는 평화헌법을 둘러싼 단순한 구도로 수렴되어 갔다. 여기서 문제가 되는 것은 보수적 움직임 그 자체보다는 리버럴 좌파들의 자괴自壞 현상이다.[3] 이처럼 '전후'라는 말의 내용과 쓰임새는 시대적 맥락에 많이 의존해왔는데 예컨대 '민주', '독재'와 같은 가치 지향적 단어와 달리 '전후'라는 말에는 좌우 서로가 자신들의 현재 위치를 정당화하고 서로의 대립점을 애매하게 만드는 효과가 있었다. 여기서 말하고자 하는 것은 다음과 같은 내용이다.

헌법 9조와 자위대가 양립하는 모순되는 현실에서 오랫동안 혁신세력은 전자를, 보수는 후자를 택하면서 서로를 지탱해왔다. 이른바 55년 체제이다. 가장 기본적인 사실을 상기하자면 일본에서는 개헌을 목표로 미국이 마련해준 '전후 민주주의'에 대한 불만을 꾸준히 토로해 온 자민당 정권이 장기집권을 해왔음에도 불구하고 '전후'를 끝

---

2   물론 학술적 담론에 대해서는 좀 더 섬세한 설명이 필요할 것이다. 예컨대 1945년부터 1955년까지를 '제1의 전후', 1955년 이후를 '제2의 전후'로 불러 그 사이에 있는 내셔널리즘이나 공공성 담론의 질적 전환을 본 오구마 에이지(小熊英二)를 비롯하여 제2의 전후, 즉 체제로서의 전후를 비판하기 위해 패전직후에서 1960년 안보투쟁까지의 민중사와 운동사를 다시 복원하고자 하는 흐름이 2000년대에 현저히 나타났다. 小熊英二, 『民主と愛国』, 新曜社, 2002; 道場親信, 『占領と平和―"戦後"という経験』青土社, 2005; 『現代思想 (総特集 = 戦後民衆精神史)』, 2007.12.

3   김광상(金光翔)은 북한에 대한 무력행사를 용인하는 대표적 우파이자 전 외교관인 사토 마사루(佐藤優)를 중용하는 리버럴 좌파들의 변질과정을 "호헌파 저널리즘의 집단적 전향"으로 분석한 바 있다. 金光翔, 「〈佐藤優現象〉批判」, 『インパクション』第160号, 2007.11. 「「戦後社会」批判から「戦後社会」肯定へ―2005・2006年以降のリベラル・左派の変動・再編について」. 김광상(金光翔)의 블로그「私にも話させて」http://watashinim.exblog.jp/8374179/ (검색일: 2015.12.12.)

내지 못했다. 정확히 말해 끝낼 생각이 없었다. 그만큼 냉전시대 체제로서의 '전후'가 안정적이었기 때문이다. 예컨대 아베가 '전후 레짐으로부터의 탈각'을 말하는 모습이 기만적이고 어딘가 우스꽝스러운 것은 '전후 레짐'의 은혜를 그들이 누구보다도 향유해왔기 때문이다.

이것은 사실 리버럴 세력도 마찬가지다. 권혁태가 혁신진영의 '절대적 비무장주의'를 "냉전이라는 조건 속에서 피어난 '온실 속의 꽃'"이라 부른 것처럼,[4] '전후 민주주의'는 헌법정신을 내걸면서도 미일안보 체제와 자위대의 존재를 사실상 용인해왔다. 또 도쿄재판사관을 받아들이면서 식민지지배에 대한 책임까지를 적극적으로 추궁하지는 않았다. 90년대 이후 성장과정을 거친 20~30대가 '전후 민주주의' 회복을 순진하게 주장하는 호헌파들을 '사요쿠'('좌빨')나 '프로 시민'(활동가)으로 불러 희화화하는 배경에는 이와 같은 '전후' 체제하 좌우 공범관계와 상호기만의 구조가 있다. 상대적으로 많은 빈곤층 청년들이 우파보다도 좌파들을 공격하기 시작한 것은 그들에게 기득권층의 기만을 봤기 때문이었다.[5]

이 상호기만이라는 문제를 좀 더 다른 차원에서 생각해보자. '전후'라는 말에 보다 구체적인 맥락을 부여하려고 할 때 보수들은 '종전', 러버럴들은 '패전'이라는 말을 일부러 써왔다. 즉 보수들은 이 말을 통해 전쟁이 끝났을 뿐임을 끊임없이 암시해온 한편 리버럴 세력

---

4 권혁태, 『일본, 전후의 붕괴: 서브컬쳐, 소비사회 그리고 세대』, 제이엔씨, 2013, 32쪽.
5 예컨대 '단카이 주니어 세대'의 빈곤층으로 발언해온 아카기 도모히로(赤木智弘)는 좌파들이 지향해온 '불평등한 평화'보다, 차라리 '평등한 전쟁'을 지향한다고 해서 주목을 받았다. 赤木智弘, 『若者を見殺しにする国』, 朝日新聞出版, 2011.

들은 침략전쟁에서 졌다는 암담한 경험을 스스로 상기하고자 했다. 이 '패전'이라는 경험을 사상적 담론으로 한 단계 끌어올린 것은 평론가 가토 노리히로加藤典洋의 '패전후론'(1995)일 것이다. 가토는 패전 경험을 주체의 상실로 보고 전후 일본사회가 정신분열적인 뒤틀림(ね じれ)을 겪어 왔으며, 이를 바로 세우기 위해서는 300만 명의 자국민 희생자들에 대한 깊은 애도를 우선 거쳐야 2000만 아시아의 희생자들을 애도할 수 있다고 주장하였다.

이에 대해 철학자 다카하시 데쓰야高橋哲哉는 타자의 호소에 대한 응답가능성responsibility으로서의 책임을 강조하여 자국중심의 애도공동체라는 국민적 주체를 세우려고 하는 가토를 비판하였다.[6] 가토의 위치는 우파하고는 거리가 멀었지만 권혁태는 가토의 주장이 전후 체제가 내셔널리즘을 금압해왔다고 보는 나카소네中曽根의 발언(1992)과 사실상 흡사하다고 봤다.[7] 결과적으로 일본사회에서 내셔널리즘의 공백을 '주체의 뒤틀림'이라는 문학적 언사로 표현한 가토의 논의는 95년이라는 정치, 경제, 사회적 불안기에 리버럴 좌파들을 포함한 광범위한 지지자들을 획득하였다.

15년 이상 전의 논쟁을 지금 여기서 언급하는 이유는 다카하시의 가토 비판에 대한 평가와 계승이 적절하게 이뤄지지 않는 채 가토가 말한 공허한 '패전 주체' 담론만이 현재도 재생산되어 있는 것처럼 보

---

6   加藤典洋, 「敗戦後論」, 『群像』 1995.11; 『敗戦後論』, 講談社, 1997. 高橋哲哉, 『戦後責任論』, 講談社, 1997.

7   권혁태, 앞의 책, 50~51쪽.

이기 때문이다. 90년대 이후 일본군위안부 피해자들의 증언을 통해 오욕의 기억과 수치심을 환기시키고, 타자에 대한 응답책임이라는 문제를 제시한 다카하시의 논의에 대해서는 "너무나 올바른 정의론" 으로 왜소화시키는 경향을 볼 수 있었다. 다시 말하면 역사주체 논쟁에서는 전후일본과 아시아와의 구체적인 관계에 관한 논점보다는, 정치적 올바름을 들고 '심문'하는 소통방식의 윤리성이라는 논점이 부각되었다.[8] 90년대 후반 이후 나온 '자학사관'이라는 말에 단적으로 나타났듯 일본사회는 끊임없는 수치심과 죄책감을 요구받는 아시아와의 관계에서 지극히 취약한 모습을 보이기 시작했다. 우경화에 따른 리버럴 세력들의 자괴自壞현상이란 이 과정에서 진행된 것이다.

물론 3.11 이후 생존의 위험에 노출된 일본에서 국가에 대한 비판 의식은 15년 전의 그것보다 훨씬 절실해졌고 '전후'사회의 그림자에 대한 감수성은 훨씬 날카로워졌다. 예컨대 시라이 사토시白井聡는 3.11 이후 일본사회 전체가 "모욕 속에 사는 것을 강요받고 있다"고 하면서 '전후'라는 판도라 상자를 열어버린 결과 '평화와 번영'의 시대가 막을 내리고 '전쟁과 쇠퇴'의 시대가 막을 열었음을 지적한다. 여기서 시라이가 일본사회의 기능 부전不全을 진단하면서 제시하는 논리는 '영속패전론'이다. 시라이는 보수우익들만이 아니라 대부분

---

8   대표적인 것이 『敗戰後論』문고판 해설을 쓴 우치다 다쓰루(內田樹)의 논의다. 우치다 는 패전후론 논쟁을 "올바름은 올바른가?"라는 물음으로 집약된다고 하면서 자신 속에 있는 무구(無垢)와 순량을 믿는 것보다, 교지(狡智)와 사악에 대한 두려움을 유지하는 것의 중요함을 강조하였다. 2016년 현재까지 80권 이상의 책을 집필해온 우치다의 대 중적 영향력은 일본국내에서 압도적이다.

일본인들이 의식 속에서 패전이라는 사실을 은폐, 부인해왔으며 이 역사인식이 지속되는 이상 영속적인 대미종속을 지속해야한다고 지적했다. 거꾸로 말하면 대미종속을 지속하는 이상 패전을 계속 부인할 수 있다는 것이다. 이 상황을 '영속패전'으로 불러 '전후'의 근본적인 레짐으로 봤다. 그 구조는 다음과 같은 것이다.

> …일본이 '동양의 고아'가 되어도 아무 상관이 없다는 의존적 의식이 깊으면 깊을수록 그만큼 비호자로서의 미국과의 관계는 밀접해야 하며 그러기 위해서는 결국 어떤 부조리한 요구라도 미국의 주장대로 받아들여야 한다는 결론이 필연적으로 나온다. 이렇게 대미종속이 아시아에서의 고립을 촉진시키고, 아시아에서의 고립이 대미종속을 강화한다는 순환이 여기에 나타난다. 즉 외국의 힘을 통해 내셔널리즘의 근간적 정체성을 지탱한다는 지극히 그로테스크한 구조가 정착되었다. [9]

여기서 '패전'이라는 말을 강조함으로써 저자가 상기시키려고 하는 것은 미국과의 관계, 즉 대미종속된 자신들의 역사적 위치, 전도된 자아다. '패전'이라는 말을 통해 일본인들이 스스로에게 경종을 울리는 것은 패배자 / 피해자로서의 위치이자 미국점령에서 시작된 대미종속구조에 대한 역사적 무자각이다. 시라이는 '아시아에서의 고립'과 '대미종속'과의 악순환을 강조하지만, 이를 극복하기 위해 패배자

9   白井聡, 『永続敗戦論』, 太田出版, 2013, 28쪽.

로서의 각성을 호소하는 방식은 그 이전의 식민지제국의 주체, 가해자로서의 일본의 위치를 부각시키는 아시아의 역사인식과 모순을 일으킨다. 시라이의 '영속패전' 구조에 대한 역사적 통찰이 설득적이고 긴장감 넘치는 것임에도 불구하고, 그러면 그럴수록 아시아로의 통로를 좁히는 것은 어찌된 일일까?

90년대 역사주체 논쟁과정에서 서경식은 '공허한 주체', 즉 "주체의 부재상태가 위험한 주체로 끌려가는" 가능성을 일본사회에서 감지하였다.[10] 이 감각은 지금이야말로 더욱 설득력이 있다. 물론 3.11 이후 리버럴 세력의 사회적 참여가 곧바로 '위험한 주체'로 이어지는 것은 아니다. 다만 주류국민들이 '공허한 주체'에서 벗어나고자 할 때 동원되는 역사적 자각은 가해성보다 피해성이라는 것은 확실하다. 근년 패전론의 형태로 융성하는 담론은 평화와 번영의 체제로서의 '전후'가 훼손되고 기만과 무책임의 체제가 적나라하게 노출되었다고 하는 피해적인 사회인식을 바탕으로 하고 있다. 이와 같은 맥락에서 2015년 일본을 들끓었던 새로운 평화운동과 청년들의 정치적 각성을 어떻게 바라볼 수 있는가.

3. 2000년대 사회운동의 맥락

일본 내외에서 SEALDs의 출현은 정치적 무관심을 일삼았던 일

---

10   徐京植, 「空虛な主體と危險な主體」, 『分断を生きる「在日」を超えて』, 影書房, 1997.

본의 기존 청년들의 이미지를 일신시키는 신선함을 던져 급속히 주목대상으로 부각되었다. 2015년 5월에 결성된 SEALDs는 아베정권의 정치운영과 헌법에 대한 생각에 위기의식을 느낀 수도권 대학생들로 구성되었다. 사실상 리더의 역할을 하는 오쿠다 아키奧田愛基를 비롯한 일부 중심멤버들은 2013년 12월 제2차 아베정권하에서 가결된 '특정비밀보호법'에 반대하는 학생단체 SASPL(Students Against Secret Protection Law)에서 활동한 경력이 있다. 이와 같은 경위때문에 SEALDs를 무당파 학생운동이 아닌 일공(일본공산당)계 학생운동단체로 보는 이들이 많으나 조직적인 연계가 있는지는 불분명하다(5절 참조).

그들이 본격적으로 미디어에 등장하기 시작한 것은 중의원 본회의에서의 안보법안 통과가 현실화된 2015년 7월 이후다. SEALDs 멤버가 날린 "뭔가…자민당 비호감이네なんか…自民党感じ悪いよね"라는 트윗을 자민당 정치인 이시바石破茂가 인용하면서부터 이 말과 그들의 존재가 트위터 해쉬태그를 통해 널리 확산되었다. SEALDs 활동에 힘입은 듯 7~8월에 걸쳐 '안전보장법안에 반대하는 학자들의 모임' '안전보장관련법에 반대하는 의료, 개호, 복지관계자들의 모임' 등 각 기관 유지들의 모임이 미디어를 타기 시작했다. 2015년 9월 15일 참의원 평화안전법제특별위원회 공청회에 공술인公述人으로 참가한 오쿠다는 각지에서 수천 번이 넘는 항의활동이 있었으며 130만 명이상의 사람들이 안보법안 반대의 목소리를 내고 있다고 전하였다.[11]

---

11   http://iwj.co.jp/wj/open/archives/264668 (검색일: 2016.4.16.)

그 중에는 안보법안에 반대하는 엄마들이 "어떤 아이도 죽이지 말라"는 분홍색의 현수막을 들면서 유모차를 끌고 행진하는 모습이나 가와사키 사쿠라모토에 사는 재일동포 1세 할머니들이 치마저고리를 입고 야학에서 배운 히라가나로 쓴 '전쟁반대' 현수막을 들고 시위하는 모습도 있었다. 또 SEALDs를 따라 고등학생들도 학교교복을 입고 나서기 시작했다. 이와 같은 장면들은 2000년대 이후 세계 각지에서 일어나는 생활평화운동의 확산과 같은 맥락에 있다. 다만 일본에서는 이미 1960년 반 안보투쟁 때부터 '생활'이나 '생활자'가 중요한 단어로 등장하였고[12] 그 후 베트남전쟁을 반대하는 '평범한 시민'들의 연합체인 베헤이렌ベ平連[13] 운동을 통해 생활자의 사상과 평화운동은 밀접히 연결되었다. 남기정은 국가, 정당, 노조, 지식인들이 주도하는 '강단 평화주의' '진영 평화주의'에 수렴되지 않는 일상 생활세계에서 생활인들이 전개하는 평화주의를 '생활 평화주의'로 부르고 60년대와 현재의 일본 평화운동을 적극적으로 잇고 있다.[14]

2008년 미국산 쇠고기 수입반대 촛불집회에서의 '유모차 부대', 최근 보수단체 어버이연합에 미소로 맞선 '효녀연합'이 그랬던 것처

12　구노 오사무(久野収)는 "직업인과 생활인의 양면을 통해 자신을 자각하는 사람들"을 '시민'으로 불렀고 쓰르미 가즈코(鶴見和子)는 덩어리로서의 '대중'이 아닌 개개인을 중시하는 의미로 '생활자'라는 말을 썼다. 조경희, 「전후일본 '대중'과 '시민'의 교차와 길항: 1960년 안보투쟁을 둘러싼 서사를 중심으로」, 『사이』 2013. 2, 119, 127쪽.

13　'베트남에 평화를! 시민연합'(ベトナムに平和を!市民連合)은 1965년에 결성된 반전운동단체.

14　남기정, 「반원전운동과 '생활평화주의'의 전개」, 남기정 엮음, 『전후 일본의 생활평화주의』, 박문사, 2014, 340쪽.

럼 생활평화운동에서 가정주부나 학생들의 존재가 두드러지게 나타나는 것은 그 자체가 언론이 만든 프레임의 효과이기도 하다. 정당의 당원이나 비정규직 노동자가 아닌 '평범한 시민들'이라는 호명은 동시에 그들과 특정 정당과의 관련성을 의심하는 보수적 시선들을 끊임없이 끌어들인다. 오히려 운동에 참여하는 여러 그룹들은 그와 같은 언론의 프레임을 활용하면서 자신들의 특정위치를 드러낼 수 있게 행위수행적performative으로 시위를 진행한다. 특히 참정권을 행사해 본 적도 없는 재일동포 할머니들의 반전시위 참여는 권리없는 시민성을 스스로 표출하고 확인하는 흥미로운 현상이다. 유모차, 치마저고리, 교복과 같은 상징을 동원한 전략은 자신들을 바라보는 주류집단의 시선의 권력과 관계의 불평등성을 그대로 드러낸다는 점에서 시위의 메시지만이 아닌 수행성을 보여주고 있다.[15]

사회운동의 오랜 공백기를 거쳐 일본에서 축제적 시위문화가 나타나기 시작한 것은 9.11 이후 이라크전쟁 반대운동부터다. 흥미로운 것은 이때 진행된 반전시위에서 1960~70년대 평화운동을 주도한 베헤이렌의 구호 "죽이지 말라殺すな"가 다시 등장했던 점이다. 1967년 베헤이렌은 『워싱턴 포스트』 일면에 일본어 반전광고 "殺すな(KOROSUNA / DO NOT KILL)"를 실었다. 2003년 미술평론가 사와라기 노이椹木野衣는 기존 평화운동을 "샘플링"하고 새로운 상황에 맞게 "리믹스"하기 위해 압도적인 울림을 가진 이 말을 재활용했다고 한

---

15   이와 같은 논점에 대해서는 한우리, 허철, 「보여주기의 문화정치학: 촛불집회, 퍼포먼스, 수행적 정체성」, 『평화연구』 18(2), 2010.

다.[16] 물론 이 시점에서 축제적 시위문화의 새로움이 거론되고 있었지만 이를 주도한 사람들의 인적 구성은 기존 평화운동의 역사적 경험을 이어가거나 혹은 자각적으로 파괴하고자 하는 '어른'들 중심이었던 것으로 보인다.[17]

그런데 고노이 이쿠오五野井郁夫는 2003년 사와라기 등이 주도한 반전운동이 인터넷에서 모든 정보를 공유하는 선구적인 형식을 취하고 있었음에도 불구하고 지금 아무도 기억하지 않는 요인을 샘플링과 리믹스의 실패, 즉 "죽이지말라"는 언어에 '팝'한 이미지를 부여하려고 한 결과 오리지널이 가진 아우라에 비해 완성도가 떨어진 복사본이 되고 말았다고 지적한다.[18] 다시 말하면 80년대 소비사회 세대가 제시한 실험적인 시위의 포맷은 청년층이 그 시대성을 공유하기에는 너무나 난해하거나 탈맥락화되었다고 볼 수 있다.

이에 대해 청년층의 비정규직과 실업문제를 배경으로 2005년경에 나타난 反빈곤시위는 보다 직접적이고 일상적인 메시지와 형식을 취했다. 작가 아마미야 가린雨宮処凛이 주도한 "자유와 생존의 메이데이"는 단적으로 "살게하라生きさせろ"를 외쳤고, '자전거 반환시위' 등

16   椹木野衣, 「今日(こんにち)の反戦運動」.
      http://www.geocities.co.jp/Athlete-Sparta/8012/korosuna_today.html (검색
      일: 2016.2.10.). http://www.indierom.com/dengei/society/korosuna/korosuna.
      htm (검색일 2016.2.10.)

17   이라크 반전운동시의 '사운드 데모'는 시위를 "보다 멋지게 하자"고 생각한 음악평론가
      나 문화연구자, DJ 등을 중심으로 한 야외 '레이브 파티'의 형식으로 진행되었다. 五野
      井郁夫, 『「デモ」とは何か : 変貌する直接民主主義』, NHK, 2012, 156쪽.

18   五野井, 위의 책.

기발한 운동을 해온 '가난뱅이貧乏人' 마쓰모토 하지메松本哉는 공짜로 살아갈 수 있는 다양한 방법을 제안하였다. 그들의 활동은 빈곤청년층에게 노동과 휴식의 장소를 보장할 것을 요구하면서 광장, 거리, 맥도날드 등의 장소의 개방을 요구하는 점거운동에 가까웠다.

反빈곤운동은 2011년 후쿠시마 원전사고를 겪은 후 자연스럽게 反원전운동, 더 나아가 생존권운동으로 발전해갔다. 2011년 9월에는 시위를 주도했던 복수의 그룹들이 모여 수도권반원전연합(반원련)을 결성하였고 매주 금요일 저녁 5시부터 9시까지 수상관저 앞에 자리를 잡고 항의시위를 시작했다. 이와 같은 경위가 있어 2015년 SEALDs의 경우에도 수상관저 앞이라는 장소의 상징성을 활용할 수 있었던 것이다. 일련의 시위운동들은 축제형과 점거형과 같은 서로 다른 전략과 형식을 가지면서도 개개인이 인터넷 상에서 운동의 포맷을 공유하고 SNS를 통해 구체적인 시위일정과 동선을 파악하고 실시간으로 접속가능한 클라우드형 운동이라는 공통성을 가졌다. 여기서 자세하게 다룰 수는 없지만 이처럼 SEALDs 운동의 배경에는 2011년 이후 반 원전운동이 일으킨 큰 물결이 있었다. 일본사회에서 "다수자majority임에도 불구하고 소외되었던 사람들"이 운동을 필요로 하기 시작했던 것이다.[19]

후쿠시마 사태는 전후 민주주의의 성공 이야기에 가려져 있던 일본이라는 사회시스템의 그림자가 갑작스럽게 폭력적으로 노출된 결과였다. 후쿠시마는 틀림없이 '전후'의 희생양이며 이는 결코 의도하

---

19   野間易通, 金曜官邸前抗議-デモの声が政治を変える, 河出書房新社, 2012, 252쪽.

지 않은 사고가 아니었다. 따라서 반 원전운동은 3.11의 충격과 원전 사고의 위험에 노출된다는 구체적인 피해에서 출발하여 '인간의 존 엄성의 회복'이라는 보편적 과제까지를 담게 되었다. 2000년대 일본 사회운동의 과정은 세계(미국)를 향한 평화운동("죽이지 말라")에서 자 신들의 생명과 존엄을 위한 생존운동("살게 하라")이라는 주체적 전환 의 계기를 겪었다는 평가가 가능하다.

4. '전후'를 보수保守하는 운동

그런데 이와 같은 전환은 일본인들에게 무엇을 의미하는가? 일본 사회는 이제 커다란 희생을 대가로 재난과 반핵, 그리고 무엇보다 '일 본의 재생'이라는 '큰 이야기'[20]를 다시 손에 쥐게 되었다. 80년대 이 후 탈근대 소비사회를 느슨하게 살아온 일본사회가 사회적 쟁점과 구체적인 맥락을 다시 공유하기 시작했다. 이는 탈조직화, 탈정치화 된 사람들로 호명되던 일본 청년들이 앞에서 본 '공허한 주체'에서 벗 어나기 시작했음을 의미한다. 2015년 SEALDs 등장을 이와 같은 사 회적 맥락에 자리매김했을 때 운동의 성격을 어떻게 특징지을 수 있 을까. SEALDs 성명서는 다음과 같이 말한다.

---

20   90년대와 문화현상과 '큰 이야기'의 상실과정에 대해서는 권혁태, 앞의 책, 특히 제5장 참조.

우리는 전후 70년 동안에 만들어진 이 나라의 자유와 민주주의의 전통을 존중합니다. 그리고 그 기반인 일본국헌법이 갖는 가치를 지키고 싶습니다. 이 나라의 평화헌법의 이념은 아직은 달성되지 않는 미완의 프로젝트입니다. 현재 위기에 처해있는 일본국헌법을 지키기 위하여 우리는 입헌주의, 생활보장, 안전보장 세 분야에서 명확한 비전을 표명합니다…우리는 일본의 자유민주주의 전통을 지키기 위하여 종래 정치적 틀을 초월한 리버럴 세력의 결집을 요구합니다. 그리고 무엇보다 이 사회에 사는 모든 사람들이 이 문제제기를 진지하게 받아들여 사고하면서 행동하기를 바랍니다. [21]

그들이 제시하는 비전은 단순명료하다. 1) 개인의 자유와 권리를 보장하는 입헌주의 정치, 2) 지속가능한 성장과 공정한 분배를 통한 생활보장, 3) 대화와 협조를 기반으로 한 평화적인 외교안보 정책 등이며 이 모든 비전에 위배되는 아베정권에 대항하기 위해 리버럴 세력의 결집을 호소한다. SEALDs가 발신하는 말들은 일본의 전후를 한편에서 지탱한 호헌파 리버럴 세력의 그것과 유사하나 그들은 '호헌'보다는 '입헌'이라는 말을 씀으로써 '평화불감증平和ボケ'으로 야유되는 기존 호헌파들과의 차별화를 시도하고 있다. [22]

---

21   SEALDs 사이트. http://www.sealds.com/
22   예컨대 SEALDs 멤버는 자신들을 '호헌파 학생단체'로 보는 보수파의 논자에 대해 "단순한 호헌파가 아니니 입헌주의 항목을 읽어주시면 좋겠습니다"고 응답하고 있다. https://twitter.com/sealds_jpn/status/614077732037595136(검색일: 2016.2.10)

주목할 만한 것은 그들이 첫 번째 원칙으로 제시하는 입헌주의, 그리고 '리버럴 세력의 결집'이라는 인민전선적인 호소가 사회운동 경험이 있는 기성세대에 크게 어필했다는 점이다. 그들의 말에는 오랫동안 침묵을 지켜온 사람들의 자존심과 죄책감을 자극하는 원리성이 있었다. 예컨대 정치학자인 야마구치 지로山口二郎는 SEALDs멤버들이 고등학생 시절 3.11을 경험하고 원전사고의 비참함과 피해지역에 대한 냉혹한 정치를 눈앞에서 본 공통의 원체험이 있음을 강조하면서 "일본사회의 현실로부터 출발한 문제의식은 4,50년 전 이데올로기가 선행한 학생운동과는 전혀 다르다"고 찬사를 보냈다.[23] 저명한 지식인들이 청년들에게 적극적인 지지를 보내고 또 시위에 동참한 것은 이제까지 볼 수 없는 광경이었다.

또한 헌법학자인 히구치 요이치樋口陽一도 SEALDs 멤버들의 인터뷰 중 "변혁을 이루기 위해서 목소리를 높이는 것은 아니다. 이제까지와 같은 일본을 지키기 위해서 목소리를 높이는 것"이라는 발언을 높이 평가하여 공공성을 파괴당한 '보통 사람들'이 가진 생활보수의 원점을 봤다.[24] 공교롭게도 히구치의 이 지적은 SEALDs에 짙게 반영된 일본 평화운동의 특징을 잘 나타내고 있다. 즉 1960년 일미안보투쟁도 '혁신'진영의 운동이면서도 실질적으로는 평화헌법과 자유민주주의를 '보수', '옹호'하는 것이었다는 점이다. 1960년의 일본의 운동

---

23   山口二郎, 「"不断の努力"がデモクラシーを進化させる : 安保法案反対運動の成果を どう生かすか」, 『世界』2015.11.

24   樋口陽一＋杉田敦, 「憲法の前提とは何か」, 『現代思想』2015.7.

담론도 생활보수의 권리가 중심적인 쟁점이었으며 평화헌법 최대의 수혜자인 청년, 여성, 도시 주민들이 이에 호응해온 경위가 있다.[25]

SEALDs를 지지하는 기존 리버럴 세력들은 2015년의 운동과 자신들의 경험과의 차별성을 강조하지만 오히려 50년 전부터 이어지는 일국 평화주의와 생활 보수주의의 전통을 읽어낼 수 있다. 다시 말하면 입헌주의와 민주주의의 위기라는 점에서 1960년과 비슷한 정치상황이 현재 벌어지고 있음을 의미한다. 실지로 SEALDs의 오쿠다는 운동을 벌리는데 있어 아베의 조부 기시 노부스케岸信介 정권하에서 벌어진 60년 안보투쟁과의 유사성을 의식적으로 참조하고 있다.[26] 1990년대에 태어난 청년들은 평화와 번영의 일본 '전후'를 한번도 경험하지 못했다. 그래서 더 SEALDs 평화운동의 핵심은 일본의 '전후'를 보수保守한다는 성격을 가진다. 오쿠다는 다음과 같이 말한다. "버블경제 붕괴 후 태어나서 '일본이 좋았던 시절이 있었나' 라는 느낌입니다. 그러니까 보수적이기도 하는데, 제발 현상유지시키고 더 이상 악화시키지 말아달라고 생각합니다. 혁명을 일으키고 사회를 뒤집고 싶은 건 아니에요".[27]

결국 SEALDs의 새로움은 운동의 내용이 아니라 '클라우드화'로 불리는 운동의 양식에 있다. 특정한 거점 없이 낮은 비용으로 정보를

---

25 25 高畠通敏,「六〇年安保 の精神史」, テツオ·ナジタ 엮음,『戦後日本の精神史—その再検討』, 岩波書店, 2001, 74~75쪽, 조경희, 앞의 글, 107쪽.

26 高橋源一郎·SEALDs·『民主主義ってなんだ?』, 河内書房新社, 2015(Kindle), 723.

27 小熊英二·ミサオ·レッドウルフ·奥田愛基,「〈官邸前〉から〈国会前〉へ」,『現代思想』 2016.3, 40쪽.

공시적으로 병렬화 할 수 있으며 포스터나 현수막도 공유 가능하고 시위의 동선도 한눈에 파악가능한 정보환경의 변화가 오래된 평화주의에 새로운 모습을 부여했다. 즉 낡은 언어에 새로운 양식을 갖춘 운동이 세대를 초월하여 사람들의 정동을 자극하였다. 음악과 패션으로 표출되는 그들의 '자유로움'과 '개성', 정보와 언어를 다루는 경쾌함은 이제까지 비판대상이었던 '유

SEALDs의 시위 모습

토리 교육'('ゆとり'는 '여유'라는 의미로 주입식 교육을 탈피한 교육방식을 가리키는데, 1980년부터 2010년대 초까지 시행됨)의 성과로서 감탄의 대상으로 전환되었다. 기성세대와의 상호작용이나 연대의식이 평화운동을 증폭시키고 각자의 위치에서의 수행성을 확보하게 했다.

이와 같은 운동의 증폭과정은 사상, 이데올로기, 지식을 중심으로 한 주지주의적 관점만으로는 이해하기 어렵다. SEALDs의 운동은 확실히 음악, 시각물, 스타일을 통해 신체 사이에 촉발되는 정동적 효과를 동력으로 하였다고 볼 수 있다. 여기서 사카이 나오키酒井直樹의 정동affect 개념을 참조한다면, 정동은 부대낌ふれあい이라는 물리적 과정을 통해 촉발되거나 환기되는 사회적 경험(기쁨, 슬픔, 아픔, 수치심 등)이

다. 그런데 사카이는 정동을 부대낌의 과정으로 보지 않고 감정이입을 통한 '공감'으로 파악할 때 문제가 생긴다고 한다. 즉 개개인의 내면성이나 신체성을 실체화하고, 내면이라는 '안전권' 혹은 '작은 주권영토' 속에서 마치 정동이 나에게 소속되고 마음대로 처리되는 것처럼 이해하게 된다는 것이다.[28] 감상과 공감을 통한 공동체의 전형적인 형태는 국민국가이다. 부대낌이라는 정동이 기존의 주체를 흔드는 것에 대해, 감상과 공감은 기존의 국민주체를 강화한다. 2절에서 가토가 주장한 자국민 희생자들을 위한 애도 공동체는 그 대표적인 것이라 할 수 있다.

이와 같은 논점은 SEALDs에 대한 열렬한 지지자들을 이해하는데 시사적이다. SEALDs를 지지하는 사람들에게는 청년들에 대한 영웅주의와 우상화와 같은 감상적 태도를 읽을 수 있다. 접촉이라는 정동이 감상이나 공감으로 미끌어져 감으로써 SEALDs 주변의 '공감 공동체'가 형성된다. 다시 말하면, 감정이입이라는 내면성을 통한 접근은 사회운동을 개인의 집합체로 보고 서로 공감대를 형성하면서 주체를 강화하게 된다. 그러나 모든 운동이 그렇듯, 공감공동체가 강화되면 될수록 내부적인 균열이 불가피하게 발생한다. '전후'에 대한 평가를 포함한 SEALDs의 평화운동은 보수 세력들의 비난과 야유, 공격뿐만 아니라 리버럴 내부에서도 수많은 갈등을 내포할 수밖에 없었다. 5절에서는 SEALDs 운동과정에서 나온 비판들을 검토함으로써 전후일본에 축적되어온 서로 다른 복수의 평화주의의 모습을 드러내

---

28   酒井直樹「情動の政治学」『思想』 2010.5, 198~199쪽.

고자 한다.

5. 서로 다른 '평화': SEALDs를 둘러싼 갈등

1) 무당파 온건주의 비판

SEALDs 비판 중에 가장 많은 내용은 그들이 보통의 청년을 가장한 조직화된 정치적 학생단체라는 점이다. 발단이 된 것은 2015년 6월초 아베정권 수상보좌관인 이소자키 요스케磯崎陽輔와 10대소녀 호나미의 트위터를 통한 논쟁이었다. 이소자키가 집단적자위권을 거론하면서 "옆집에서 불이 났을 때 '후방에서 응원한다'고 소화활동에 참여하지 않고서 정말로 내 집을 지킬 수 있을 것인가"고 말한 것에 대해 호나미는 그 논리의 허점을 거친 말투로 하나하나 반박하였다. 그녀의 훌륭한 반론이 순식간에 화제가 되자 이소자키는 "좀 더 품위있는 말을 씁시다"는 말을 끝으로 결국 호나미의 트윗을 차단하였다.

10대소녀를 가장한 어른일 것이라는 추측과 달리 '호나미'는 SEALDs 핵심멤버로 민청(일본공산당계 청년단체)과 연계가 있는 18세 소녀라는 점이 밝혀졌다. 호나미 자신도 민청이 활동자금을 부담해주고 있다거나 일본공산당을 존경한다는 자신의 입장을 스스로 밝혔고, 다른 핵심멤버들 또한 일본 공상당과의 개인적인 연계를 부인하지 않았다. 이러한 사실들이 무당파의 '보통 학생'들임을 내걸었던 SEALDs의 정체성을 부정하는 근거로 거론되었다. 보수적인 언론과 인사들은 SEALDs 청년들의 시위를 불황과 고용불안에 피해의식을 느낀 자들이 열등감을 해소하는 것으로 보도하거나, '시위 알바' 혹은 시위에 참여하면 취직에 불리해질 것처럼 야유하기도 했다.[29]

그들의 정체성의 '불순함'을 비난한 것은 보수언론과 인터넷 우익들만이 아니라 신좌익들도 마찬가지였다. SEALDs 멤버들은 신좌익 세력에 대해 "일반적으로 극좌로 불리는 사람들은 미안하지만 사절합니다. 폭력을 긍정하는 사람들과는 함께 못해요"라고 하면서 특정집단의 깃발이나 유인물을 시위현장에서 금지하였다. 이에 항의한 중핵파는 기관지를 통해 SEALDs 성명서의 내용을 "'전후일본'을 미화, 익찬하는 체제옹호운동"으로 규정하였고, 그들의 시위방식에 대해서도 "경찰 권력과의 유착" "혁명을 증오하는 파시즘운동"이라 불러 공격하였다.[30] 실제로 SEALDs 중심멤버는 트위터를 통해 종종 경찰에 감사하는 마음을 피력하였고 오히려 질서를 안 지키는 신좌익들을 비난하는 말들을 스스럼없이 하였다. 좌우 양쪽에서 공격을 받는 상황에서 그들은 무당파 시민이라는 점을 강조함으로써 상황을 모면하려고 한 것으로 보인다.

그들이 가진 정치적으로 온건한 성향은 원만한 시위진행과 광범위한 대중들의 지지확대를 노린 전략이라는 면도 있지만 기본적으로

29　『産経WEST』 2015.11.27. http://www.sankei.com/west/news/151127/wst1511270084-n1.html (검색일: 2016.2.25.) 사업가 호리에 다카후미(堀江貴文)의 트위트 https://twitter.com/takapon_jp/status/626638122227372032?ref_src=twsrc%5Etfw (검색일: 2016.2.25.) 등.

30　週刊『前進』 第2692号, 2015.8.3. http://www.zenshin.org/zh/f-kiji/2015/08/f26920501.html (검색일: 2016.2.25)

그들이 내세운 입헌주의라는 원칙과 연관되어 있다. 앞서 본 바 같이 SEALDs의 평화운동은 호헌 / 개헌이라는 이분법을 벗어나는 입헌주의를 기본 원칙으로 삼았는데, 멤버나 지지자들 중에는 소극적인 개헌론자들도 포함되었다.[31] 그 경우 해석개헌을 금하고 개별적 자위권까지를 온전히 행사할 수 있게 헌법9조를 개헌한다는 것이 입헌주의 원칙이 된다. 경찰의 협조를 구하거나 천황의 평화 메시지를 인용하는 등 권력을 적절히 활용하는 SEALDs 멤버들의 보수적 행동들은 기존 사회운동 경험자들의 상식에서 크게 벗어나는 것이었다. 이와 같은 SEALDs의 정치적 온건주의는 역사문제와 내셔널리즘에 대한 비판점으로 불가피하게 연결되었다.

2) 내셔널리즘 비판

여기서 주목하는 것은 SEALDs를 둘러싼 논란을 좀 더 복잡한 지형으로 끌고 간 몇 가지 사건들이다. 하나는 한국인 연구자 정현정鄭玹汀의 SEALDs 비판과 그녀에 대한 SEALDs 지지자들의 혐오발언이다. 교토대학 소속의 정현정은 2015년 6월 18일 자신의 SNS 페이지에 SEALDs의 운동방침과 역사인식에 대한 실망감을 표명하였다. 먼저 그녀가 비판한 SEALDs의 역사인식을 나타내는 구절은 다음과 같은 부분이다.

---

31   高橋源一郎·SEALDs, 앞의 책(Kindle), 771.

일본과 근린제국과의 영토문제, 역사문제가 심각화하고 있습니다. 평화헌법을 가진 유일한 피폭국인 일본은 그 평화이념을 현실적인 비전과 함께 발신하고 북동아시아의 협조적 안전보장체제 구축을 향하여 주도권을 발휘해야 합니다… 과거의 대전으로 인한 다대한 희생과 침략에 대한 반성을 거쳐 평화주의/자유민주주의를 확립한 일본에는 세계, 특히 동아시아의 군축, 민주화 흐름을 리드해나갈 강한 책임과 잠재력이 있습니다. [32]

정현정은 일본이 주도권을 행사해야 한다는 문구에 대해 "독선적이고 오만한 자세"라 하였고, "반성을 거쳐 평화주의 / 자유민주주의를 확립"했다는 부분에 대해서는 그들의 무지와 무자각에 위기감을 느낀다고 비판하였다. 1쪽도 안 되는 짧은 논평이 SNS 세계에서 순식간에 화학반응을 일으킨 이유는 SEALDs의 역사인식의 결여를 꿰뚫은 직설적인 어투도 그렇거니와 글쓴이가 다름 아닌 한국인 여성이었다는 점에 있다고 본다. 정현정을 지지하는 이들이 그녀의 지성과 용기에 박수를 보낸 반면, 비난하는 이들은 논평의 내용보다는 한국인이라는 그녀의 국적과 민족적 속성을 강조하는 공격을 가하거나, 학자로서의 능력과 태도, 인격을 직접적으로 매도하고 모욕하는 발

32   SEALDs 사이트 http://www.sealds.com/ (검색일: 2015.12.12.)

언을 반복하였다.[33] SNS에서의 즉흥적으로 이어지는 그들의 말에서는 발화를 반복할수록 스스로 증오를 증폭시키는 자가발전적 과정을 읽어낼 수 있다. 한편 그녀와 비슷한 논지로 SEALDs에 대한 비판 논평을 올린 일본인 남성에 대해서는 비난을 하지 않을뿐더러 SEALDs 대표멤버 오쿠다가 응답과 감사를 표하기까지 했다.[34]

사태를 더 복잡하게 만든 것은 정현정에 대한 비난에 앞장 선 사람이 혐한시위에 반대하는 이른바 '카운터' 시위를 주도한 사람이라는 점이었다. 2013년 이후 '재일특권을 허용하지 않는 시민모임(재특회)'의 혐한시위에 항의하는 사람들의 시위활동이 활발히 벌어졌다. 그 중 가장 존재감을 드러낸 '레이시스트 시바키부대レイシストをしばき隊'의 리더 노마 야스미치野間易通는 반원전시위의 경험을 살려 반 인종차별운동을 시작하게 되었다. 재특회의 혐한 시위 못지않게 위협적으로 욕을 날리는 과격한 시위로 주목을 끌었다. 재특회가 조선인 / 한국인들을 혐오하는 것과 마찬가지의 강도로 그들은 "레이시스트는 돌아가라"를 외쳤다. 인종차별을 반대하는 활동에 누구보다 앞장섰던 그가 SEALDs 비판을 한 정현정을 차별주의자인 것처럼 매도하는 모

---

33   예컨대 kztk_wtnb 라는 자는 "한국의 민주화운동도 그랬다고 규탄한다면 뭐라고 답할 것인가?"는 등 그녀의 비판을 국적 차이로 귀속시켰고 "이제부터 정현정씨를 연구회에서 만날 때마다 그녀의 논문만을 곡해하겠다. 본인의 변명은 일체 받아들이지 않겠다. 이거야말로 정씨가 지금 SEALDs에 대해 하고 있는 짓이다. 자신이 하고 있는 짓을 남에게 당해봐라. 어리석다"는 등 그녀를 감정적으로 매도하는 트윗을 반복하였다. 野間易通, 「鄭玹汀の間抜けなSEALDs批判への反批判一覧」https://storify.com/kdxn/zheng-xuan-ting-nojian-ba-kenasealdspi-pan-henofan#publicize (검색일: 2016.4.13.)

34   오타 히데아키(大田英昭)의 블로그 「長春だより」http://datyz.blog.so-net.ne.jp/2015-06-26 (검색일: 2016.3.20)

습은 논란을 일으킬 수밖에 없었다.

2013년 반 원전시위 때도 노마는 일장기를 활용하거나 국민이라는 말을 강조하는 점을 비판받은 적이 있었다. 이때도 문제제기를 한 것은 주로 재일조선인들이었다.[35] 이에 대해 노마는 "오히려 여기서 명확히 '국민'을 호명하지 않으면 언제까지나 일본인은 원전정책의 책임을 자신의 것으로 받아들이지 못할 것이다. 여기서 쉽게 국적을 넘어서는 안 된다"고 하였고, 일장기에 대한 과민한 거부반응을 비판하면서 이미 전후의 시간을 통해 일장기가 "민주주의의 상징"이 되었다고 한다.[36] 그러나 이는 일장기에 스며든 침략의 기억들을 외면한, 현실과 맞지 않는 논리다. 노마는 광주민주화운동을 예로 들어 국기가 저항의 상징이 될 수 있음을 말하지만 이 또한 비역사적이고 기능적인 판단이라 할 수밖에 없다. 1999년에 급격한 우경화 정책의 일환으로 '국기·국가법'이 제정되었던 경위에서도 알 수 있듯이 일장기는 여전히 일본사회에서 민주주의가 아닌 국가주의의 상징이다. 이를 일부러 활용하고자 하는 것 자체가 국민적 주체를 향하는 사회운동의 내폐적인 성격을 암시하고 있다.

이와 같은 국민주의는 SEALDs 운동으로도 계승되었다. 문제가 된 것은 SEALDs의 구호 "국민 깔보지말라国民なめんな"와 관련된 것이

---

35 예컨대 1970년대에 히타치 취직차별재판운동을 벌린 박종석(朴鐘碩)은 "반원전운동에서 사용되는 '국민'은 일본인을 의미하는 것인가?"를 물었다. 최승구(崔勝久)의 블로그 「OCHLOS」 http://oklos-che.blogspot.kr/2013/05/blog-post_25.html (검색일: 2016.3.20)

36 野間易通, 『金曜官邸前抗議—デモの声が政治を変える』, 河出書房新社, 2013, 176쪽.

다. 민주주의에 대한 위기의식을 표명하는데 여기서도 주권자로서의 '국민'이 강조되었는데 시위에 참여한 외국인들이 이 구호에 소외감을 표시하면서 운동주체의 범위와 내셔널리즘에 대한 논의로 이어졌다. 집합적 주체에 대한 호명은 시대상황을 그대로 반영한다. 내셔널리즘을 부인하고 '공허한 주체'로 살아온 기존 리버럴 세력들에게 재일조선인 등을 배제한 '국민'이라는 호명은 받아들이기 어려웠던 한편 '민중'도 '시민'도 경험하지 않았던 지금 대학생들에게는 '국민'이외에 가능한 호명은 없었을지 모른다. 반안보투쟁에서의 국민주의는 2016년에 결성된 시민단체 '입헌정치를 회복하는 국민운동위원회'라는 명칭으로 그대로 이어졌다.

국민주의 비판은 얼핏 사소한 것처럼 보이지만 일본 리버럴 세력의 역사적 맥락과 쟁점을 다시 환기시켰다. 일본의 전후 평화주의는 식민주의와 침략전쟁과 연루된 근대일본의 역사적 과오를, '공허한 주체' 즉 내셔널리즘의 부정을 통해 극복하려고 해왔다. 그러나 평화와 번영의 시대가 끝나, 보다 직접적으로 생존과 일상이 위협을 받게 된 현재 그들은 국민임을 적극적으로 받아들인다. '공허한 주체'를 벗어나 급히 국민을 호출할 때 그 운동은 결국 일국 평화주의에 의거하게 된다. 즉 잃어버린 전후 질서를 회복하고자 하는 감상과 향수에 넘친 공감공동체로 나아가게 되는 것이 아닌가?

3) 외모 지상주의와 젠더 비판

　SEALDs가 대중들의 관심을 모은 요인으로서 여성멤버들의 외모가 크게 작용했던 것은 부인할 수 없다. SEALDs 활동이 화제가 되는 과정에서 시위를 주도해가는 여학생들의 모습이 미디어를 탔고 그녀들의 노출이 많은 화려한 패션이 주목을 끌었다. 그녀들을 '미녀군단'으로 불러 외모만을 부각시키는 시선에 대해서는 멤버들 스스로가 "불쾌하다. 한 번도 외모를 내세운 적이 없다" "그런 일에 1초도 시간을 뺏기고 싶지 않다. 안보법제를 멈추기 위한 일에 전념할 수 없을까요"라고 응답하기도 했다. 멋과 패션성을 추구하는 SEALDs 운동의 특징은 여자들의 외모에만 해당되는 문제가 아니다. 그들은 눈과 귀를 자극하는 새로운 시위문화 창출에 자각적이었고 자신들이 대중들에게 어떻게 보여지는가에 민감했다. 영어가 섞인 구호도 패션잡지와 같은 세련된 디자인의 인쇄물도 그들의 기획과 마케팅의 산물이었다. 여자들의 화려함을 미디어에 노출시킨 것도 이 맥락에서 이해할 수 있다. 외모 지상주의자는 SEALDs가 아닌 SEALDs의 여학생들을 바라보는 남성들에게 해당되는 말이다.

　그러나 "안보법제를 멈추는 일"에만 전념하던 SEALDs 멤버들에게 그 외의 사회적 맥락에 대한 비판의식이 약했던 것은 사실이다. SEALDs가 페미니즘의 관점에서 논란이 된 계기는 SEALDs 여성멤버가 집회에서 아베를 향해 쓴 편지를 낭독했을 때였다. 그녀는 무력을 정당화하는 아베의 태도와 행동을 비난하면서 "집에 돌아가면 밥을 지어 기다려주는 어머니가 있는 행복을…나는 이 작은 행복을 '평화'라 부르며 이런 일상을 지키고 싶다"고 발언했다. 그녀의 안보인식의 결여와 미숙함을 비판하는 보수들보다 더 눈에 띈 것은 마치 아베가 좋아할 만한 전통적인 젠더모델을 평화의 상징으로 여기는 발상에 대한 리버럴들의 비판이었다. 4절에서 본 것처럼 SEALDs 학생들에게 평화는 만들어나가는 새로운 질서가 아니라 지켜야할 일상이다. 가장 가까이 있는 가족과의 일상(엄마가 밥을 지어주는 것)을 평화의 가치로 내거는 감각에 대해 기존 운동세력과 페미니스트들은 그들의 평화이념의 빈곤함을 봤다.

페미니스트 우에노 지즈코上野千鶴子는 발언한 여학생에 대해서가 아니라 그녀의 발언을 지지하거나 비판을 용납하지 않는 분위기, 즉 운동내부에 있는 성차별 비판을 "운동을 방해하는 적대행위"로 보는 분위기를 보고 여전히 극복하지 못하는 사회운동 내부의 가부장제를 지적하였다.[37] 사회운동에서 이와 같은 비판들은 복수의 평화의 가능성을 열어가는 점에서도 의미가 있다. 그러나 실시간으로 시위현장에 개입하고 참여자들의 정동을 지속적으로 축적해가는 SNS 공간에서는 우에노의 일련의 발언은 현장을 모르는 학자의 뜬금없는 개입으로 받아들여졌다. 이 과정에서 눈에 보이는 것은 SEALDs 자신들보다도 그들을 보호하려고 하는 지지자들의 강박적인 방어의식이다.

사카이 다카시酒井隆史는 3.11 이후 원전 재가동 중지를 요구하는 '긴급사태 의식'을 "패닉, 시간성의 수축, 시야의 협애화, 토론과 자

---

37   https://twitter.com/ueno_wan/status/636151104137367552?ref_
      src=twsrc%5Etfw (검색일: 2016년 2월 15일).

성의 거부" 등으로 설명하고, 여기에서 언제 어디서나 즉효적 성과를 요구하는 '일상적 신자유주의'를 읽어낸다.[38] 마찬가지로 국민주의나 가부장제에 대한 정당한 비판도 운동의 긴박성을 이해하지 못하는 방해 행위로 보는 지지자들의 발화에서 신자유주의와 SNS에 규격화된 시간의식과 일상적인 강박을 읽어낼 수 있을 것이다. 안보법안을 지지하는 긴급행동임을 내건 SEALDs와 그 주변에서는 비판과 토론과 같은 시간적 비용이 드는 소통보다, 지지와 공감을 증폭시키는 정동적 동원이 보다 중시되었던 것이다.

6. 나오며

이 글은 2015년 일본에서 진행된 SEALDs의 안보법안 반대운동의 사회적 배경과 그 내용, 운동을 둘러싼 반응과 갈등을 검토하였다. 전후를 '공허한 주체'로 살아온 일본사회는 90년대 역사주체 논쟁을 거쳐 2000년대 현재 커다란 희생을 대가로 재난과 반핵, 일본의 재생이라는 '큰 이야기'를 손에 쥐게 되었다. 그 속에서 SEALDs의 등장은 광범위한 리버럴 세력에게 과거의 기억을 상기시키고 그들의 잠재적 역량에 힘을 실을 계기가 되었다. 그들의 등장을 환영하는 기성세대의 열렬한 반응은 자신들의 부채의식을 투영한 것으로 풀이되

---

38   酒井隆史,「ナショナリズムをウルトラ化させない階級闘争」,『ピープルズニュース』, 2014.9.18. http://www.jimmin.com/htmldoc/152601.htm

며 이들 사이의 세대를 초월한 연대의식이 운동을 대중적으로 확산시켰다.

SEALDs 운동의 확산은 또한 멋과 흥을 추구하는 운동의 양식과 접근성이 증가한 정보환경의 변화와도 깊이 맞물려 있다. 그들의 발랄한 스타일과 일상적인 언어사용, 소통의 개방성은 운동의 관계자와 지지자들을 정동적으로 증폭시킬 수 있었다. 그런데 정동으로 촉발된 운동의 힘이 감상과 공감으로 미끄러져 가면서 SEALDs 주변에는 공감공동체가 형성되었고, 그 과정에서 보수 세력들의 비난과 공격뿐만 아니라 리버럴 내부에서도 많은 이의가 제기되었다. 특히 제국주의에 대한 역사인식의 결여와 전후 일국평화주의에 대한 비판의식의 결여, 그리고 '공허한 주체'를 벗어나 국민적 주체를 급히 호출하고자 하는 운동방식은 서로 다른 평화주의와 부딪힐 수밖에 없었다. 이에 대해서는 제대로 토론이 이뤄지지 않은 채 운동의 '현장'과 직접적인 '행동'의 우위성이 강조되거나, 지식인들을 경멸하는 반지성주의적 심성이 나타나기도 했다.

여기에는 사카이 다카시가 '일상적 신자유주의'의 침루로 부른 아래와 같은 현대적 조건들이 작동하고 있다. 첫째로, '아베정권 타도'라는 긴급성에 대한 강박관념이다. SEALDs 비판을 전면적으로 봉쇄하려는 지지자들의 담론에서는 강박적인 시간의식, 토론에 대한 거부반응, 또한 영웅주의를 투영하는 심성들을 볼 수 있다. 5절에서 본바 같이, 정현정의 SEALDs 비판에 대해서는 홀린 듯 그녀를 매도하는 혐오발화들이 나타났다. 이들은 한국인 여성인 그녀를 일본사회의 맥락을 모르는 외부자로 취급함으로써 SEALDs를 옹호하는 내폐적인 공감의 기제를 강화시켰다. 둘째로, 즉각적인 대화를 요구하는 SNS 특유의 소통방식의 문제도 있다. SEALDs 운동은 사고와 토론보다는 충동적 공감대를 조성하고 그 정동이 누적되어가면서 확대되었다. 이 과정에서 SEALDs 성명서의 문구를 일일이 지적하거나 고지식한 설명으로 일관한 비판자들의 언어는 SNS에 규격화되지 않는 장황함을 보였다. 논리적으로 맞는 말임에도 불구하고 시위의 정동과 흥을 깨는 방해자로 간주되었다.

그러나 SEALDs 운동에 대한 비판자들의 평가는 학생들 개개인에 대한 것이 아닌, 일본 '전후'의 성과를 단일화시켜 이를 긍정하고 전유하고자 하는 자들에 대한 문제제기이다. 사회운동에서 균질한 공감공동체를 추구하면 할수록 균열과 갈등이 불가피하게 발생할 수밖에 없다. 최근 일본사회가 직면하고 있던 현실이 보수우익들의 영향력 확대보다는 리버럴 좌파들의 영향력 축소에서 비롯된다고 할 때, 장소를 잃은 리버럴 세력이 SEALDs의 온건한 노선과 만나면서 보수적인 영합으로 이어지는 가능성은 충분히 있다. 향후 국가의 위기상황 속에서 서로 다른 평화주의는 보다 더 극명한 대립구도를 그릴 수도 있는데 당파와 세대, 국적과 젠더 등에 따라 발생하는 간극을 봉합하지 않고 역사적 주체의 균열을 그대로 인식하는 것이 중요하다. 일본사회에 축적되어 온 서로 다른 복수複數의 평화주의의 모습을 드러내는 작업은 앞으로도 이어져야 할 과제가 될 것이다.

참고문헌

1. 자료

『現代思想』

『世界』

『前進』

『産経新聞』

金光翔, 「私にも話させて」 http://watashinim.exblog.jp/8374179/

椹木野衣, 「今日(こんにち)の反戦運動」

http://www.geocities.co.jp/Athlete-Sparta/8012/korosuna_today.html

SEALDs, http://www.sealds.com/

大田英昭, 「長春だより」 http://datyz.blog.so-net.ne.jp/2015-06-26

崔勝久, 「OCHLOS」

http://oklos-che.blogspot.kr/2013/05/blog-post_25.html

野間易通, 「鄭玹汀の間抜けなSEALDs批判への反批判一覧」

https://storify.com/kdxn/zheng-xuan-ting-nojian-ba-kenasealdspi-pan-
        henofan#publicize

2. 논문 및 단행본

권혁태, 『일본, 전후의 붕괴: 서브컬쳐, 소비사회 그리고 세대』, 제이엔씨, 2013.

남기정 엮음, 『전후 일본의 생활평화주의』, 박문사, 2014.

조경희, 「전후일본 '대중'과 '시민'의 교차와 길항: 1960년 안보투쟁을 둘러싼 서사를 중심
        으로 」, 『사이』 2013. 2.

한우리, 허철, 「보여주기의 문화정치학: 촛불집회, 퍼포먼스, 수행적 정체성」, 『평화연구』
        18(2), 2010.

伊藤昌亮, 『デモのメディア論: 社会運動社会のゆくえ』, 筑摩書房, 2015.

小熊英二, 『民主と愛国』, 新曜社, 2002.

小熊英二・ミサオ・レッドウルフ・奥田愛基, 「〈官邸前〉から〈国会前〉へ」, 『現代思想』, 2016.3.

加藤典洋, 『敗戦後論』, 講談社, 1997.

金光翔, 「〈佐藤優現象〉批判」, 『インパクション』第160号, 2007.11.

五野井郁夫, 『「デモ」とは何か:変貌する直接民主主義』, NHK, 2012.

酒井隆史, 「ナショナリズムをウルトラ化させない階級闘争」, 『ピープルズニュース』,
　　　2014.9.18.

酒井直樹, 『共感の共同体と帝国的国民主義』, 青土社, 2007.

酒井直樹, 「情動の政治学」『思想』2010.5

白井聡, 『永続敗戦論』, 太田出版, 2013.

徐京植, 『分断を生きる「在日」を超えて』, 影書房, 1997.

高橋源一郎・SEALDs, 『民主主義ってなんだ?』, 河内書房新社, 2015(Kindle)

高橋哲哉, 『戦後責任論』, 講談社, 1997.

高畠通敏, 「六〇年安保 の精神史」, テツオ・ナジタ編, 『戦後日本の精神史—その再検討』,
　　　岩波書店, 2001.

野間易通, 『金曜官邸前抗議—デモの声が政治を変える』, 河出書房新社, 2013.

樋口陽一+杉田敦, 「憲法の前提とは何か」, 『現代思想』2015.7.

道場親信, 『占領と平和—"戦後"という経験』, 青土社, 2005.

山口二郎, 「"不断の努力"がデモクラシーを進化させる: 安保法案反対運動の成果をどう生
　　　かすか」, 『世界』2015.11.

필자 약력(원고 게재순)

백원담

성공회대학교 동아시아연구소 소장으로, 중어중국학과 교수로 재직하고 있다. 현재 한국문화연구학회장, 중국 상하이대학교(上海大學) 해외교수, 『진보평론』·『황해문화』의 편집위원이기도 하다. 최근 동아시아 사상연구 및 문화연구에 관심을 두고 있으며, 저서로 『동아시아의 문화선택 한류』, 『열전 속 냉전, 냉전 속 열전』(공저) 등이 있고, 역서로 위화(余華)소설 『인생』 등을 펴낸 바 있다.

정정훈

서교인문사회연구실 연구원이며 계간 『문화과학』편집위원으로 활동하고 있다. 대학에서는 문화연구를 전공하며, 개인적 연구주제는 맑스주의와 민주주의 그리고 인권이다. 『인권과 인권들』, 『군주론-운명을 넘어서는 역량의 정치학』을 썼다.

뤄샤오밍(羅小茗)

상하이대학교(上海大學) 문화연구학과(文化研究系) 연구원으로 재직하고 있으며, 화동사범대학(華東師範大學)과 상하이대학에서 수학하였다. 최근에는 도시문화연구 및 일상생활연구에 집중하고 있으며, 저서로 『형식의 독주: 상하이 "제2기 교육 개혁" 연구(形式的獨奏：上海"二期課改"為個案的課程改革研究)』, 『마지막 날의 배표: 일상생활 속의 문화분석(末日船票：日常生活中的文化分析)』등이 있다.

장봄

서교인문사회연구실 연구원으로, 현재 연세대학교 문화학협동과정 대학원에서 '도시재생과 공공성'을 주제로 박사학위논문을 준비 중이다. '빈곤', '청년', '노동', '공동체' 등의 키워드를 주요 연구 주제로 삼고 있으며, 함께 쓴 글로 「안녕, 청년프레카리아트」, 「'사람'의 현장, '빈민'의 현장: 한 지역주민운동 단체의 성찰적 평가에 관한 협업의 문화기술지」, 『재개발을 앞둔 104마을의 현재』 등이 있다.

정성쉰(鄭聖勳)

타이완 칭화대학교(清華大學) 중국문학과에서 박사학위를 받고, 중국 충칭대학(重慶大學) 인문사회학과 고등연구원(人文社會學科高等研究院)의 전임강사로 재직 중, 2016년 봄 불의의 사고로 고인이 되었다. 유작으로『우울한 문화정치(憂鬱的文化政治)』(공편),『퀴어, 정감, 정치: 헤더 러브(Heather K. Love) 문선(酷兒.情感.政治 : 海澀愛文選)』(공편),『스타(明星)』(공저), 시집『소녀시편(少女詩篇)』등을 남겼다.

박자영

협성대학교 중어중문학과에서 교수로 재직 중이다. 주요 연구영역은 중국 및 동아시아 현대 문학 및 문화로,「소가족은 어떻게 형성되었나」,「상하이 노스탤지어」,「1990년대 이후 중국에서의 문화연구」,「동아시아에서 사회주의 인민의 표상정치」,「메이드 인 '바링허우': 이천년대 중국 문학의 어떤 경로」등의 논문을 발표했다. 번역서로『세상사는 연기와 같다』,『루쉰 전집 4』(공역),『루쉰 전집 8』(공역) 등이 있다.

주산제(朱善傑)

상하이대학교 문화연구학과 부연구원 겸 주임으로 재직 중이며, 도시·향촌 문화연구센터(都市與鄉村文化研究中心) 겸임연구원이기도 하다. 주로 도시화 과정 중의 문화 변천, 농촌 문학교육, 혼인관계 및 도시 주거생활, 중산계급문화 등의 문제에 관심을 가지고 있으며,『서울에서 멜버른까지: 서태평양 연안에서의 문화연구의 역사와 미래(從首爾到墨爾本——太平洋西岸文化研究的歷史與未來)』(공저),『메이드 인 차이나(在中國制造)』(공역) 등을 펴냈다.

왕신란(王欣然)

상하이대학교 문화연구학과 박사과정 중이며, 주요 연구방향은 도시문화 및 일상생활 연구이다. 현재 도시 일상생활에서의 쓰레기 관념에 대한 문제를 연구 중이다.

윤영도

성공회대학교 동아시아연구소의 HK교수로 재직 중이다. 연세대학교 중어중문학과 대학원에서 『中國 近代 初期 西學 飜譯 硏究』로 박사학위를 받았으며, 이후 중국을 포함한 동아시아 지역의 근현대 사상·문학 및 문화에 대한 다양한 연구를 진행해왔다. 최근 연구 성과물로는 공저 『아시아의 접촉지대: 교차하는 경계와 장소들』과 공역 『홍콩영화 100년사』를 비롯하여, 「정동의 관점에서 바라본 21세기 위화론: 잔혹과 황당을 중심으로」, 「소셜미디어 장과 리액션의 정동역학(情動力學)」 외 다수의 논문이 있다.

구리(谷李)

중국 시난정법대학(西南政法大學) 글로벌 신문방송대학(全球新聞與傳播學院) 부교수로 재직 중이며, 고등연구원(高等硏究院) 전임연구원이기도 하다. 베이징 영화대학(北京電影學院), 미국 Bowling Green State University, Univeristy of Massachusetts 등에서 미디어연구 분야를 전공하였고, 현재 주로 문화연구, 미디어연구, 다큐멘터리 연구 등을 수행하고 있다. 국제 저널 *International Journal of Sexuality and Gender Studies* 을 비롯해 『문화연구(文化硏究)』, 『열풍학술(熱風學術)』 등의 저널에 다수의 논문을 발표한 바 있으며, 저서로 *Intellectual Constellations(1980-2008)* 등이 있다.

김연수

성공회대 사회학과 박사과정을 수료했으며 동아시아연구소의 연구원이다. 현재 사회운동으로 박사학위 논문을 준비하고 있다.

조경희(趙慶喜)

도쿄대학 대학원에서 사회정보학을 전공했고 도쿄외국어대학에서 박사학위를 받았다. 현재 성공회대 동아시아연구소 HK교수로 재직 중이다. 연구분야는 식민지/제국의 사회사, 아시아의 이동과 소수자 등이다. 최근 성과에 『주권의 야만』(공저), 『나를 증명하기』(공저), 『아시아의 접촉지대』(공저) 등이 있다.

역자 약력(원고 게재순)

고윤실

숙명여자대학교 중어중문학과를 나와 중국 상하이대학교에서 중국문화연구전공 석사 및 박사 학위를 받았다. 현재 숙명여자대학교 중어중문학과 강사이며, 또한 (사)아시아문화콘텐츠연구소의 책임연구원으로 재직 중이다.

이승희

연세대학교 중어중문학과를 졸업하고 동 대학원에서 『《천녀유혼》 연구: 중국 서사전통과의 연속성과 불연속성을 중심으로』로 석사학위를 받았다. 동 대학원 박사 과정 수료 후 중국 공자학원 신한학(新漢學)계획 장학생으로 상하이 화둥(華東)사범대학교에서 연수하였고, 현재 성공회대학교 동아시아연구소의 연구원으로 재직 중이다. 주요 연구 분야는 중국 현당대 문학과 문화이며, 역서로 『홍콩 영화 100년사: 홍콩 영화·TV 산업의 영광과 쇠락』(공역)이 있다.

이영섭

연세대학교에서 『장학성(章學誠) 『문사통의(文史通義)』 체례 및 원도론(原道論) 연구』로 박사학위를 받았으며, 현재 건국대 아시아콘텐츠연구소에 재직 중이다. 중국 학술의 전통적인 관점과 개념들이 근대적인 면모로 탈바꿈된 과정에 주로 학술적 관심을 두고 있으며, 양녠췬(楊念群) 『강남은 어디인가 –청나라 황제의 강남 지식인 길들이기』의 번역(공역) 외에 「진인각陳寅恪의 중국 중고사 연구를 통해 본 근대중국 문화담론의 전환」 등 다수의 논문을 썼다.

최정섭

연세대학교 중어중문학과 졸업 후 동 대학원에서 석사·박사학위를 취득했으며, 연세대·성공회대 등에서 강의하였다. 현재는 서양과 일본의 중국학을 중심으로 이른바 국제한학(國際漢學)에 관심을 가지고 연구 중이며, 한국연구재단의 공동연구과제 〈19세기전반 서구동아시아 인식의 중층성–문화'접촉지대'로서의 The Chinese Repository를 중심으로〉에 박사급연구원으로 참여 중이다. 역서로 크리스토퍼 리 코너리의 『텍스트의 제국』, 마크 에드워드 루이스의 『고대 중국의 글과 권위』 등이 있고, 「한자론(漢字論)을 통한 일본한학(日本漢學)의 중국전유(中國專有) 비판(批判)」 외 다수의 논문을 썼다.